W0195718

John M. Hull

# Im Dunkeln sehen

JOHN M. HULL

# Im Dunkeln sehen

## Erfahrungen eines Blinden

*Aus dem Englischen*
*von Silvia Morawetz*

VERLAG C.H.BECK MÜNCHEN

Titel der Originalausgabe:
John M. Hull,
Touching the Rock. An Experience of Blindness.
© SPCK, London 1990

Die Deutsche Bibliothek – CIP Einheitsaufnahme

*Hull, John M.:*
Im Dunkeln sehen : Erfahrungen eines Blinden/John M. Hull. Aus dem Engl. von Silvia Morawetz. – 2. Aufl.
München : Beck, 1992
Einheitssacht.: Touching the rock <dt.>
ISBN 3-406-36723-2

ISBN 3 406 36723 2

Zweite Auflage. 1992
Für die deutsche Ausgabe:
© C. H. Beck'sche Verlagsbuchhandlung (Oscar Beck), München 1992
Satz: Appl, Wemding
Druck und Bindung: Spiegel, Ulm
Gedruckt auf alterungsbeständigem (säurefreiem) Papier
Printed in Germany

*Für Marilyn*
*und für*
*Imogen, Thomas, Elizabeth,*
*Gabriel und Joshua*

## INHALT

*Anmerkung der Übersetzerin*

*Die Übersetzung der Bibelzitate folgt im wesentlichen der deutschen Bibel in der Übersetzung Martin Luthers. Einige Passagen wurden aber auch unter Verwendung der deutschen Bibelausgabe mit den Erläuterungen der alten Jerusalemer Bibel sowie der Bibelübersetzung von Hermann Menge wiedergegeben.*

# VORWORT

Sie lesen dieses Buch vielleicht deshalb, weil Sie besser verstehen wollen, was Blindsein ist. Sie wollen wissen, wie es ist, blind zu werden und blind zu sein. Ein paar Jahre nachdem ich selbst das Augenlicht verlor, fing ich an, mich für das Blindsein zu interessieren und las mehr als zwanzig Autobiographien von Menschen, die blind geworden waren. Diese Geschichten versetzten mich in Erstaunen: sie waren oft voller Humor, Tapferkeit und Klugheit. Einige erzählten davon, wie ihre Verfasser Golfchampions, Skiexperten, praktische Ärzte und erfolgreiche Geschäftsleute geworden waren. Einige waren geschrieben worden, um einen Glauben zu verkünden, andere im Geiste stoischer Hinnahme. In der Mehrzahl waren das begeisternde Geschichten des Triumphs und der Versöhnung. Aber das, wonach ich suchte, fand ich nicht: einen Bericht über das Blindsein, wie ich es kennengelernt hatte. Vielleicht habe ich nicht intensiv genug gesucht oder nicht genug gelesen. Ich kann nur sagen, daß die Bücher, die ich las, nicht über die Aspekte des Blindseins sprachen, die für mich die wichtigsten waren. Einige von ihnen waren literarische Schilderungen: Sie hatten einen Anfang, eine Mitte und einen Schluß. Sie waren wie Romane, hatten einen interessanten Stil, eine Klimax und eine Lösung. So ist dieses Buch nicht.

Im Juni 1983, ungefähr zweieinhalb Jahre nachdem ich als Blinder registriert worden war, begann ich meine täglichen Erfahrungen auf Kassette aufzuzeichnen. Das war zu dem Zeitpunkt, als die Tatsache meines Blindseins mich wie ein Schlag traf. Sie fragen sich vielleicht, warum das so lange gedauert hat, aber die ersten Jahre waren ganz mit aufregenden Problemen ausgefüllt, die gelöst werden mußten. Erst danach begann sich bei mir der Übergang von einem Sehenden, der nicht sehen konnte, zu einem Blinden zu vollziehen. Zeitweise sprach ich täglich, Tag für Tag, etwas auf meine Kassette, manchmal aber auch im Abstand von Wochen. Ich zeichnete die Dinge auf, die mich stark bewegten; wenn mich etwas verwirrte oder mir Freude machte, sagte ich das, was ich sagen mußte, um mir selbst bei der Auseinandersetzung mit dem, was geschah, zu helfen. Ich setzte das drei Jahre lang fort, und allmählich nahm das Bedürfnis, noch mehr Aufzeichnungen zu machen, ab. Ich sprach über meine Kinder, meine Arbeit, meine Beziehungen zu Frauen und zu Männern, und ich zeichnete meine Träume auf.

Daraus ist dieses Buch entstanden. Es hat kein besonderes Ende, denn das Blindsein hat kein Ende. Es wäre schön, sagen zu können, daß es ein Happyend gegeben hat, daß ein Wunder geschah, aber es geschah keins.

Mich interessierte, wie meine Kinder allmählich entdecken würden, was es bedeutete, einen blinden Vater zu haben, und dies ist eines der wichtigsten Themen des Buchs. Mich interessierte, was mit meinen Träumen passieren würde. Ich zeichnete meine Träume auf, meist am Tag danach, manchmal gleich ein paar Minuten nachdem ich aufgewacht war. Die Traumerzählungen bilden eine Art zweiten Handlungsstrang, wenn Handlung überhaupt das richtige Wort ist, denn am bewußten Material wird ja sichtbar, wie das Unbewußte mit dem Problem rang. Der Zusammenhang von Träumen und Wachen und das Wesen des Bewußtseins selbst ist eines der durchgängigen Themen des Buchs. Andere Themen sind die veränderte Wahrnehmung der Natur, der Wandel in meinem Verständnis dessen, was ein Mensch ist und das Problem, wie ein so schrecklicher Verlust verarbeitet werden kann.

Das Buch ist nicht streng gegliedert. Überall sind kleine Stückchen und Bröckchen verstreut. Es gibt Zeiten, in denen Lösungen sozusagen in Sicht zu kommen scheinen, aber es gibt auch ständig Rückschläge, wo es den Anschein hat, als ob nichts gewonnen oder dazugelernt worden sei. Wenn Wiederholungen auftreten, dann deshalb, weil die gleichen Probleme und Erfahrungen immer wieder auftauchten und von verschiedenen Seiten beleuchtet wurden.

## *An den blinden Leser*

Blinde unterscheiden sich voneinander genauso wie Sehende. Ich erhebe nicht den Anspruch, für Sie zu sprechen, ich spreche nur für mich selbst. Sie brauchen nicht zu erfahren, was Blindsein ist, denn Sie sind blind. Vielleicht hören Sie dieses Buch, um Gemeinsamkeiten mit einem anderen Menschen zu entdecken, der Ihren Weg gegangen ist. Ich hoffe, daß Sie sie hier finden.

## *Ein Wort des Danks*

Ich möchte Ann Buckley, Penny Baker und Kaja Ziesler Dank sagen, die mir bei der Fertigstellung des Manuskripts geholfen haben. Ich möchte auch Audrey Allen und meinem Kollegen Chris Buckle danken, die mir beide, wie viele andere auch, bei meiner Arbeit so oft praktische Hilfe leisteten. Mein Kollege Michael Grimmitt hat das Manuskript gelesen und mir viel Mut gemacht. Mein herzlichster Dank muß jedoch an meine Frau Marilyn und an meine Kinder Imogen, Thomas, Elizabeth und Gabriel gehen. Wenn Tom und Lizzie in diesem Buch häufiger vorkommen, dann deshalb, weil Imogen schon sieben war, als ich blind wurde und Gabriel erst im August 1985 geboren wurde. Joshua kam zur Welt, als das Buch zur Veröffentlichung vorbereitet wurde. Als die in diesem Buch beschriebenen Ereignisse begannen, waren Marilyn und ich noch kein volles Jahr verheiratet. Darum ist das Buch ihr und unseren Kindern in Liebe gewidmet.

*John M. Hull*
*Juli 1989*

# EINLEITUNG

Ich wurde am 22. April 1935 in Corryong, einer Stadt im Nordosten von Victoria, Australien, geboren. Mein Vater war der methodistische Priester im nicht weit entfernten Cudgewa. Er war als junger Mann im Jahre 1915 aus England emigriert und machte, nachdem er eine Reihe von Jobs auf Farmen und in Fabriken gehabt hatte, eine Ausbildung als Lokomotivführer. Er fuhr Zugmaschinen, landwirtschaftliche Maschinen, arbeitete in Kühlhäusern und an Bewässerungsanlagen und kam dann in die Holzindustrie. Er arbeitete in Sägewerken und als Maschinenführer auf verschiedenen Holzplätzen hauptsächlich in den Wäldern im Osten und Süden von Victoria. Die Geschichte dieser farbenprächtigen Jahre hat er in seiner Autobiographie *Yarns of Cowra Jack* erzählt, die 1984 in Melbourne veröffentlicht wurde.

Er arbeitete in einem abgelegenen Holzlager in der Gegend von Beenak in den Dandenong Hills, als er Madge Huttley, die einzige Lehrerin in der kleinen Dorfschule, kennenlernte. Sie war eine begeisterte Christin und hatte großen Anteil an Jacks Übertritt zum Christentum, den er 1927 vollzog. Er ließ sich im Queen's College in Melbourne zum methodistischen Priester ausbilden, und Cudgewa war sein erster Gemeindebezirk.

Meine Mutter war in Stawell aufgewachsen, einer Kleinstadt auf dem Lande im Nordwesten von Victoria, nicht weit von den schönen Grampian Mountains entfernt. Die Huttleys waren in den siebziger Jahren des neunzehnten Jahrhunderts aus England emigriert, und Madges Vater besaß die erste Autowerkstatt von Stawell. Madge hatte in Melbourne eine Ausbildung als Grundschullehrerin absolviert, bevor sie ihre erste Stelle in Beenak antrat.

Ich war das zweite Kind, das aus dieser Ehe hervorging; meine Schwester Alison war im Jahre 1933 geboren worden.

Ein paar Tage nach meiner Geburt bekam ich am ganzen Körper einen Hautausschlag. Damit begann ein Leiden, mit dem ich mich die erste Hälfte meines Lebens herumplagte. Vielleicht war es eine allergische Reaktion, die möglicherweise in Verbindung mit dem Asthma und dem angeborenen grauen Star ein Krankheitsbild anzeigte, das erst Jahre später erkannt wurde. Was immer auch die Ursache gewesen sein mag, die Folgen waren einschneidend, und obwohl man als Kind alles fraglos als natürlich hinnimmt, hat dieser Teil meiner Kindheit und Jugend einen bleibenden Eindruck auf mich gemacht. Zu meinen Kindheitserinnerungen gehören Verbände und Salben, Hemdsärmel, die vom Kratzen ganz dünn oder zerrissen waren, das Dreirad, mit dem ich mich als kleiner Junge fortbewegte, weil ich meine Beine nicht so strecken konnte, daß ich bequem hätte laufen können, die verwirrten Lehrer, die mich fragten, warum meine Fingernägel so eingerissen und poliert waren, und die fürsorgliche Liebe meiner Mutter. Ihre festen Hände, ihre endlose Geduld und die Kombination von Stärke und Vertrautheit, die sie mir vermittelte, blieben prägend.

Cudgewa, nicht weit vom Ursprung des Murray und von Australiens höchstem Berg, dem Mount Kosciusko, entfernt, ist eine sehr schöne Naturlandschaft, aber das beeindruckte mich erst, als ich mehr als zwanzig Jahre später wieder in diese Gegend kam, denn schon zwei Jahre danach war mein Vater auf die andere Seite des Staats versetzt worden, nach Red Cliffs, einer Stadt am Murray, nicht weit entfernt von Mildura. Die Weinberge wurden mit dem Wasser des Murray bewässert. Meine ersten Kindheitserinnerungen stammen aus diesen Jahren. Lebensmittel wurden in einer Eisbox kühlgehalten, und ich erinnere mich noch an den Mann mit dem Eiswagen, der mit dem großen, in Sackleinen eingewickelten Eisblock hereinkam und ihn dann mit einer Spitzhacke in kleinere Stücke zerschlug. Alison und ich schnappten uns die scharfkantigen Eissplitter und rannten damit hinaus zu den Furchen zwischen den Weinbergen neben dem Haus. Ich erinnere mich noch an den salzigen Geschmack des scharfen Eises, an die süßen, grünen Trauben und an die heiße, trockene, krümelige Erde.

Da es zu der Zeit nicht üblich war, daß methodistische Priester lange an einem Ort blieben, wurde mein Vater drei Jahre später wieder versetzt, diesmal nach Tasmanien. Es war Ende 1939 oder Anfang 1940, und an Deck des Schiffes, das uns vom Festland dorthin brachte, stand ein Flakgeschütz. Wenn die Besatzung für die täglichen Übungen die Tarnabdeckung abnahm, sah ihnen dabei eine Schar kleiner Kinder bewundernd zu, zu der auch ich und mein jüngerer Bruder Keith, der in Red Cliffs geboren worden war, gehörten.

Während dieser Jahre des Zweiten Weltkriegs lebten wir in Wynyard an der Nordküste. Die Furcht ging um, daß die Japaner sich an den Lichtern an der Nordküste Tasmaniens orientieren und so Melbourne bombardieren könnten oder sogar eine Landung wagen würden, bevor sie das Festland angriffen. Ein zickzackförmiger Schützengraben wurde im Schulhof ausgehoben, und jeden Tag mußten wir üben, unsere winzigen Stahlhelme und Gasmasken aufzusetzen, während wir zu diesem Schützengraben liefen. Abends saßen wir Kinder am Zaun vor dem Haus und sahen zu, wie die Suchscheinwerfer am Himmel spielten. Die Ferien verbrachten wir jeden Sommer in Boat Harbour an der nicht weit entfernten Küste. Hier begann ich, das Meer zu lieben, das Aufregende und Gefährliche der Gezeiten und das Wunder des Lebens in den Teichen, die bei Ebbe in den Felsen zurückblieben. In Wynyard wurde unsere Familie durch die Geburt von Janice komplett.

Als der Krieg im Pazifik im Jahre 1945 endete, lag ich in der Kinderstation des Prince-Henry-Krankenhauses in Melbourne, weil mein Ekzem behandelt werden mußte. Das Feuerwerk an den Ufern des Yarra war vom zehnten Stockwerk des Krankenhauses sehr gut zu sehen, und die Stimme von General McArthur, die das Ende des Krieges verkündete, wurde auf allen Stationen übertragen. Die Familie war wieder nach Victoria gezogen, und mein Vater wurde nun nach Charlton versetzt, einer kleinen Stadt am Avoca im nordwestlichen Teil des Bundesstaats. Das war ein Weizenanbaugebiet, und wir Jungen spielten Cowboy und Indianer auf den riesigen Stapeln von Weizensäcken, die neben der Eisenbahnlinie und in den Lagerhäusern aufgetürmt waren. Auf meinem Schulweg mußte ich den Fluß auf einer kleinen Fußgängerbrücke überqueren. In einem Jahr trat der Fluß über die Ufer und machte die Brücke unpassierbar. Es war sehr aufregend zu beobachten, wie das Wasser von Tag zu Tag stieg und wie sich später in der sengenden Sonne tiefe Risse im trocknenden Schlamm bildeten. Mehrere Male erlebten wir heftige Staubstürme. Dann rötete und verdunkelte sich der Himmel, und wir wurden alle aus der Schule nach Hause geschickt. Ich tastete mich am Zaun vor unserem Haus entlang, um das Tor zu finden, denn wegen des heiß brennenden Staubs konnte ich kaum die Augen öffnen.

Weil mein Gesundheitszustand so schlecht war, ging ich ein Jahr nicht zur Schule, sondern nahm am Fernunterricht der vom Bildungsministerium eingerichteten Schule teil. Das machte mir viel Spaß, und ich wartete immer ganz ungeduldig auf das wöchentlich eintreffende Paket mit Lehrheften und Arbeitskarten und mit einem persönlichen Brief von meinem Lehrer, den ich nie kennengelernt hatte. Darauf folgten zwei Jahre in der Higher Elementary School von Charlton, bevor wir sechzig Meilen weiter nach Süden nach Eaglehawk in der Nähe der Stadt Bendigo zogen. Keith und ich fuhren die drei Meilen bis zu unserer Schule mit der Straßenbahn oder mit unseren Fahrrädern. Eaglehawk und Bendigo lagen mitten in den alten Goldfeldern von Victoria, und die hohen Bohrtürme über den Bergwerksbetrieben waren Teil der Silhouette. Im Busch gab es Tunnel und Schächte, die für Abenteuer wie geschaffen waren.

Mein Vater hatte einen großen Bezirk zu betreuen, der aus drei Stadtkirchen, in denen jeweils das vollständige Gottesdienstprogramm geleistet werden mußte, und drei kleinen Kirchen auf dem Land bestand. In den Kirchen herrschte ein geschäftiges und aufregendes Treiben. Am Sonntag fingen wir mit christlicher Jugendarbeit an; dann folgten der Gottesdienst in einer Kirche, die nachmittägliche Sonntagsschule in einer anderen Kirche (die Kinder des Pfarrhauses mußten ziemlich gleichmäßig auf alle Kirchen verteilt sein), dann eine Teestunde für Jugendliche und der Vortrag eines Gastredners, an den sich der Abendgottesdienst anschloß.

Danach kamen alle Jugendlichen für eine Stunde bei irgendjemand zu Hause zusammen, sangen die Lieder von John Wesley und aßen Kuchen. Die Jahresfeiern der Sonntagsschule waren ein Ereignis. Trompeten und Posaunen trafen ein, große Bühnen wurden in der Kirche oder im Gebäude der Sonntagsschule aufgebaut, und wir übten alle möglichen Gesangs-, Sprech- und Theateraufführungen. Unser Leben als Heranwachsende war mit Konzerten, Barbecues und mitternächtlichen Wanderungen ausgefüllt. In der Kirche brachte man uns bei, wie man am besten lernt, wie man diskutiert, eine Versammlung leitet, eine Zeitung herausgibt, wie man sich im Busch zurechtfindet, und in der Kirche sangen wir. Ich war vierzehn, als eine Gruppe von jungen Männern, die in dem alten College meines Vaters in Melbourne, im Queen's College, zu methodistischen Priestern ausgebildet wurden, eine Rüstzeit in der Hauptkirche von Bendigo in der Forest Street durchführten. Damals begann ich, den christlichen Glauben auf frische und neue Weise zu erleben, und zu der Zeit begann auch eine zehnjährige Periode jugendlicher religiöser und emotionaler Unruhe, Jahre, aus denen ich als Student der Theologie in Cambridge in England hervorging.

Ein wenig früher, vielleicht als ich dreizehn Jahre alt war, sagte ich einmal, als ich morgens zum Frühstück kam, es sei ein sehr nebliger Morgen. Meine überraschte Mutter widersprach mir und fuhr dann, nachdem ihr eingefallen war, daß ich einmal darüber geklagt hatte, daß ich die Tafel in der Schule nicht hatte sehen können, mit mir nach Bendigo zu meinem ersten Augenarzt. 38 Jahre später sollte mich mein letzter Augenarzt abschreiben.

Der graue Star wurde festgestellt, und ich verlor das Augenlicht auf einem Auge. Einige Monate danach begann das Sehvermögen auch im anderen Auge nachzulassen, und innerhalb weniger Monate sah ich nur noch einen dichten weißen Nebel. Ich las einen Roman über den Wilden Westen und wollte, verärgert über die Unterbrechung, schnell damit zu Ende kommen. Eine besonders häßliche Hautinfektion, die sich über mein Gesicht und meinen Hals ausgebreitet hatte, machte eine Operation unmöglich, und so verbrachte ich mehrere Wochen im Krankenhaus nur mit Warten. Schließlich wurden die Linsen durchbohrt, um eine allmähliche Auflösung der Katarakte zu erreichen. Diese «Nadeloperation» wird heute nicht mehr vorgenommen, denn man hat festgestellt, daß sich danach die Glaskörperflüssigkeit nach vorn schiebt und daß das eine Ablösung der Netzhaut zur Folge hat. Mein Fall hat vielleicht ein wenig zu dieser Entdeckung beigetragen. Schließlich wurden die Verbände abgenommen, und ich wurde mit einer Brille ausgestattet. Die schweren Brillengläser gaben mir die Welt zurück, und ich erinnere mich, mit welcher Freude ich die klaren Umrisse von Formen und Farben wahrnahm. Ich stieß einen tiefen Seufzer aus, und der Arzt und mein Vater lachten vor Freude.

Drei oder vier Jahre später hatte ich, wenn ich das Auge schnell bewegte, meine erste Begegnung mit der charakteristischen dunklen, scheibenförmigen, von flackerndem Licht eingegrenzten Fläche, einem Symptom, das, wie ich erfuhr, mit der sich ablösenden Netzhaut in Zusammenhang stand. Viele Jahre sollte ich damit verbringen, die Bewegungen dieser dunklen Schatten zu beobachten, sie sorgfältig auf der Wand auszumessen, um die Geschwindigkeit ihrer Vergrößerung zu bestimmen, skeptischen Ophthalmologen ihr genaues Aussehen und ihre Lage zu erklären und zu wissen, daß ich nicht würde lesen können, wenn die Scheibe sich über die Gesichtslinie hinwegbewegt haben würde. Als dies zum ersten Mal geschah, war mir jedoch die Bedeutung des Vorgangs nicht klar, und obwohl ich die Veränderungen meines Gesichtsfelds sorgfältig in Diagrammen verzeichnete, bin ich nicht sicher, daß ich meinen Eltern davon berichtete. Dies spielte sich im rechten Auge ab, und meinen Aufzeichnungen zufolge wanderte die Scheibe über das Gesichtsfeld, danach erschien Licht auf der anderen Seite, und mein Sehvermögen war wieder gänzlich hergestellt. Zu der Zeit wußte ich nichts über Netzhautablösungen. Einige Ärzte haben gesagt, daß sie Spuren dieser früheren Ablösung entdecken konnten; jedenfalls war das aber ohne Bedeutung. Ich war siebzehn, als die schwarze Scheibe im linken Auge auftauchte. Wir lebten nun in Melbourne, und ich wurde in eins der führenden Krankenhäuser gebracht. Eine Diagnose wurde nicht gestellt, und die schwarze Scheibe hatte sich vor das Gesichtsfeld des linken Auges gelegt. Eine Zeitlang sah ich durch ein dunkelgrünes Gallert, und dann trat eine Blutung auf und das Licht verschwand. In jugendlicher Sorglosigkeit blieb ich gelassen. Ich hatte ja noch mein rechtes Auge, das anscheinend irgendwie wieder in Ordnung gekommen war.

Seit Beginn meines sechsten Jahrs an der High School besuchte ich die Melbourner High School für Jungen. Der Wechsel von einer kleinen Schule in der Provinz zu einer der besten Schulen in der Landeshauptstadt war sehr aufregend, und zum ersten Mal machte mir die Schule richtig Spaß. In Geschichte, englischer Literatur und Geographie wurden wir angehalten, über Gründe und Ursachen nachzudenken, und ich begann zu verstehen, was Evidenz ist. Als bereits ausgebildeter und erfahrener methodistischer Gemeindepfarrer fand ich rasch Freunde und Möglichkeiten zu gemeinsamen Unternehmungen. Im Jahre 1953 schrieb ich mich an der Universität von Melbourne ein und beschloß, Geisteswissenschaften zu studieren. Der Gedanke, ein Honours Degree anzusteuern und eine akademische Spezialausbildung zu durchlaufen, kam mir nicht – ich war dazu bestimmt, methodistischer Priester zu werden und suchte nach einer breitgefächerten Allgemeinbildung, mit der ich mich auf ein Studium am Queen's College vorbereiten konnte, um dann in die Fußstapfen meines Vaters zu treten. Die Unterrichtspausen waren mit der Organisierung von Ferienlagern für Kinder und mit Rüstzeiten am Strand angefüllt; zweimal fuhr ich als Vertreter von Studentenkomitees in andere Bundesstaaten, und beide Male kehrte ich wegen meines Asthmas vorzeitig nach Hause zurück.

Kurz vor Ende des ersten Jahrs an der High School tauchte die mir nun vertraute Scheibe in meinem rechten Auge wieder auf. Dieses Mal kamen die Diagnose und die Operation schnell. Ich verbrachte mehrere Wochen im Krankenhaus, unter meinem Kopf lag ein gepolsterter Ring, weil ich mich möglichst wenig bewegen sollte. Ich brachte mir selbst Braille bei und las die Psalmen und einen Teil des Markusevangeliums. Ich hatte mich gerade ein paar Tage zu Hause erholt und die Dioptrinbestimmungen für eine neue Brille waren gemacht worden, als das Gleiche wieder passierte. Wieder lag ich in Dunkelheit auf dem Rücken und las Braille und fragte mich, was mir die Zukunft bringen würde. Eigenartigerweise machte mir das immer noch keinen großen Eindruck. Diesmal war die Operation erfolgreicher, und ich schloß mein Examen ab.

Als ich feststellte, daß ich mit dem Regierungsstipendium, das ich erhielt, auch einen Lehrerbildungskurs finanzieren konnte, beschloß ich, daß dies eine nützliche Ergänzung zu meiner Priesterausbildung sein würde und verbrachte also ein weiteres Jahr an der Fakultät für Pädagogik, nahm ein Diplomstudium in Pädagogik (der niedrigsten Qualifikation in der Lehrerausbildung) auf und wählte als Fach die Religionspädagogik. Da dies nicht an den staatlichen Schulen unterrichtet wurde, winkte mir der unabhängige Sektor, und ich wurde ins Kollegium der von der Caulfield Church of England in Melbourne unterhaltenen Grammar School für Jungen aufgenommen.

An der Caulfield-Schule verbrachte ich fast drei volle glückliche Jahre. Ich unterrichtete Englisch, Geschichte, Gemeinschaftskunde und Religion, trainierte jüngere Schüler in Cricket und australischem Fußball und war für das Internat zuständig, in dem etwa dreißig der jüngeren Schüler im Alter von acht bis elf Jahren wohnten. Zweimal in der Woche fuhr ich nach der Schule zur Universität und hörte im Rahmen meiner Vorbereitungen auf den Bachelor of Education Vorlesungen in Philosophie und Psychologie der Pädagogik. Im Jahre 1958 begann ich ernsthaft über meine Zukunft nachzudenken. Methodistischer Priester zu werden war immer noch mein Ziel, aber die Aussicht, drei weitere Jahre in Melbourne studieren zu müssen, behagte mir gar nicht. Ich wollte nun an einer der führenden europäischen oder nordamerikanischen Universitäten Theologie studieren. Durch das Fitzwilliam House (das heutige Fitzwilliam College) wurde mir ein Studienplatz in Cambridge angeboten. Die Unterbringungsmöglichkeiten in Wesley House waren begrenzt, und mir wurde geraten, mich am Chesnut College zu bewerben, das ein kongregationalistisches theologisches College war, obwohl der damalige Rektor Methodist war. Anfang August 1959 stach ich auf dem Dampfschiff Strathmore in See.

In London wurde ich von Mary, der jüngeren Schwester meines Vaters, erwartet. Sie arbeitete als Sozialarbeiterin für Kinder in Doctor-Bernardo-Häusern in Devon und war aus Exeter gekommen, um mich abzuholen. Wir verbrachten ein paar wunderbare Tage in London, wo wir alle die Sehenswürdigkeiten besichtigten, die ich schon vom Monopoly-Brett kannte, und dann fuhr ich mit dem Zug nach Cambridge.

Die drei Jahre, die nun folgten, gehören zu den prägendsten in meinem ganzen Leben. Ich schloß Freundschaften mit Mitstudenten aus vielen Teilen der Welt, mit denen ich zum Teil heute noch immer befreundet bin. Ich kaufte mir einen Motorroller und fuhr damit durch ganz England, ich nahm die Maschine sogar auf Reisen nach Frankreich und in die Schweiz mit. Mit dem rechten Auge konnte ich ausgezeichnet sehen, auf Dinge, die links von mir waren, mußte ich jedoch genau achtgeben, und nachts sah ich nur schlecht. Ich fand Gefallen an dem, was es in Cambridge zu sehen und zu hören gab, ich machte Kahnfahrten auf der Cam, röstete mir an Winternachmittagen Brötchen auf dem Kohleherd, mochte die Buchläden, die Partys und die Musik. Vor allem mochte ich die Universitätsbibliothek. Einer Gedankenkette durch die Jahrhunderte hindurch und von einem Flügel des Bibliotheksgebäudes zu einem anderen nachzugehen, fesselte mich und machte mir Freude. In den Tutorials, die ich zum ersten Mal in meinem Leben erlebte, saß ich allein einem anderen Menschen gegenüber, dessen Aufgabe es war, mein Denken zu erproben.

Zwei Jahre lang studierte ich den Teil II des Theologischen Tripos und blieb dann noch ein weiteres Jahr, in dem ich den Teil III studierte und mich auf dem Gebiet des Neuen Testaments spezialisierte. In meinem dritten Jahr wurde ich zum Sprecher der Unterstufenlehrer gewählt. In den Ferien fuhren wir per Anhalter durch ganz Europa und den Mittleren Osten. Ich durchlebte eine Glaubenskrise und kam zu dem Schluß, daß ich nicht guten Gewissens ein priesterliches Amt antreten könne. Ich beschloß, in England zu bleiben und meine Tätigkeit als Lehrer wiederaufzunehmen.

Ich heiratete eine Mitstudentin aus dem Cheshunt College, und wir zogen nach Südlondon.

Nach vier glücklichen Jahren als Lehrer an der Selhurst-Jungenschule in Croydon wurde ich zum Dozenten für Theologie an das Westhill College of Education in Birmingham berufen. Ich unterrichtete Neues Testament, Griechisch, Moderne Theologie und Theorie der Religionspädagogik. Ich bildete Religionslehrer für Primary und Secondary Schools aus und unterrichtete jede Woche auch in einer nahegelegenen Knabenschule. Ich begann zu schreiben, und 1967 erschien meine erste Publikation, ein kurzer Artikel über die Lehrerausbildung, in einer pädagogischen Zeitschrift. Birmingham war eines der Zentren gewesen, in denen die theologische Ausbildung in den sechziger Jahren einen neuen Aufschwung nahm; Ronald Goldman, Kenneth Hyde, Edwin Cox und viele andere bekannte Namen verbanden sich mit dieser Region. F. H. Hilliard, der Religionspädagogik am Pädagogischen Institut der Universität London gelesen hatte, kam an die Universität von Birmingham und übernahm den Lehrstuhl für Pädagogik, und Edwin Cox, dessen *Changing Aims in Religious Education* im Jahre 1966 veröffentlicht worden war, nahm seinen Platz in London ein. Ich wechselte von Westhill an die Universität und erhielt die durch Edwins Weggang vakant gewordene Dozentenstelle. Ich konnte mich nun in Theorie und Praxis der Religionspädagogik spezialisieren, da ich hauptsächlich für die Ausbildung von Theologiestudenten verantwortlich war, die einmal Lehrer mit dem Spezialfach Theologie an einer Secondary School werden sollten. Ich unterrichtete auch einen Fortbildungskurs in Psychologie der religiösen Entwicklung.

1968 befand sich die Studentenbewegung auf ihrem Höhepunkt, und Birmingham war da keine Ausnahme. In meinem ersten Semester besetzten die Studenten die Great Hall und den angrenzenden Verwaltungstrakt, und der ganze Campus war in Aufruhr. Ich wurde zum Vertreter des Lehrkörpers in den Board of Education und von dort in den Senat, den Council und den Court der Universität gewählt und verbrachte Mitte der siebziger Jahre sechs Jahre im Akademischen Verwaltungsrat des Senats.

Birmingham war für meine Arbeit eine faszinierende Stadt. Cambridge war zwar schön, und London war groß, aber in Birmingham lernte ich das Herz Englands kennen und lieben. Hier hatte man nicht die Möglichkeit, sich vor gesellschaftlichen Entwicklungen abzuschotten, und der Zusammenhang zwischen dem Politischen und dem Privaten war offensichtlich. Wenn es Konflikte zwischen Arbeitnehmern und Unternehmern gab, wenn die Benzinpreise stiegen, wenn es Probleme in den Wohnhochhäusern oder mit der Wasserversorgung gab, wurde davon in den Schulen und auf den Märkten gesprochen, und die Auswirkungen waren unmittelbar zu spüren. Hier lernte ich den Judaismus, den Hinduismus, den Glauben der Sikhs und den Islam kennen und schätzen. Hier, in einer der großen multikulturellen Industriestädte Westeuropas hatte die Religionspädagogik eine wichtige Aufgabe zu erfüllen.

Ich hatte meine letzte Position weniger als zwei Jahre innegehabt, als ein beinahe in Vergessenheit geratener dunkler Schatten sich wieder in Erinnerung brachte. Ich berichtete einem ziemlich ungläubigen Praktischen Arzt von dem Problem. Der untersuchte mich gründlich und schickte mich mit der Versicherung fort, daß er nichts sehen könne. Nach mehreren drängenden Telefonanrufen willigte er ein, mich in die Augenklinik zu überweisen. Hier wurde sofort eine Diagnose gestellt, und ich wurde in der für Birmingham und die Midlands zuständigen Augenklinik operiert. Die Behandlung war erstklassig, und die Operation verlief sehr erfolgreich. Die Sehkraft meines rechten Auges wurde praktisch völlig wiederhergestellt, und ich wurde auf einer Versammlung der Ophthalmologischen Gesellschaft der West Midlands vorgeführt. Innerhalb weniger Monate jedoch kehrten die Beschwerden wieder zurück.

Dieses Mal war die Diagnose schwieriger. Woche um Woche verging, und der ärztliche Berater weigerte sich, mit mir zu sprechen, während mir Hausärzte und Studenten versicherten, daß alles in Ordnung sei. Erst nachdem ich einen Protestbrief per Einschreiben an seine Privatadresse geschickt hatte, gewährte mir der Berater die Gunst eines Gesprächs. Nach einer langwierigen Untersuchung teilte er mir mit, daß ich sofort operiert werden müßte. Ich versicherte ihm, daß ich vollstes Vertrauen in seine Fähigkeiten hätte, er bestand jedoch darauf, mich an einen Kollegen zu überweisen. Die nächste Operation wurde mit großem Können ausgeführt, aber inzwischen war das Auge beschädigt und von Narben überzogen. 1970 war der Beginn eines Jahrzehnts, in dem meine Sehkraft immer mehr nachließ.

Im Jahre 1973 kam meine Tochter Imogen Mary zur Welt, im Frühjahr 1979 aber beschlossen meine Frau und ich, nachdem wir bereits mehr als zwei Jahre getrennt gelebt hatten, uns scheiden zu lassen.

Meine an den Universitäten von London und Birmingham durchgeführte Forschungsarbeit auf dem Gebiet des Neuen Testaments war 1970 abgeschlossen, aber die Vorbereitung der für 1974 geplanten Publikation war problematisch, da ich mich in großem Umfang auch mit alten Sprachen und mit Fremdsprachen beschäftigen mußte. Obwohl ich hoffte, daß mein Augenlicht nicht noch schwächer werden würde, wußte ich natürlich, daß es töricht war, Wechsel auf die Zukunft auszustellen. Ich konnte immer Menschen finden, die mir englische Bücher vorlasen, viel schwieriger war es aber, jemand zu finden, der Griechisch und Aramäisch lesen konnte. Ich war in Sprachen ohnehin nie besonders gut, und die allmähliche Verlagerung meiner Arbeit hin zur Philosophie, zur Theologie und zu den Sozialwissenschaften war sehr nach meinem Geschmack. Ich hatte begonnen, ein erziehungswissenschaftliches Magisterseminar auf dem Gebiet der Religionspädagogik zu unterrichten, und das füllte mich intellektuell aus. Auf häufigen Vortragsreisen in verschiedene Länder lernte ich zur gleichen Zeit eine immer größer werdende Anzahl von Kollegen kennen und drang immer tiefer in den Zusammenhang zwischen religiöser Bildung und moderner Kultur ein.

Irgendwann um das Jahr 1973 herum hatte ich angefangen, mit einer Lupe zu lesen, und als ich im Jahre 1977 *Shardik* von Richard Adams beendete, beschloß ich, daß dies der letzte Roman sein würde, den ich mit meinen Augen lesen würde. Ich dachte an die Zeit vor dreißig Jahren, als ich mich beeilt hatte, mit dem Westernroman zu Ende zu kommen, während die Katarakte wuchsen. Von nun an wollte ich die mir verbliebene Sehkraft nur noch dazu benutzen, für meine Arbeit zu lesen. Ich durfte sie nicht mehr für unnötiges Lesen verausgaben. Die Lupen wurden immer größer und schwerer. Ich hielt sie in den Händen, montierte sie an meinen Schreibtisch und befestigte sie an meiner Brille. Mein Schreibtisch war ein Chaos aus Lampen und Buchstützen. Aufzuschreiben, was ich gelesen hatte, wurde zunehmend problematisch. Ich schrieb mit immer dickeren Filzstiften und hatte am Ende auf einem Blatt Papier nur noch ungefähr ein Dutzend Wörter stehen, die ich dann mit der Lupe las. Am 1. November 1979 heiratete ich zum zweiten Mal. Kein ganzes Jahr später wurde unser erstes Kind geboren und war ich als Blinder registriert. Als ich im September 1980 aus der Augenklinik, in der ich Patient gewesen, und aus der Geburtsklinik, in der ich Besucher gewesen war, in mein Büro zurückkehrte, war ich mit einer merkwürdigen Situation konfrontiert. Das Semester sollte in weniger als einem Monat beginnen, und die Wände meines Zimmers waren mit Ordnern voller Notizen bedeckt, die die Arbeit von Jahren darstellten und die für mich nun nicht mehr zugänglich waren.

Die Lösung dieser Probleme füllte die Jahre von 1980 bis 1983 aus und könnte das Thema eines zweiten Buchs sein. «Im Dunkeln sehen» beschreibt nicht diesen Zeitraum, sondern beschäftigt sich statt dessen mit den Jahren von 1983 bis 1986. 1983 verblaßten die letzten Lichtwahrnehmungen, und die dunklen Scheiben hatten mich schließlich besiegt. Tapfer, wie ich meine, aber erfolglos hatte ich sechsunddreißig Jahre gegen sie angekämpft. Damals begann ich in den tiefen Ozean zu versinken und erfuhr schließlich, wie sich der Fels auf der anderen Seite der Verzweiflung anfühlt.

# 1
# UNTERGEHEN
## Sommer 1983

*Träumen* *1. Juni 1983*

Wie lange muß man blind sein, bevor man anfängt, nicht mehr in Farben zu träumen? Träumt man immer weiter in Bildern?

Ich bin seit fast drei Jahren als Blinder gemeldet. In den vergangenen paar Monaten sind die letzten Reste eines Lichtscheins verschwunden. Ich bin nun vollkommen blind. Ich kann in die Sonne starren, ohne den winzigsten Schimmer Sonnenschein zu sehen.

In dieser Zeit habe ich ständig weiter in Bildern geträumt. Dank der farbenprächtigen Freiheit, die ich beim Träumen erlebe, sind die Träume sogar besonders angenehm geworden. Hat sich die Blindheit überhaupt nicht auf meine Träume ausgewirkt?

Vor ungefähr sechs Monaten hatte ich einen Traum, in dem sich meine Sehkraft besserte. Ich konnte meinen Sohn Thomas sehen. Da war er: Ein fröhlicher, frecher, lebendiger kleiner Junge von zweieinhalb saß auf meinem Knie.

Meine letzte Augenoperation fand am 1. August statt. Thomas kam am 22. August zur Welt. Wenn ich nicht mehr genau weiß, wie lange ich schon blind bin, überlege ich, wie alt Thomas ist.

Bei der Geburt dabei zu sein war eine beängstigende, aber wunderbare Erfahrung. Sie hatten das Mikrofon des Apparats eingeschaltet, der den Herzton des Babys überwachte. Neben dem Bett sitzend, konnte ich ihn sehr deutlich hören. Marilyn und ich waren seit knapp einem Jahr verheiratet. Das Herz des Babys schlug unglaublich schnell, die Töne kamen in einem Rhythmus mit den Wehen in kleinen, sich beschleunigenden Wellen. Die meiste Zeit über wußte ich nicht, was vorging. Marilyn schrie. Rings um das Bett standen offenbar Hebammen und Ärzte. Ein paar Augenblicke war es still, dann der Schrei eines Babys.

Noch ungefähr achtzehn Monate danach hatte ich einige visuelle Eindrücke von ihm. Wenn ich nur ein paar Fuß weit von ihm entfernt war, wußte ich, wo er lag und welche Farbe seine Sachen hatten. Wenn er gähnte oder winkte, sah ich in groben Zügen sein Gesicht. Alle feineren Einzelheiten nahm ich nicht mehr wahr, die kleinen Veränderungen rings um die Augen, die Nuancen der Empfindung in den frühen Stadien kindlicher Entwicklung. Im Sommer 1981 band ich ihm in Wales am Strand ein Stück Schnur um den Knöchel, damit ich ihn wiederfinden konnte, wenn er mehr als einen Fuß weit wegkrabbelte. Als er dann laufen konnte, spielte ich mit ihm auf den Stufen der Universitätsbibliothek. An diesen stillen Samstagvormittagen, an denen der Campus fast völlig verwaist war, konnte ich die Zügel locker lassen, denn auch wenn er verschwand und über die steinernen Treppenabsätze rannte, hörte ich ja noch die Geräusche seiner Schuhe. Manchmal lief ich ihm in Panik nach und hatte Angst, er könnte an den Rand von etwas kommen, ehe ich ihn eingeholt hätte. Als sein Bewegungsdrang zunahm und meine Sehkraft weiter nachließ, wurden diese Ausflüge immer schwieriger.

## *Der Traum vom weißen Stock* — *3. Juni 1983*

Vor ungefähr einer Woche träumte ich, daß ich mit dem Zug noch einmal in eine Stadt in der Normandie fahre. Ich war mit Marilyn in einem Restaurant verabredet, das wir während einer Reise in die Normandie, die wir ungefähr ein Jahr vor unserer Hochzeit gemacht hatten, besucht hatten. Ich trat aus dem Bahnhofsgebäude und blieb stehen, um auf dem Stadtplan nachzuschauen, wo der Bahnhof eigentlich lag, nur um dabei festzustellen, daß ich meinen weißen Stock im Zug liegengelassen hatte. Wie ich mich zurechtfinden würde, sorgte mich nicht so sehr, um so mehr aber die Tatsache, daß ich einen Teil meines Eigentums verloren hatte.

Dann merkte ich, daß ich ein langes Metallrohr in der Hand hielt, von der Art, mit der man eine Wäscheleine abstützt. Mit diesem Rohr erkundete ich meinen Weg, und ich spürte, daß die Leute in der Gegend um den Bahnhof mich neugierig anschauten.

Das ist das erste Mal, daß ich mich in einem Traum als Blinden gesehen habe. Der Traum enthält viele ungeklärte Widersprüche. Es ist ausgeschlossen, daß ein Blinder, der auf einen Stock angewiesen ist, vergißt, ihn mitzunehmen. Ich wollte auch die Unabhängigkeit und Bewegungsfreiheit, die es mir ermöglichte, mein Rendezvous mit Marilyn in dem Restaurant einzuhalten, das Blindsein aber nahm mir diese Freiheit. Darum hatte ich ja den weißen Stock, und trotzdem hatte ich ihn nicht. Ohne irgendeinen Ersatz für den Stock konnte ich nicht gehen, aber ich konnte die Reaktionen der Menschen um mich herum sehen. Ich hatte etwas verloren, das ich brauchte, wenn ich Marilyn treffen wollte. Der Verlust des Stocks war nicht nur der Verlust meiner Fähigkeit, sie zu finden, es war der Verlust von etwas Tieferem, von Potenz, der Fähigkeit, sie zu lieben.

Anfang 1980 fing ich damit an, mit einem kurzen weißen Stock zu gehen, den ich hauptsächlich als Signal für die Autos benutzte, wenn ich die Straße überquerte. Als meine Sehkraft weiter nachließ, kaufte ich einen etwas längeren Stock und später einen noch längeren. Schließlich kaufte ich einen ganz langen Stock, fünf Fuß lang, mit einem gebogenen Griff. Für ein Bewegungstraining hatte ich anscheinend nie Zeit, obwohl ich mich gelegentlich fragte, ob sich in meine Technik nicht schlechte Gewohnheiten einschlichen, die sich bei methodischer Anleitung hätten vermeiden lassen.

Im allgemeinen habe ich die Erfahrung gemacht, daß eine schlechte Angewohnheit, die mich beim Gehen stört oder behindert, durch das Bemühen, mich freier bewegen zu können, von selbst beseitigt wird. Mit anderen Worten, das Blindsein unterwirft den Benutzer eines weißen Stocks einem ehernen Gesetz. Laternenpfähle, Bordkanten und Treppen sind die besten Lehrmeister.

Wenn ich Leute grüße und «Schönen Tag noch!» sage, reagieren sie manchmal gar nicht oder wirken überrascht. Die Vorstellung eines schönen Tags ist überwiegend visuell. Ein schöner Tag ist dann, wenn der Himmel klar und blau ist. Die Sonne scheint, und es ist vermutlich ziemlich warm, doch sogar ein heller, klarer Tag mitten im Winter wird als «schöner Tag, nur etwas kühl» bezeichnet. Ein Sehender würde es nicht als schönen Tag und schon gar nicht als herrlichen Tag bezeichnen, wenn es bedeckt wäre.

Für mich hat der Wind den Platz der Sonne eingenommen, und ein schöner Tag ist ein Tag mit einer sanften Brise. Sie läßt alle Geräusche in meiner Umgebung ertönen. Die Blätter rascheln, Papierstückchen werden über den Gehweg geweht, und die Wände und Kanten der großen Gebäude treten stärker hervor, wenn Wind über sie hinwegstreicht, den ich im Haar und auf dem Gesicht und in meinen Sachen spüre. Ein Tag, an dem es nur warm ist, wäre wahrscheinlich auch ein ganz schöner Tag, aber Donner macht ihn aufregender, weil er plötzlich ein Gefühl von Raum und Entfernung vermittelt. Der Donner baut mir ein Dach über den Kopf, eine sehr hohe, gewölbte Decke aus polternden Geräuschen. Ich spüre dann, daß ich an einem weiten Ort bin, wohingegen vorher gar nichts da war. Ein Sehender hat immer ein Dach über sich, in Gestalt des blauen Himmels oder der Wolken oder der Sterne in der Nacht. Ein Blinder erlebt das gleiche, wenn er das Säuseln des Windes in den Bäumen hört. Es zaubert sie herbei; man ist von Bäumen umgeben, wo vorher nichts war.

Das Mißverständnis zwischen mir und den Sehenden entsteht, wenn es ein milder, sogar warmer Tag ist, mit einer leichten Brise, aber bedeckt. Für Sehende wäre das kein schöner Tag, denn der Himmel ist nicht blau.

Ich werde mich, wenn ich mich zum Wetter äußere, präziser ausdrücken müssen. Ich muß daran denken zu sagen, daß es heute schön und mild oder daß die Brise angenehm ist.

Gestern nacht hatte ich einen schönen, wohltuenden Traum, in dem ich durch ein Flußtal ging. Hübsche Häuser, Ferienbungalows zogen sich am Flußufer entlang. Ich machte eine Tageswanderung. Ich experimentierte herum, schaute hierhin und dorthin und wollte feststellen, ob meine Sehkraft dafür ausreichte, daß ich das Tal und die Landschaft ganz überblicken konnte. Obwohl es nicht perfekt war, kam ich zu dem Schluß, daß ich ein so genaues Gespür für den Ort entwickelte, daß ich mich ungehindert bewegen und den Anblick genießen konnte. «Siehst du, es geht!» sagte ich mir. «Bei gutem Licht und bei solchen Bedingungen kommst du immer noch ganz gut zurecht.»

1976 und 1977 konnte ich noch so gut sehen, daß mir lange, einsame Spaziergänge in den ländlichen Gegenden von Worcestershire und Shropshire Freude machten. Einer meiner Lieblingswege führte durch das Tal der Severn. Ich fuhr meist mit dem Bus oder der Bahn. In den richtigen Bus einzusteigen war ein Problem. Ich konnte zum Busbahnhof im Stadtzentrum gehen und mich nach der Abfahrtsstelle des Busses, mit dem ich fahren wollte, erkundigen, oder ich konnte an der Bushaltestelle in der Nähe meines Hauses warten und jeden ankommenden Bus anhalten und den Fahrer fragen, ob er in meine Richtung fuhr. Ich versuchte, die Liniennummern mit Hilfe eines kleinen Fernrohrs zu entziffern, aber oft war der Bus schon auf meiner Höhe, bevor ich es geschafft hatte. Landkarten konnte ich mit Hilfe von Lupen immer noch lesen. Ich ging gern am Fluß entlang, weil es dort nahezu unmöglich war, sich zu verlaufen, obwohl man genau achtgeben mußte, wohin man seine nächsten Schritte setzte. «Vorausgesetzt, es wird nicht schlimmer», sagte ich mir oft, «komme ich immer noch zurecht.»

Dieser Gedanke begleitet mich nun seit mindestens zehn Jahren. Ich kam immer noch zurecht, vorausgesetzt, es wurde nicht schlimmer. Auch nachdem ich schon als Blinder registriert war, fand ich von meinem Büro noch allein nach Hause, wenn ich mich an den zwei hellen gelben Linien orientierte, die auf dem Universitätsgelände die Parkflächen an den Straßenrändern markierten.

Falls es so bliebe, wäre ich immer noch in Ordnung. Sollte es schlimmer werden, würde ich abends trotzdem immer nach Hause finden, wenn ich mich nacheinander an den Straßenlaternen orientierte. Ich fühlte mich wie ein Seemann weit draußen auf dem Meer in einer kohlschwarzen Nacht, dem nur ein einziger Stern leuchtete. War ich an einem Laternenpfahl angekommen, konnte ich ganz schwach das nächste kleine Licht erkennen. Ich kam immer noch zurecht, vorausgesetzt, es wurde nicht schlimmer.

Meine Träume scheinen der Realität ungefähr sechs Jahre hinterherzuhinken.

## *Gesichter* — *21. Juni 1983*

Wenn ich während der ersten Jahre meines Blindseins an die Menschen dachte, die ich kannte, dann zerfielen sie in zwei Gruppen: in Menschen mit Gesichtern und in Menschen ohne Gesichter. Es war ein bißchen so, als wanderte ich in der National Portrait Gallery umher. Da hängen ganze Reihen von Porträts, aber hier ist eine Lücke. Wo das Bild einmal hing, kann man an der Umrißlinie auf der Tapete sehen, und unter dieser Stelle ist ein kleines Schild mit dem Namen angebracht. Vielleicht hängt das Porträt irgendwo anders als Leihgabe, oder vielleicht wird es restauriert.

Die Menschen, die ich schon kannte, bevor ich das Augenlicht verlor, haben Gesichter, aber die Menschen, die ich erst danach kennengelernt habe, haben keine Gesichter. Früher fand ich den Unterschied zwischen diesen beiden Gruppen von Menschen immer verwirrend. Ich wußte nicht, wie ich die eine Hälfte zu der anderen in Beziehung setzen sollte. Ich wußte, wieso ich den einen Teil kannte – durch ihre Gesichter. Wie konnte ich je sicher sein, auch den zweiten wirklich zu kennen?

Im Verlaufe der Zeit hat die Anzahl der Menschen ohne Gesichter zugenommen. Ganze Räume sind nun leer, und auf den Porträts, die noch da sind, liegt eine Schicht Staub.

Werde ich vielleicht eines Tages, wenn ich die Galerie besuchen will, die Tür zugesperrt und die Notiz «Diese Ausstellung ist ständig geschlossen» vorfinden?

Seit drei Jahren habe ich nun keinen Menschen mehr gesehen. Merkwürdigerweise habe ich ziemlich deutliche Bilder von vielen Menschen, die ich im Verlauf dieser drei Jahre nicht mehr getroffen habe, doch die Bilder der Menschen, denen ich täglich begegne, verschwimmen. Woher kommt das?

Zu den Menschen, denen ich täglich begegne, habe ich auch nach meiner Erblindung noch eine Beziehung, und deswegen spielen, wenn ich an diese Menschen denke, die neuesten Ereignisse in unseren Beziehungen eine große Rolle. Teilweise überdecken sie das Porträt, das dadurch weniger wichtig geworden ist. Bei anderen Menschen aber, die ich zwar gut kenne, mit denen ich aber mehrere Jahre lang nicht zusammengetroffen bin, ist nichts geschehen, was den Platz des Porträts hätte einnehmen können, und wenn ich an diese Menschen denke, kommt mir das Porträt in den Sinn.

Als ich entdeckte, daß ich allmählich vergaß, wie Marilyn und Imogen aussehen, beunruhigte mich das sehr. Ich hatte das Blindsein nicht zulassen wollen. Ich hatte mir geschworen, daß ich ihre Gesichter immer in meinem Herzen tragen würde, auch wenn alle anderen Bilder in der Galerie gestohlen sein würden.

Wenn ich mir das Gesicht eines Menschen, den ich sehr gern habe, ins Gedächtnis zurückrufen will, dann stelle ich mir eine bestimmte Fotografie vor, eine neue Fotografie, an die ich mich aus meinen sehenden Tagen noch genau erinnern kann. Wenn ich mich an ein geliebtes Gesicht erinnern will, so gelingt es mir offenbar nicht, das Bild zu reproduzieren. Die starren Ränder der Fotografie sorgen offenbar dafür, daß mir nur die veränderlichen Gesichtszüge in den Sinn kommen, so daß ich mir vorstellen kann, wie ich das Bild betrachte. Einige Leute versichern mir, damit sei ich in einer glücklichen Lage. Ich werde Marilyn immer so im Gedächtnis behalten, wie sie als junge Frau aussah. Der Gedanke, daß ich sehen kann, wie sie älter wird, wird ihr nie Kummer machen. Aber ich bin mir da nicht so sicher, weil ich nur schwer glauben kann, daß Unwissenheit irgendwann besser sein soll als Wissen.

Der Unterschied zwischen den Menschen mit Gesichtern und den Menschen ohne Gesichter wird noch quälender, wenn ich an meine Kinder denke. Ich habe viele visuelle Erinnerungen an Imogen, die jetzt zehn ist, und sie beruhen oft auf Fotografien, die aber von der jeweiligen echten Lebenssituation überdeckt werden. Von dem Gesicht von Thomas, der jetzt fast drei ist, sind mir nur ein paar undeutliche Eindrücke geblieben, die aus den ersten sechs oder neun Monaten seines Lebens stammen, als ich noch einen Rest Sehkraft besaß. Von Elizabeth, die jetzt sechzehn Monate alt ist, habe ich überhaupt keine visuellen Bilder. Der Platz an der Wand, an dem ihr Porträt hängen sollte, ist vollkommen leer.

Was verändert sich dadurch? Ich bin mir keines Unterschieds in meinem heutigen Verhältnis zu diesen drei Kindern bewußt, der auf irgendeine Weise durch die Tatsache beeinflußt sein könnte, daß sie in verschiedenen Zusammenhängen zu meinem Erblinden stehen. Es ist jetzt zu allen gleich.

## *Spielt es eine Rolle, wie Menschen aussehen?* *23. Juni 1983*

Ungefähr ein Jahr nach meiner Registrierung als Blinder begannen sich mir Bilder von menschlichen Gesichtern aufzudrängen, die so deutlich waren, daß sie beinahe wie Halluzinationen wirkten. Das ging sechs oder zwölf Monate so. Ich saß mit jemand in einem Zimmer, das Gesicht meiner oder meinem Bekannten zugewandt, und hörte ihr oder ihm zu. Plötzlich tauchte vor meinem inneren Auge ein so lebhaftes Bild auf, als schaute ich auf einen Fernsehapparat. Aha, dachte ich, da ist er ja, mit der Brille und dem kurzen Bart, dem welligen Haar und dem blauen Nadelstreifenanzug, mit weißem Kragen und blauer Krawatte. Da sind seine glänzenden Schuhe, und seine Aktentasche steht ordentlich neben dem Stuhl. Dann verblaßte dieses Bild, und an seiner Stelle erschien ein anderes. Mein neuer Besucher war dick und schwitzte und hatte eine Stirnglatze. Er trug ein rotes Halstuch und einen Mantel, und ein paar seiner Zähne fehlten. Dann verblaßte auch dieses Bild.

Manchmal war ich so in die Betrachtung dieser Bilder vertieft, die ohne mein Zutun kamen und verschwanden, daß ich völlig den Faden der an mich gerichteten Worte verlor. Mit einem Schock kam ich dann zurück und begriff, daß es keinen Anhaltspunkt dafür gab, welches dieser Bilder der Wirklichkeit mehr entsprach. Es war ganz einfach nichts da. Die Stimme drang wieder zu mir durch, und ich fühlte mich so, als sei ich für ein paar Minuten vor dem Radio eingeschlafen.

Mehrere Male in meinem Leben hatte ich für eine gewisse Zeit nicht sehen können, häufig in Augenkliniken. Ich machte die seltsame Erfahrung, daß ich die Krankenschwestern an ihren Stimmen erkannte und mir unweigerlich ein geistiges Bild von ihnen machte, nur um dann, wenn ich wieder sehen konnte, feststellen zu müssen, daß ich völlig daneben lag. Daher habe ich guten Grund anzunehmen, daß die Bilder, die ich mir von Menschen gemacht habe, die ich erst als Blinder kennenlernte, wahrscheinlich ziemlich falsch sind. Außerdem werde ich nie die Möglichkeit haben, sie dadurch zu korrigieren, daß ich selber die Wahrheit herausfinde. Allmählich wird diese Tendenz, Bilder zu projizieren, jedoch schwächer.

Daß ich nicht weiß, wie Menschen aussehen, hat unter anderem zur Folge, daß das Moment der Antizipation bei einer neuen Beziehung abgeschwächt wird. Wenn ein Sehender eine neue Bekanntschaft macht, ist er allein schon durch das Sehen imstande, bestimmte Eindrücke zu empfangen und sich darauf einzustellen, einen bestimmten Menschen kennenzulernen. Der oder die neue Bekannte kann ihm weise, freundlich, zurückhaltend, würdevoll, bestürzt und so weiter vorkommen. Ein Blinder hingegen weiß nicht, wer ihm gegenübertritt. Die Behauptung, daß ihm das die Möglichkeit nimmt, kurze erste Eindrücke zu gewinnen, greift ihrerseits zu kurz. Die ersten Eindrücke, die ein Blinder von einem neuen Bekannten empfängt, von der Stimme, vom Händedruck und so weiter, können ebenso irreführend sein. Wenn wir der seltsamen Logik folgen, die uns sagt, es sei besser, keine irreführenden Informationen zu bekommen, müßten wir wohl zu dem Schluß kommen, daß wir ohne irgendwelche Informationen überhaupt besser dran wären. Wir stellen ständig Vermutungen über einen neuen Bekannten an, nicht nur während der ersten Augenblicke der Begegnung, sondern die ganzen Jahre, die diese Beziehung dauert, hindurch. Ein Blinder hat einfach viel weniger Informationen, auf denen er solche Vermutungen aufbauen kann. Eine der Folgen ist, daß ein Blinder mehr Zeit braucht, um jemand kennenzulernen. Das jedenfalls ist meine Erfahrung, aber vielleicht bin ich ja kein sehr geschickter Blinder.

Die Tatsache, daß ein Blinder über weniger Daten verfügt, weist offenbar darauf hin, daß seine Vermutung über einen neuen Menschen auf wackligeren Füßen steht. Obwohl ihm irreführende visuelle Eindrücke erspart bleiben, muß er mit weniger Fakten auskommen. Ob meine ersten Eindrücke von Menschen jetzt weniger zutreffend sind als zu der Zeit, als ich noch sehen konnte, vermag ich nicht zu entscheiden. Mit einem oder zwei anderen Kollegen führe ich oft Vorstellungsgespräche mit Bewerbern um einen Studienplatz. Nach der Befragung vergleichen wir unsere Notizen. Ich bin erleichtert und auch ein wenig überrascht, wenn ich merke, daß mein Urteil über den Kandidaten nicht weniger präzise ausfiel oder daß ich ganz ähnliche Eindrücke von ihm hatte. Die sehenden Kollegen können bestimmte Einzelheiten ergänzen. Sie können sagen, daß der Bewerber einen unruhigen Blick hatte oder daß er ungepflegt aussah. Fast immer stellt sich dann heraus, daß diese Einzelheiten mit verschiedenen Eindrücken vom Charakter und der Persönlichkeit übereinstimmen, die ich allein aus dem Sprechen gewonnen hatte.

Ein weiterer seltsamer Begleitumstand des Nicht-Wissens, wie Menschen aussehen, wird bei der Wiedergabe von Gesagtem deutlich. Wenn ich von einer Begegnung mit jemand erzähle, dann könnte ich zum Beispiel sagen wollen: «Er sah mich ausdruckslos an.» In diesem Punkt bin ich ein wenig empfindlich, denn ich muß unweigerlich denken, daß der Sehende, dem ich davon berichte, weiß, daß ich unmöglich wissen kann, wie mein Freund mich ansah. Zu sagen, «Er antwortete mit Ausdruckslosigkeit», ist absurd und pedantisch. Ich will ja nur das kleine Zögern vermitteln, das ich bemerkte, bevor mein Freund antwortete: mein Empfinden, daß er überrascht war, daß ihm für kurze Zeit die Worte fehlten, daß er nicht recht wußte, was er sagen sollte. Das Gespräch war ja wirklich für kurze Zeit unterbrochen. Zu sagen, «Er machte eine Pause, bevor er etwas erwiderte und war anscheinend ratlos», wäre völlig zutreffend, aber das knappe, konkrete Idiom des sehenden Austauschs zu benutzen ist so natürlich und lebendig. Was soll ich tun?

Aus alledem ergibt sich weiter, daß für mich das Gesicht nicht mehr die zentrale Rolle spielt wie in normalen menschlichen Beziehungen. Das Gesicht ist bloß der Ort, von dem die Stimme herkommt. Ich ermahne mich dazu, in Richtung des Gesichts zu schauen, denn einen triftigen Grund dafür gibt es nicht. Häufig weiß ich es, wenn Menschen mich anschauen, denn ihre Stimmen klingen anders, wenn sie direkt auf mich gerichtet sind, und ich kann häufig in einer Gruppe einen bestimmten Menschen anschauen, wenn er oder sie mich beim Sprechen angeschaut hat. Das tue ich jedoch nur um der Wirkung willen, um zu zeigen, daß ich zuhöre. Ich habe nicht mehr das natürliche Gefühl, einem Gesprächspartner direkt gegenüberstehen zu müssen.

Manchmal bitte ich einen meiner sehenden Freunde, mir kurz zu beschreiben, wie jemand aussieht. Oft will ich wenigstens in groben Zügen wissen, wie ein neuer Bekannter aussieht. Dies trifft insbesondere dann zu, wenn mein neuer Bekannter eine Frau ist. Welche Farbe hat ihr Haar? Was hat sie an? Ist sie hübsch? Manchmal möchte ich das unbedingt erfahren. Ich bin und bleibe schließlich ein Mann, der in einer bestimmten Kultur der Sehenden aufgewachsen ist und zu bestimmten männlichen Erwartungshaltungen konditioniert wurde. Vielleicht sollte ich mich ändern und mich in meiner Beurteilung von Frauen weniger von meiner männlichen Konditionierung leiten lassen, aber es tut weh, daß mir diese Veränderung allein durch mein Blindsein aufgezwungen wird.

Was ich bei einer neuen Bekannten empfinde, hängt auch

davon ab, was ein Kollege, der sie gesehen hat, über ihre Schönheit oder Unscheinbarkeit gesagt hat. Darin verbirgt sich eine doppelte Irrationalität. Zunächst einmal sollten meine Gefühle überhaupt nicht vom Aussehen einer Frau abhängen. Ich weiß das, und ich entschuldige mich dafür. Dennoch empfinde ich so. Und zweitens ist es sicher ein bedauerlicher Mangel an Unabhängigkeit meinerseits, wenn ich mich so von einem Kriterium beeinflussen lasse, das für mich keinerlei Bedeutung besitzen kann.

Welche Rolle kann es für mich schon spielen, was sehende Männer über Frauen denken, wenn ich als Blinder Frauen doch auf ganz andere Art beurteilen muß? Trotzdem macht es mir etwas aus, was sehende Männer denken, und ich kann diese Voreingenommenheit offenbar nicht abschütteln.

Das Entscheidende bei jeder neuen Bekanntschaft ist der Klang der Stimme. Ich lerne immer mehr über die erstaunliche Fähigkeit der menschlichen Stimme, die Persönlichkeit zu zeigen. Bei den Menschen, die ich sehr gut kenne, fällt mir auf, daß alle Gefühlsregungen, die sich normalerweise im Gesicht ausdrücken, auch von der Stimme mitgeteilt werden: Müdigkeit, Furcht, unterdrückte Erregung und so weiter. Meine aus der Stimme gewonnenen Eindrücke scheinen ebenso genau zu sein wie die sehender Menschen. Der Nachteil besteht jedoch darin, daß mein Freund erst einmal sprechen muß. Wenn ich sehen könnte, blieben mir auch intimere Einzelheiten nicht verborgen; ich könnte etwas Unbeabsichtigtes erfahren, das sich in flüchtigen Veränderungen der Mimik, insbesondere der Lippen und der Augen, verrät. Als Blinder sind mir unbewußte Nuancen der Stimme zugänglich, und ich höre oft Dinge, von deren Existenz der Sprecher vielleicht gar nichts weiß, aber das bleibt immer im Kontext dessen, was beabsichtigt war, nämlich des Sprechens als solchem. Ich bin also mehr darauf angewiesen, daß andere Menschen sich mir offenbaren.

Die Fähigkeit der Stimme, das innere Ich zu offenbaren, ist wirklich erstaunlich. Ist die Stimme intelligent? Ist sie farbig? Hat sie Licht und Schatten? Ist sie melodisch, humorvoll, anmutig, genau? Ist sie sanft, amüsant und abwechslungsreich? Oder umgekehrt, ist die Stimme träge? Ist sie liederlich und nachlässig? Ist sie undeutlich, düster und eintönig? Ist der Wortschatz arm, und werden die Worte ungenau und ohne Sprachgefühl benutzt? Das sind die Dinge, die für mich jetzt wichtig sind.

Immer häufiger mache ich nicht einmal mehr den Versuch, mir vorzustellen, wie Menschen aussehen. Mein Wissen von dir beruht auf dem, was wir zusammen erlebt haben, und nicht darauf, wie du aussiehst.

Es geht sogar noch weiter. Nicht nur weiß ich nicht oder mache mir keine Gedanken darüber, wie du aussiehst (obwohl ich da, wie gesagt, was Frauen betrifft, noch gewisse Skrupel und Zweifel habe), sondern ich vergesse, wie man den Begriff selber handhabt. Es fällt mir immer schwerer, mir vorzustellen, daß Menschen irgendwie aussehen, der Idee, daß sie ein Aussehen haben, irgendeine Bedeutung beizumessen. In den letzten Wochen habe ich mich dabei beobachtet, daß ich mich in dem Gedanken übe, daß Menschen ein Aussehen haben. Ich experimentiere damit, rekapituliere in Gedanken, wie sich das Aussehen von jemand verändern kann. Dies ist etwas ganz anderes als die lebhaften Vorstellungen, die sich mir in jener früheren Phase unwillkürlich aufdrängten. Ich versuche mich nun daran zu erinnern, daß dieser Mensch etwas an sich hat, das mir wenig oder gar nichts bedeutet und mir nicht frei zugänglich ist, das trotzdem aber etwas ist, was zu diesem Menschen gehört wie alles andere auch. Dieser Mensch sieht irgendwie aus. Er oder sie hat, in irgendeiner Form, das, was ‹Aussehen› genannt wird.

## *Wie sehe ich aus?* — *25. Juni 1983*

Als ich ungefähr siebzehn war, wurde ich auf dem linken Auge blind. Ich weiß noch, daß ich meine linke Schulter betrachtete und dachte: «Das ist nun das letzte Mal, daß ich dich sehe, ohne in einen Spiegel zu schauen.» Eine Schulter zu verlieren ist das eine, aber das eigene Gesicht zu verlieren wirft ein neues Problem auf. Ich bemerke, daß ich versuche, mir alte Fotografien von mir ins Gedächtnis zu rufen, um mich daran zu erinnern, wie ich aussehe. Mit einem Schock entdecke ich, daß ich mich nicht erinnern kann. Muß ich selber ein leerer Fleck an der Wand meiner eigenen Galerie werden?

In welchem Ausmaß führt der Verlust des Bilds vom eigenen Gesicht auch zum Verlust des Selbstbilds? Ist das einer der Gründe dafür, daß ich so oft glaube, ein bloßer Geist, ein Gespenst, eine Erinnerung zu sein? Andere Menschen sind zu körperlosen Stimmen geworden, sprechen aus dem Nirgendwo, gehen ins Nirgendwo. Bin ich jetzt, wo ich meinen Körper verloren habe, nicht genauso?

## *Akustisches Sehen* — *14. Juli 1983*

Nachdem ich in meinem siebzehnten oder achtzehnten Lebensjahr auf dem linken Auge blind wurde, habe auch ich in bestimmten Augenblicken erlebt, was von Blinden oft berichtet wird. Auf meiner blinden Seite, wenige Zentimeter vom Kopf entfernt, nahm ich plötzlich ganz deutlich einen Gegenstand wahr. Wenn ich auf die Straße hinaustrat, schrak ich vor Dingen, die sich unmittelbar zu meiner Linken befanden, zurück. Wenn ich mich dann umsah, war das, was ich nicht bemerkt hatte, vielleicht ein parkender Lieferwagen mit Leitern, die über das Dach herausragten.

Inzwischen habe ich herausgefunden, daß dieses Phänomen heute allgemein <Echoorientierung> genannt wird. Es fiel mir einige Monate nach meiner völligen Erblindung zum ersten Mal auf. Solange ich zumindest noch irgend etwas sehen konnte, nahm ich die Echoorientierung nicht wahr. Zuerst bemerkte ich, daß ich, als ich in der Abendstille über den Campus nach Hause ging, eine Anwesenheit spürte, die ich als Hindernis wahrnahm. Ich entdeckte dann, daß ich, wenn ich bei diesem Gefühl stehenblieb und meinen weißen Stock herumschwenkte, auf einen Baumstamm traf. Er befand sich nicht weiter als einen oder anderthalb Meter von mir entfernt. Die Fähigkeit, etwas, ganz gleich, was es war, zu lokalisieren, beschränkte sich offenbar aber auf diesen Umkreis, und manchmal hatte ich mich dem Baum schon auf einen halben Meter genähert. Dadurch, daß ich diese Bäume spürte und ihren genauen Standort mit meinem Stock überprüfte, wurde mir allmählich klar, daß ich eine seltsame Form der Wahrnehmung entwickelte. Ich fand heraus, daß ich die Bäume sogar zählen konnte, an denen ich auf meinem Weg zu den Toren des Universitätsgeländes vorüberging. Bei dünnen Gegenständen wie beispielsweise Laternenpfählen funktionierte dieses Sinnesorgan anscheinend nicht. Um sie wahrnehmen zu können, mußten sie so breit sein wie ein Baumstamm oder wie ein menschlicher Körper.

Im Verlauf der Monate schien sich diese Wahrnehmungsfähigkeit noch zu steigern. Heute merke ich es sehr oft schon vorher, wenn ich auf einen Laternenpfahl zugehe, obwohl ich ihn immer noch leichter orten kann, wenn ich erwarte, daß da einer steht. Gelegentlich laufe ich in Laternenpfähle hinein, die mir völlig entgangen sind. Wenn ich die Echoorientierung spüre, dann ist ein Irrtum ausgeschlossen, das heißt, ich kann mich an kein einziges Mal erinnern, wo ich einen Gegenstand wahrnahm, aber keiner da war. Unglücklicherweise tritt dieses Phänomen nicht immer auf, so daß ich es nur wie eine rote Ampel benutzen kann. Ich muß stehenbleiben, wenn ich etwas orte, aber wenn ich nichts orte, heißt das nicht, daß ich weitergehen kann.

Inzwischen kann ich nicht nur dünnere Gegenstände lokalisieren, sondern auch der Wahrnehmungsradius hat sich offenbar vergrößert. Wenn ich nach Hause ging, konnte ich früher parkende Autos nur entdecken, wenn ich mit meinem Stock den Kontakt herstellte. Neuerdings stoße ich fast nie unerwartet an ein parkendes Auto an. Fast immer bemerke ich ein Hindernis auf meinem Weg, bevor mein Stock darauf auftrifft, und das, obwohl ich nun den ganz langen Stock benutze. Ich glaube, ich kann parkende Autos nun in einem Umkreis von zwei bis zweieinhalb Metern entdecken. Ein weiterer Aspekt dieser Erfahrung ist, daß sie mir offenbar generell ein feineres Gespür für meine Umgebung vermittelt. An einer Stelle meines Wegs muß ich zur Seite gehen, um einer aufwärts führenden Treppe auszuweichen. Ich erwarte sie natürlich, weil ich diesen Weg ja täglich gehe. Trotzdem spüre ich jetzt zusätzlich ihren Anstieg, und zwar nicht nur die unteren Stufen direkt über der Straße, sondern den gesamten massiven Gegenstand, der da aufragt und irgendwie von mir entfernt ist. Dieses Phänomen scheint zum Teil davon abzuhängen, wie aufmerksam ich bin, denn zu Hause kann es mir leicht passieren, daß ich an einer Türkante anstoße und nicht vorgewarnt wurde, daß sie so nahe war. Möglicherweise nimmt man Echos in einem Haus, wo alle Geräusche durch Teppiche und Gardinen gedämpft werden, weniger gut wahr?

Die Erfahrung selbst ist ganz ungewöhnlich, und ich kann sie mit nichts vergleichen, was ich je erlebt habe. Es ist wie ein physikalischer Druck. Man möchte die Hand heben, um sich zu schützen, so intensiv ist die Wahrnehmung. Man schreckt vor allem zurück. Kennzeichnend dafür ist offenbar eine gewisse Stille in der Atmosphäre. Wo man eigentlich die Luftströmungen und eine gewisse Offenheit wahrnehmen sollte, spürt man eine Stille, eine Intensität, keine Leere, sondern eine unbestimmbare Dichte. Der genaue Ursprung dieser Empfindung läßt sich nur schwer ausmachen. Sie geht offenbar vom Kopf aus, setzt sich häufig aber bis zu den Schultern und sogar bis zu den Armen hin fort. Die Empfindung ist stärker, wenn die Umgebung weniger durch Geräusche verunreinigt ist, und in der Stille meines spätabendlichen Heimwegs spüre ich sie am stärksten. In einer belebten lauten Straße ist das Phänomen weniger deutlich, und wenn ich am Ellbogen eines anderen Menschen wandre, scheine ich es gar nicht zu spüren. Vermutlich blende ich dann einfach alles aus, ganz gleich, was es ist.

Es ist eine Art Leitsystem, das zu funktionieren beginnt, wenn es unbedingt notwendig ist und wenn irgendwelche Orientierungsmöglichkeiten da sind, aber es ist nicht immer einfach, es von anderen Erfahrungen zu unterscheiden. Daß ich ans Ende einer Häuserzeile komme, spüre ich oft. Liegt das an der Luftströmung, dem Luftzug, den man an einer Straßenecke spürt, oder ist es das Gegenteil einer wahrgenommenen Anwesenheit? Habe ich, ohne daß ich es wußte, die Anwesenheit der Mauern und Zäune gespürt, und begegne ich nun plötzlich, wenn sie aufhören, der Abwesenheit?

Auf einem meiner Wege komme ich an einem eineinhalb Meter hohen Zaun aus senkrechten Metallstäben vorüber. Nach ihm folgt an einem bestimmten Punkt eine dicke Ziegelmauer. Ich stelle fest, daß ich, wenn ich aufmerksam bin, weiß, wann ich den Zaun passiert habe und nun an der Wand entlanggehe. Irgenwie vermittelt sie das Empfinden einer massiveren Anwesenheit.

Aus Gesprächen entnehme ich, daß diese Erfahrung im wesentlichen akustischer Natur ist und auf einer Wahrnehmung von Echos beruht. Das stimmt zwar mit meiner Erfahrung überein, gleichzeitig aber muß ich betonen, daß man nicht bewußt zuhört. Man nimmt einfach wahr, daß man etwas wahrzunehmen beginnt. Man spürt den Druck auf der Haut des Gesichts und weniger auf oder gar in den Ohren. Wohl aus diesem Grund habe ich für diese Erfahrung auch schon die Bezeichnung ‹akustisches Sehen› gehört.

## *«Ich sehe, was du meinst»* — *1. September 1983*

«Ich seh nicht ein, daß das notwendig ist.»
«Schön, dich wiederzusehen.»
«Ich sehe, was du meinst.»

Wenn ich Ausdrücke wie diese verwende, sind einige meiner sehenden Freunde überrascht. Sie lachen, ziehen mich vielleicht auf und sagen: «Das meinst du doch nicht wirklich, oder, John?» Ich erkläre, daß ich, wenn ich sage, daß ich mich freue, dich zu sehen, damit meine, daß ich mich freue, dich zu treffen, mich freue, bei dir zu sein, froh bin, in deiner Nähe zu sein. Ich erkläre, daß genau das doch wohl jeder, der Blinde wie der Sehende, mit diesen Worten zum Ausdruck bringen will. Und im gleichen Sinne, erkläre ich weiter, will ich, wenn ich sage, ich sehe, was du meinst, ausdrücken, daß ich dich verstehe. Deine Worte ergeben für mich einen Sinn. Das will jeder mit diesen Worten zum Ausdruck bringen, denn das Gemeinte selbst ist ja unsichtbar.

Wenn man blind ist, wird einem bewußt, wie viel in unserer Sprache auf Metaphern des Sehens aufgebaut ist. Es ist nur natürlich, daß sich auch Sehende dessen deutlich bewußt werden, wenn sie mit einem Blinden sprechen. «Was ist Ihre Ansicht?» «Haben Sie etwas beobachtet?» «Ich verstehe einfach nicht, wie Sie das sehen.» «Schau dir das an, mein Freund.» «Ich habe überall danach gesucht.» «Mal sehen, ob ich dir helfen kann.»

In Redewendungen wie diesen werden die Einstellungen, Absichten, Forderungen und die Hinweise auf Wissen und Verstehen ausschließlich durch die Verwendung von visuellen Metaphern zum Ausdruck gebracht. Zwischen Sehen und Wissen besteht ein enger Zusammenhang. Blindsein führt zum Nichtwissen.

Müssen Behinderte auf den Teil der Sprache verzichten, der die Behinderung, an der sie leiden, metaphorisch verwendet? Wie absurd das wäre! Es würde Menschen, die bereits behindert sind, eine neue Behinderung aufnötigen. Wenn ein Mensch, der im Rollstuhl sitzt, sagt, daß er/sie darüber nachdenkt, sich als Parlamentskandidat aufstellen zu lassen, lenke ich doch die Aufmerksamkeit nicht auf die Behinderung, indem ich scharfsinnig bemerke: «Sie meinen, Sie wollen im Rollstuhl ins Parlament fahren.» Wenn eine meiner Freundinnen erzählt, daß sie neulich in der High Street mit Soundso zusammengetroffen ist, reagiere ich doch in aller Regel nicht so, daß ich schallend lache und frage: «Hast du ihm wehgetan?»

Dennoch verbirgt sich unter diesen kleinen Irritationen im Austausch zwischen Blinden und ihren sehenden Freunden ein echtes Problem. Die gesamte Struktur unserer gewöhnlichen, alltäglichen Gespräche setzt eine sichtbare Welt voraus. Das kann man leicht feststellen, wenn man Gespräche im Radio mit Gesprächen im Fernsehen vergleicht. Wenn der Sehende also auf eine kleine Auffälligkeit im Gebrauch einer visuellen Metapher durch einen Blinden hinweist, so verändert sich unter der Hand der ganze Charakter des Gesprächs zwischen einem Sehenden und einem Blinden. Es gibt eine Sprache der Blindheit.

Heute abend zog ich mich gegen neun Uhr an, um aus dem Haus zu gehen. Ich öffnete die Vordertür, und es regnete. Ein paar Minuten stand ich da, vollkommen in diese Schönheit versunken. Regen hat die Eigenart, die Umrisse aller Dinge hervorzuheben; er wirft eine farbige Decke über Dinge, die vorher unsichtbar waren; wo vorher eine unterbrochene und damit zersplitterte Welt war, schafft der gleichmäßig fallende Regen eine Kontinuität akustischer Wahrnehmung.

Ich höre, wie der Regen auf das Dach über mir prasselt, an den Wänden links und rechts von mir hinabtröpfelt, aus der Regenrinne über dem Boden links neben mir rauscht, während es noch weiter links heller platscht, dort, wo der Regen fast unhörbar auf einen großen belaubten Strauch fällt. Rechts trommelt er mit einem tieferen, gleichmäßigen Klang auf den Rasen. Ich kann sogar die Konturen des Rasens ausmachen, der rechts in einem kleinen Hügel ansteigt. Der Regen klingt dort anders und modelliert mir die Krümmung des Bodens. Noch weiter rechts höre ich, wie der Regen auf den Zaun klopft, der unser Grundstück von dem unserer Nachbarn trennt. Vor mir zeichnet er die Ränder des Wegs und die Treppenstufen bis hinunter zum Gartentor nach. Hier trifft der Regen auf den Stein auf, da spritzt er in die flachen Pfützen, die sich bereits gesammelt haben. Wo er von einer Stufe zur nächsten tropft, entsteht hier und da ein kleiner Wasserfall. Auf dem Weg erklingt der Regen ganz anders als rechts, wo er auf den Rasen trommelt, und noch anders wiederum erklingt er auf dem großen Busch links, der sich anhört, als wäre er mit einer Decke bedeckt, schwer und aufgequollen. Weiter entfernt sind die Klänge nicht mehr so gut unterscheidbar. Ich höre, wie der Regen auf die Straße niedergeht und das Zischen der Autos, die in beiden Richtungen vorüberfahren. Ich höre, wie das Wasser an der Straßenecke in dem überfluteten Rinnstein gurgelt. Die ganze Szenerie ist noch viel differenzierter, als ich es beschreiben kann, denn überall ist die Regelmäßigkeit ein wenig gestört, gibt es Verzögerungen, Verschiebungen, wenn eine kurze Unterbrechung oder ein anderer Rhythmus oder ein anderes Echo die ganze Szene noch um eine zusätzliche Einzelheit oder eine andere Dimension ergänzen. Über das Ganze ergießt sich, wie Licht, das über eine Landschaft fällt, als sanfter Hintergrund ein Geplätscher, das sich zu einem stetig regnenden Murmeln verdichtet.

Ich glaube, daß dieses Erlebnis, bei Regen eine Tür zu einem Garten zu öffnen, mit dem vergleichbar sein muß, was ein Sehender empfindet, wenn er die Vorhänge aufzieht und die Welt draußen sieht. Wenn ich die Vordertür öffne, höre ich gewöhnlich nur über ein Nichts verteilte isolierte Geräusche. Ich weiß, daß ich mit dem nächsten Schritt auf den Weg treten werde und daß mein Schuh rechts den Rasen berühren wird. Wenn ich den Weg entlanggehe, werden Äste des links stehenden überhängenden Busches an meinem Kopf entlangstreifen, und dann werde ich zu den Stufen kommen, zum Tor, zum Fußweg, zur Abflußrinne und zur Straße. Ich weiß, daß alle diese Dinge da sind, aber ich weiß das nur aus der Erinnerung. Sie geben mir keinen unmittelbaren Hinweis auf ihre Existenz, ich kenne sie in Form einer Prophezeiung. Sie sind, was ich in den nächsten Sekunden erleben werde. Der Regen enthüllt mir mit einem Mal die ganze Fülle einer Situation, und die ist dann nicht bloß erinnert, nicht antizipiert, sondern gegenwärtig und jetzt. Der Regen öffnet mir die Welt nach vorn und zeigt mir die tatsächlichen Beziehungen eines Teils der Welt zu einem anderen.

Wenn es in einem Zimmer regnen könnte, so würde mir das helfen zu verstehen, wo die Dinge in diesem Zimmer sind, würde mir ein Gefühl dafür vermitteln, daß ich in diesem Zimmer bin und nicht bloß auf einem Stuhl sitze.

Das ist ein Erlebnis von großer Schönheit. Ich habe das Gefühl, als ob die Welt, die unter einem Schleier liegt, bis ich sie berühre, sich mir plötzlich enthüllt hat. Ich fühle, daß der Regen gütig ist, daß er mir ein Geschenk gemacht hat, das Geschenk der Welt. Ich bin nicht mehr isoliert, in meine Gedanken eingeschlossen, konzentriert auf das, was ich als nächstes tun muß. Ich muß mir keine Sorgen darüber machen, wo mein Körper sein und was ihm begegnen wird, ich bin mit einer Totalität beschenkt, einer Welt, die zu mir spricht.

Habe ich begriffen, warum sie so schön ist? Wenn das, was es zu wissen gibt, in sich selbst vielgestaltig, verwoben und harmonisch ist, dann teilt das Wissen um diese Wirklichkeit die gleichen Merkmale. Ich bin von einem Gefühl von Vielgestaltigkeit, Verwobenheit und Harmonie erfüllt. Das Wissen selbst ist schön, denn das Wissen erzeugt in mir einen Spiegel dessen, was es zu wissen gibt. Wenn ich dem Regen zuhöre, bin ich das Spiegelbild des Regens und mit ihm eins.

*Untergehen* *16. September 1983*

Ich träumte, daß wir uns auf einem Ozeandampfer befanden. Wir kämpften uns zum Heck des Schiffs durch. Jemand war bei mir, aber ich wußte nicht, wer; es hätte Marilyn sein können. Wir bahnten uns den Weg durch Bars, Cocktail Lounges, durch schmale Korridore, treppauf und treppab und an Kabinen vorbei und gelangten schließlich am Heckende an Deck. Da waren wir, im Freien, und sahen die große Wassermasse des Ozeans. Es waren keine Wellen, sondern ein langes, endloses Wogen ungeheurer Massen von Wasser, See, Himmel und Wind. Das Schiff glitt schnell durch sie hindurch. Irgendwie wurden wir über das Heck des Schiffs transportiert, und ich befand mich nun mit zwei Frauen auf einem anderen Schiff. Ich wußte nicht oder erinnerte mich nicht daran, wer die beiden Frauen waren, aber wir waren zu dritt. Das zweite Schiff ging unter. Oder war es immer noch das gleiche Schiff? Wir befanden uns immer noch an der Heckseite, aber nun ragte das Deck senkrecht nach oben, und das Schiff glitt abwärts. Vielleicht drei Viertel des Rumpfes waren schon unter Wasser. Wir klammerten uns an dem oberen Teil fest. Das andere Schiff entfernte sich, ließ uns immer weiter zurück. Ohne Zweifel waren wir auf dem zweiten Schiff uns nun selbst überlassen. Dann spürte ich das ungeheure Gewicht des gewaltigen Schiffsrumpfes, der voll Wasser gelaufen war, sah, wie er ganz ins Wasser eintauchte und in den dunkelgrünen düsteren Tiefen verschwand, wo es noch dunkler, kälter und stiller wurde. Es herrschte kein Sturm, die See war ruhig. Dann war da eine enorme, düstere

Woge und das Gewicht des Schiffrumpfes unter uns. Jedesmal, wenn eine große Woge sich näherte, füllte sich das Schiff mit noch mehr Wasser, wurde ein wenig schwerer und sank ein wenig tiefer. Jetzt befanden wir uns mehr oder weniger auf Augenhöhe mit der See, und die Frage war nur, welche Woge über uns zusammenschlagen würde. Eine schreckliche Atmosphäre von Grauen und Hoffnungslosigkeit erfüllte den Traum.

Mein Denken war völlig in Anspruch genommen von dem Wissen um dieses unbezwingbare Gewicht, das alles immer weiter nach unten zog, während die Freiheit und das Licht und die Geschwindigkeit des Schiffs, mit dem wir gereist waren, sich immer weiter entfernten. Die Kluft wurde ständig breiter, und man blieb in dem Schweigen der grünen See zurück, während das Gewicht immer weiter nach unten zog. Ich erwachte mit einem Gefühl des Entsetzens, als hätte ich ein so bedrohliches Omen erhalten, daß es mein ganzes Leben erfüllte.

Das Schiff, das sich entfernt und das Licht und die Geschwindigkeit mitnimmt, ist die Welt der Sehenden. Meine Familie, die mir lieben Menschen und ich, wir bahnen uns in ihr unseren Weg. Wir sind gestrandet, sind immer weiter abgeschnitten. Wir können uns nicht bewegen, sind mit Wasser gefüllt. Ich werde immer weiter hinabgezogen, in etwas Unvorstellbares, aus dem es keine Wiederkehr gibt. Eine Welt wird verschwinden. Die andere Welt, in die ich mit meinen Lieben gezogen werde, wird uns verschlingen. Eine Wiederkehr wird es nicht geben. Die Blindheit ist von Dauer und unumkehrbar. Ich weiß jetzt, daß mein träumendes Ich sich doch nicht täuschen läßt. Ich bin in einer Krise.

## 2
## IN DEN TUNNEL
## Herbst 1983

### *Lächeln* — *17. September 1983*

Fast jedes Mal ist mir, wenn ich lächle, das auch bewußt. Ich nehme die Muskelbewegungen wahr; nicht daß ich mich etwa zum Lächeln zwänge, so als heuchelte ich es nur, trotzdem ist es zu einer mehr oder weniger bewußten Anstrengung geworden. Warum ist das so? Es hat wohl damit zu tun, daß mein Lächeln nicht bekräftigt wird. Es kommt kein antwortendes Lächeln zurück. Ein strahlendes Lächeln kann mich nicht mehr überraschen. Ich erlebe es nicht mehr, wie sich auf dem Gesicht eines Fremden plötzlich Schönheit und Freundlichkeit ausbreiten. Für mein Bemühen bekomme ich anscheinend nie etwas zurück. Lächeln ist meistens Erwiderung. Man lächelt spontan, wenn man ein Lächeln erhält. Für mich ist es wie das Absenden unzustellbarer Briefe. Sind sie angekommen und angenommen worden? Habe ich überhaupt in die richtige Richtung gelächelt? Und wie kann mein Freund denn den Empfang bestätigen? Man kann zwar auch mit der Stimme lächeln, aber dann muß man etwas zu sagen haben.

Weil Lächeln irrelevant geworden ist, habe ich das Gefühl, damit aufzuhören. Ich glaube zumindest, das zu spüren. Ich muß jemanden, der mir nahesteht, fragen, ob das stimmt oder nicht.

### *«Zeig es Daddy»* — *21. September 1983*

Thomas ist vor einem Monat drei Jahre alt geworden. Er weiß, daß er anders mit mir umgehen muß. Von klein auf habe ich ihm den Ausdruck «Zeig es Daddy» beigebracht. Er weiß, daß das nicht dasselbe ist wie «Gib es Daddy», was «Abliefern» bedeutet. «Zeig es Daddy» heißt, «Leg das, was du in der Hand hast, in meine Hand, und du bekommst es gleich zurück». Seit frühester Kindheit habe ich ihm das beigebracht, so daß er, wenn ich ihm leicht auf den Handrücken tippte, das, was er hielt, sofort in meine Hand legte, und ich es ihm zurückreichte. Wenn es etwas war, was er nicht haben sollte, reichte ich es ihm trotzdem sofort zurück und schwenkte erst nach einer Pause auf die «Gib-es-Daddy»-Linie um. Dann übten wir das gleiche mit Büchern. Ich sagte: «Ist da ein Auto?», und wenn er es bejahte, sagte ich: «Zeig es Daddy». Er nahm dann meinen ausgestreckten Finger und legte ihn auf die Abbildung des Autos.

Schon recht früh lernte er auch eine Erweiterung dessen, wobei er nicht meinen Finger benutzte, sondern den ganzen Arm, um mich zu etwas zu führen, das er haben wollte. Wenn er ein Spielzeug von einem hohen Regalbrett wollte, hob ich ihn mit den Armen in die Höhe oder auf meine Schultern. Er hielt dann meinen Arm und benutzte ihn als Sucher und führte ihn zu dem gewünschten Spielzeug. Das war also eine andere Version von «Zeig-es-Daddy».

Er lernte auch, «Guck mal, Daddy!» zu sagen. Er nahm dazu meine Hand oder meinen Finger und preßte sie oder ihn auf das, was ich inspizieren sollte. Daher versteht Thomas, daß ich mit den Fingern sehe. Er weiß, was Braille ist. Er weiß, daß meine Bücher in Brailleschrift geschrieben sind oder daß eine Braillemarkierung ein Zeichen dafür ist, daß ein Buch mir gehört. Er hat auch gelernt, mir nachzusprechen: «Daddy kann dieses Buch nicht lesen, weil es nicht in Braille geschrieben ist», und: «Daddy kann dieses Buch lesen, weil es in Braille geschrieben ist». Inzwischen macht er diese Bemerkungen über Bücher ganz von selbst.

Es ist schon einige Monate her, als er auf eines seiner eigenen Bücher zeigte und sagte: «Daddy kann das nicht lesen», und dann auf das Braillezeichen in einem Bilderbuch zeigte und sagte: «Thomas kann das nicht lesen».

Früher in diesem Sommer fragte er mich einmal: «Daddy, bist du so reingekommen?» und stieß mit dem Finger da- und dorthin in die Luft. Ich fragte ihn, was um alles in der Welt er meinte. «Bist du so – tap, tap, tap – reingekommen, mit deinem Stock?» Ich verstand nun, daß er mit dem Finger die Bewegungen des weißen Stocks beschrieb.

Ich bin mir jedoch nicht sicher, ob er diese Verhaltensweisen mit meinem Sehen in Zusammenhang bringt, oder ob das nur besondere Verhaltensweisen speziell für Daddy sind. Als er kaum mehr als zwölf Monate alt war, saß er in seinem hohen Stühlchen und schnitt vor einem Familienmitglied nach dem anderen Grimassen. Er sah einen nach dem andern an, um zu erfahren, welche Wirkung seine Grimassen hatten. Marilyn erzählte mir, daß er auch mir eine Grimasse zeigte und sich nach einigen Sekunden einfach wieder abwandte. Hat er aus dieser Erfahrung den Schluß gezogen, daß seine Grimasse keinerlei Wirkung bei mir haben konnte, weil ich ihn nicht sah? Das bezweifle ich stark. Marilyn sagt, daß er sich mir im Kontext des normalen Familienlebens noch heute mit den gleichen flüchtigen oder frontalen Blicken, Lächeln und anderen Ausdrücken zuwendet wie jedem anderen auch. Ein sehender Erwachsener würde das aber ebenso tun. Man setzt in einem Gespräch mit einem Blinden kein Pokerface auf, nur weil er einen nicht sehen kann. Man hört nicht auf, einen Blinden anzulächeln, weil er dieses Lächeln nicht sehen kann. Wenn man lächelt, fühlt man sich gut.

Aber auch wenn Thomas verstehen sollte, daß ich seine Grimassen nicht sehen kann, bin ich nicht sicher, ob er das verallgemeinert. Er weiß, daß ich seine Bücher nicht lesen, die Abbildungen nicht anschauen, die Puzzles nicht zusammensetzen kann, aber weiß er auch, daß ich ihn nicht sehen kann?

Seit er ein kleiner Junge war, lange bevor er laufen konnte, hat er Dinge für mich aufgehoben. Wenn er auf meinen Knien saß und ich etwas fallenließ, ließ ich ihn hinunter auf den Teppich, und er hob es auf, krabbelte, falls nötig, auch herum und brachte es mir zurück. Das tut er immer noch. Ich sage: «Wo sind deine Socken?» Er reicht sie mir, obwohl sie nur zwanzig Zentimeter entfernt auf dem Boden gelegen haben. Andererseits ruft er aber, wenn ich mit ihm im Auto unterwegs bin, «Guck mal, Daddy», weil außerhalb des Autos etwas ist. Ich muß versuchen, ihm zu erklären, daß er mir nichts zeigen kann, was außerhalb des Autos ist.

Wie befremdlich es für Sehende sein muß, daß es ein menschliches Wesen gibt, das einen Stock zur Erweiterung seiner Wahrnehmung benutzt! Es fällt Sehenden nicht leicht, sich vorzustellen, was es heißt, daß für einen Blinden, sieht man einmal von Klängen ab, die Welt auf die Ausdehnung seines eigenen Körpers oder auf eine Verlängerung seines Körpers, die er durch einen Stock erreichen kann, begrenzt ist. Das zeigt sich meiner Meinung nach an den großen Schwierigkeiten, die die meisten Sehenden haben, wenn sie einem Blinden, der sich verlaufen hat, helfen wollen, sich wieder zu orientieren. Die Ortsbeschreibungen, die Sehende dann geben, sind gewöhnlich zu allgemein gehalten oder setzen voraus, daß der Blinde mehr über seine Umgebung weiß, als es vielleicht der Fall ist.

Für Menschen ist es so einfach und normal, davon auszugehen, daß man mit dem Kopf sieht. Würde dir ein Lebewesen vom Mars begegnen, dann würdest du wahrscheinlich binnen kurzem herausfinden, daß es dich mit einem besonderen Fühler ansieht, der in deine Richtung zeigt, oder daß es dich durch sein Hinterteil sieht, das es dir immer zuwendet, ganz gleich, wohin du auch gehst. Wenn Sehende auf einen Blinden zugehen und zunächst ganz selbstverständlich annehmen, daß sie es mit einem Ebenbürtigen zu tun haben, dann sind die Implikationen der Tatsache, daß diese Person tatsächlich durch einen weißen Stock «sieht», nur schwer nachzuvollziehen. Wenn mich Sehende führten, hoben sie manchmal meinen Arm hoch, so daß ich mit dem Stock den Boden nicht mehr berühren konnte. Dadurch, daß ich seit Dezember 1982 einen längeren Stock benutze, kann ich dieses Problem umgehen. Noch häufiger aber führen mich Leute, indem sie selber den Stock anfassen und damit auf Dinge zeigen, sie antippen und «Da» sagen.

Meist klopfen die Leute mit dem Stock auf die jeweils nächste Treppenstufe. Ich setze ihnen dann freundlich auseinander, daß ich, wenn ich den Stock nicht selber halte, nicht die Informationen bekomme, die ich benötige. «Bitte lassen Sie den Stock los», sage ich, «lassen Sie mich nur Ihren Arm anfassen.»

Es ist natürlich, daß die Leute den weißen Stock als eine Art Spazierstock betrachten. Er sieht aus wie etwas, das eine Stütze gibt. Man denkt nicht gleich daran, daß er ein Instrument der Sinneswahrnehmung ist, ein Mittel, Informationen über die Welt zu erlangen.

### *«Ich achte immer auf Leute wie Sie»* *26. September 1983*

Gestern abend auf dem Heimweg, ich war gerade durch das Tor der Universität gegangen und wollte in die eigentliche Bristol Road einbiegen, wurde ich von einem Mann gegrüßt, der mit mittelostenglischem Akzent sprach.

«Halt», sagte er. «Auf dem Gehweg steht ein Auto.»

«Danke», sagte ich. «Ist es hier geparkt?»

«Nein, nein», erwiderte er, «ein Unfall. Mein Bruder ist schwer krank. Schwer verletzt. In seinem Auto.»

«Und Sie», wollte ich wissen, «sind Sie verletzt?»

«Nein», sagte mein Freund. «So etwas ist mir noch nie passiert, weil ich immer auf Leute wie Sie achte.»

«Ist Ihr Bruder schwer verletzt?» fragte ich.

«Nein. Er wird wieder gesund. Ich bringe Sie auf die andere Straßenseite.»

«Wann ist das passiert?»

«Gerade eben. Gerade eben. Ich danke Gott, daß es nicht schlimmer ist. Daß ich in Ordnung bin. Ich bringe Sie jetzt über die Straße.»

Er brachte mich nicht nur bis zur Fußgängerampel, umsichtig und freundlich bestand er darauf, mich über die Straße und bis zur anderen Seite zu begleiten. Er führte mich bis unmittelbar zum Geländer, wünschte mir Glück und Gottes Segen und ging zu seinem erschreckten oder verwundeten Bruder in dem Auto zurück, das gerade auf den Gehsteig gefahren war.

Offenbar betrachtete er es als ein vom Himmel geschicktes Zeichen, daß ich gerade in diesem Augenblick um die

Ecke gebogen kam. Für ihn war es eine Mahnung. So etwas war ihm noch nie passiert, weil er immer auf Menschen wie mich achtete. Ich war ein Schicksalston, der in seinem Gewissen erklang. Gerade als das Auto seines Bruders auf dem Gehweg zum Stehen gekommen war, erschien ich mit meinem weißen Stock an der Ecke.

### *Der Wasserfall* — *6. Oktober 1983*

Ich träumte, ich war in einem religiösen Haus, einer Art Haus der Einkehr. Es lag hoch oben in den Bergen. Große Fenster gaben den Blick frei auf viele Wasserfälle, Flüsse und Seen. Wir stiegen noch weiter hinauf, in einen noch höher gelegenen Erweiterungsbau, der in eine Kapelle überging. Sie war sehr erhaben, sehr friedlich. Sie war wunderschön ausgestaltet, verfügte über Leseräume und kleine Zimmer für Diskussionsgruppen, und die Kapelle selbst hatte ein riesiges Tafelglasfenster, das sich auf einen majestätischen Wasserfall hin öffnete. Dieser überragte den ganzen Ort. Wenn man nach oben schaute, sah man, wie die hohe Wasserwand vom Dach her herabstürzte. Das Wasser war rötlich-braun, so als sei es durch eine Flut schlammbraun gefärbt worden. Obwohl es in einem mächtigen Schwall herabfiel, war es nicht bedrohlich, sondern schön und wunderbar. Die gleichmäßige, trommelnde Kaskade war friedlich. Eine Atmosphäre der Heiterkeit und der Andacht lag über dem Ort. Marilyn und ich sprachen über die Möglichkeit, längere Zeit dort zu verbringen oder sogar dort zu leben. Wir gingen zu einem Spaziergang um den See hinaus. Tosende braune Wellen stürzten in ein Becken hinab, das längs der Promenade neben dem Deich ausgeschachtet worden war. Obwohl die mächtigen Wellen hämmernd dort einschlugen, wurden sie beim Sturz in diesen Graben auch gebändigt, sie wurden zerteilt und weggespült. Man konnte gefahrlos bis dicht an den Rand dieser Sturzwellen herangehen.

Die Atmosphäre dieses Traums war friedlich und wohltuend. Ich erwachte mit dem Gefühl, eine Offenbarung erhalten zu haben, Zeuge von etwas Ehrfurchtgebietendem gewesen zu sein. War dieser Traum vielleicht das Gegenstück zu dem bedrohlichen Traum über das sinkende Schiff? Dort waren die Wasser träge und schwer. Hier stürzen sie, obwohl sie nicht weniger mächtig sind, rhythmisch, kraftvoll und kontrolliert herab. In dem einen Traum zieht mich das Wasser in die Tiefe. In dem anderen werde ich erhöht und erneuert. Ich glaube, daß das große Träume sind.

### *In Wolken fassen* — *27. Oktober 1983*

Mein Seelenfrieden ist durch eine Art Tagtraum gestört, in dem ich eines Tages nach Hause gehe und entdecke, daß Thomas von einer tintenschwarzen Wolke umgeben ist. Sie schließt ihn vollkommen ein. Er sieht aus wie eine kleine, rußige Rauchsäule. Wohin er auch geht, die Wolke geht mit ihm. Er geht im Haus herum, als wäre er diese kleine Rauchsäule. Ich höre seine Stimme aus ihr hervordringen, und wenn ich mit der Hand in die Wolke fahre, kann ich sein Gesicht berühren, seinen Körper, sein Haar. Er ist tatsächlich in ihr drin. Ich kann seinen Pullover berühren, weiß, was er anhat. Wenn ich die Hand zurückziehe, ist nichts da. Seine Stimme und die Geräusche aller seiner Bewegungen dringen aus dem Rauch hervor.

Als nächstes bemerke ich, daß es mit Lizzie ebenso ist. Sie ist eine kleinere Rauchsäule. Wenn sie nebeneinander sitzen, gehen die beiden schwarzen Flecken ineinander über. Ich kann das Klappern und Klingen der Spielsachen hören, mit denen sie spielen. Aber um wirklich zu wissen, was sie tun, muß ich die Hand in diese Schwärze stecken. Ich stelle mir vor, wie ich sie anblase, versuche, sie fortzupusten, aber nichts kann sie vertreiben.

Als ich ein paar Tage später nach Hause komme, ist Marilyn auch in einer schwarzen Wolke eingeschlossen. Ich bin entsetzt. Ich muß die Hand in die Wolke stecken, um zu erfahren, ob sie beim Friseur gewesen ist und ob sie Ohrringe trägt. Dann kommen Freunde zu Besuch. Zu meiner Überraschung entdecke ich, daß sie durch diese schwarzen Wolken hindurchsehen können. Die schwarzen Wolken sind in mir. Nicht auf den Kindern liegt ein geheimnisvoller Fluch, sondern auf mir selbst.

Als ich an einem noch späteren Tag abends von der Arbeit nach Hause gehe, stelle ich fest, daß das ganze Haus von einer schwarzen Wolke umgeben ist. Ich gehe hinein, durch die Tür. Im Innern neblige Schwärze. Nichts kann sie auflösen. Es spielt anscheinend keine Rolle, ob die Lampen angeschaltet sind oder nicht. Alles im Haus ist in Schwarz getaucht, aber nur für mich, für keinen sonst. Am folgenden Tag ist die ganze Welt von der Wolke geschwärzt.

Diese Fantasie beunruhigt mich. Ich habe mir immer wieder gesagt, daß ich kein Blinder bin, sondern ein Sehender, der nicht sehen kann. In dieser Fantasie muß ich mich damit auseinandersetzen, daß die Blindheit in mir ist. Die schwarze Wolke ist in meinem Gehirn. Sie umhüllt mein Bewußtsein.

### *Weiß Thomas, daß ich blind bin?* — *22. November 1983*

Thomas und ich spielten mit einer kleinen Schildkröte aus Plastik von ungefähr zehn Zentimeter Durchmesser. Er schob sie hinter meine Brille, deckte mein linkes Auge ab und sagte neckend: «Jetzt kann Daddy mit dem Auge nicht sehen. Daddy kann nur mit *dem* Auge sehen», und zeigte auf mein rechtes Auge. Dann nahm er die Schildkröte vor meinem linken Auge weg, lachte und sagte: «Jetzt kann Daddy wieder sehen.»

In allen unseren Beziehungen zu anderen Menschen setzen wir ganz natürlich Reziprozität voraus. Ich spreche und erwarte, daß du sprichst. Ich strecke die Hand aus und erwarte, daß du die Hand ausstreckst. Ich lächle, und ich erwarte, daß du mein Lächeln erwiderst. So ist es auch mit dem Sehen. Ich sehe dich, und ich erwarte, daß du mich siehst.

Marilyn hat mir häufig gesagt, daß ich mit den Kindern oft in einem dunklen Zimmer spiele, daß ich vergesse, das Licht anzuschalten. Wir lachen oft darüber, daß die Kinder das ohne Einwand akzeptieren, so als wäre es völlig normal. Vergangenen Montagabend nahm ich Thomas nach oben in mein Arbeitszimmer mit, wir wollten uns gemeinsam eine Kassette anhören. Wir betraten das Zimmer, ich schloß die Tür. Die Vorhänge waren zugezogen, und draußen war es ohne Frage pechschwarz. Weder ich noch Thomas sagten etwas dazu. Er setzte sich auf meine Knie, wir nahmen die Kassetten heraus, und ich legte eine oder zwei ein, um die Seite zu suchen, die ich wollte. Als ich sie gefunden hatte, schlug ich Thomas vor, daß er in dem zu der Kassette gehörenden Buch die entsprechenden Bilder suchen sollte. Er kletterte hinunter, ging zum Regal hinüber, auf dem die Bücher stehen, und ging dann nach einem kleinen Zögern zum Lichtschalter neben der Tür und sagte: «Thomas will das Licht. Thomas kann ohne Licht nicht sehen.»

Erst später fiel mir ein, daß seine Worte auch bedeuteten, daß Thomas denkt, ich könne im Dunkeln sehen. Er kann nichts sehen, wenn die Lampe nicht eingeschaltet ist; ich kann aber im Hellen und im Dunkeln sehen.

Ich nehme nicht an, daß er diesen Gedanken für sich als Satz wirklich so – daß ich im Dunkeln sehen kann – formuliert hat. Aber es ist gut möglich, daß er für ihn eine Selbstverständlichkeit darstellt, die die Voraussetzung für sein Verhalten mir gegenüber bildet. Es ist ihm ja vollkommen vertraut, daß Erwachsene Dinge können, die er nicht kann. Ich, als Daddy, kann Sachen hochheben, die für ihn zu schwer sind. Es ist offenbar nur natürlich, daß ich, als Daddy, unter Bedingungen sehen kann, unter denen er nicht sehen kann. Und immerhin könnte man ja auch sagen, daß ich mich exakt so benehme, als könnte ich wirklich im Dunkeln sehen. Ich bitte nie darum, daß das Licht eingeschaltet wird, und es kümmert mich nie, ob es an ist oder nicht.

Wie also deutet Thomas seine Beziehung zu mir? Er geht von einer Reziprozität aus. Was er für mich ist, das bin ich für ihn. Er geht auch von meiner Überlegenheit aus. Alles, was er kann, kann ich besser.

Imogen, die jetzt ungefähr zehneinhalb Jahre ist, hat anscheinend vergessen, daß ich noch vor kurzer Zeit noch sehen konnte. Sie erwähnte, daß ich als kleiner Junge sehen konnte. Sie wirkte überrascht, als Marilyn und ich lachten und ihr widersprachen. Marilyn erinnerte sie daran, daß ich auch als Erwachsener noch sehen konnte. Erst vor ein paar Tagen sprachen Imogen und ich über etwas, was wir gemeinsam getan hatten, und das war nur möglich gewesen, weil ich da noch sehen konnte.

### *Den Recorder spielen* — *30. November 1983*

Ich träumte, ich sei Mitglied in einem kleinen Orchester. Ich spielte den Recorder. Wir wollten gerade beginnen, vielleicht proben, oder sogar ein Weihnachtslied, eine Kantate oder Hymne aufführen, die von Simon Rattle, dem Dirigenten des City of Birmingham Symphony Orchestra, komponiert worden war. Wir versammelten uns auf der Bühne. Unsere Notenständer standen vor uns. Ich war in einer schrecklichen Verfassung, denn ich konnte die Noten nicht lesen. Ich war blind. Ich hatte keine Ahnung, was ich spielen sollte. Das Stück enthielt einen Part für Solo Recorder, und ich war sehr nervös bei dem Gedanken, was ich tun sollte, wenn dieser Teil kam. Ich ging so weit, einem anderen Mitglied des Orchesters von meinem Problem zu erzählen. Wir fingen gerade an, darüber zu reden, was ich machen könnte, ob es mir gelänge, mich durchzumogeln, als der Traum endete.

Die Ungereimtheiten in diesem Traum sind sehr auffällig. Obwohl ich von der Musik überhaupt keine Vorstellung hatte, hatte ich einen sehr deutlichen visuellen Eindruck der fotokopierten, handgeschriebenen Abschrift des Texts, der Strophen, die jemand singen sollte. Einige Worte konnte ich sogar lesen. Der Traum selbst war sehr bildhaft, und in der gleichen Nacht hatte ich später einen zweiten Traum, in dem ich Thomas, mit dem ich weggehen wollte, anzog. Ich kämmte ihm die Haare und sah seine Gesichtszüge ganz deutlich. Ich sah sein Gesicht mit äußerster Klarheit.

Trotz dieser Ungereimtheiten markiert dieser Musiktraum eine wichtige Stufe. Zum ersten Mal bin ich in einer Situation, in der zugegeben wird, daß das Blindsein die Ursache für eine Krise ist. In dem Traum wußte ich, daß mein Blindsein der Grund dafür war. Ich befand mich in der Öffentlichkeit, es ging um meine Kompetenz, ich fürchtete mich vor der öffentlichen Schande und davor, meine Kollegen zu blamieren, und ich hatte ein schreckliches, panikartiges Gefühl der Hilflosigkeit. Ist das ein phallischer Traum?

Wie sich das Blindsein auf das Träumen, zum einen auf den Vorgang selbst, zum anderen auf den Inhalt der Träume, auswirkt, darf nicht miteinander verwechselt werden. Auf den Vorgang bezogen: wie träumt man von Menschen, von denen man keine visuelle Vorstellung besitzt? Träumt man weiter in Farbe? Wie träumt man von Orten, wenn man keine Bilder hat, die diesen Orten Gestalt verleihen? Mit Inhalt meine ich, in welcher Form das Blindsein in der Traumerzählung vorkommt, ob ich in dem Traum damit konfrontiert werde oder weiß, daß ich blind bin oder Dinge tue, die nur ein Blinder tun würde, wie zum Beispiel, daß ich jemandem die Hand auf den Kopf lege, wenn ich wissen will, wie groß er oder sie ist.

*In der öffentlichen Bibliothek* *23. Dezember 1983*

Ich träumte, ich war in einer öffentlichen Bibliothek, vermutlich in Melbourne. Ich war blind, denn ich hatte mehrmals Probleme, die Bücher zu finden, die ich wollte. Der Bibliothekar half mir. Ein zweiter Blinder tauchte auf. Daß er blind war, erkannte ich daran, daß er große Schachteln bei sich hatte, in denen vermutlich Bücher auf Band waren. Er trug sie auf einem großen Holztablett, und da er das Tablett mit beiden Händen hielt, hatte er Mühe, sich zwischen den Pulten und Tischen hindurchzufinden. Er stieß nacheinander an allen Tischen an, an denen er auf dem Weg zu seinem eigenen Tisch vorübergehen mußte. Jedes einzelne Buch auf seinem Tablett war deutlich zu erkennen. Sie steckten anscheinend in Pappschachteln. Vielleicht waren es große Bänder, bei denen man vor dem Abspielen eine zweite Spule einlegen mußte. Er hatte die Schutzumschläge der Bücher zerschnitten und sie auf die Rücken seiner Tonbandschachteln geklebt, so daß sie wie richtige Bücher aussahen. Die Umschläge waren in sehr schönen Farben gestaltet, in blau, grün, gelb und rot. Voller Neid und Überraschung bemerkte ich, daß er auch zahlreiche gewichtige Nachschlagewerke dabeihatte, darunter das *Shorter Oxford English Dictionary* und ein oder zwei ähnliche Bände. Ich fragte mich, ob er mir gestatten würde, seine Bänder zu kopieren, damit ich sie auch benutzen konnte. In der Zwischenzeit hatte ich meinen eigenen Lesetisch gefunden, an dem ich über Kinderliteratur arbeitete. Ich blätterte einen Stapel von Kinderbüchern durch und machte mich dann daran, eine Kritik zu lesen. Mit einiger Mühe, denn ich war blind, kam ich bis zum ersten Kapitel. Ich benutzte jedoch keine optische Hilfe, und die ganze Bibliotheksszene stand mir deutlich vor Augen.

Der blinde Mann mit den Tonbändern, könnte das ich gewesen sein? Und trotzdem beobachtete ich, ein anderer blinder Leser, ihn.

## *Panik in einem Bergwerksschacht* *6. Januar 1984*

Mitte Dezember 1981 geriet ich das erste Mal im Zusammenhang mit meiner Blindheit in Panik. Ich wollte gerade aus Birmingham wegfahren und vierzehn Tage in Cambridge arbeiten. Es war ein bitterkalter Winternachmittag, und es war Schneefall angesagt worden. Ich beschloß, daß ich das Haus verlassen und mich auf den Weg machen sollte, bevor es zu schneien anfing. Der Schnee sollte von Westen kommen, und mit etwas Glück würde ich in Cambridge sein, bevor es losging.

Ich ging aus dem Haus, aber schon nach wenigen Metern spürte ich, wie mich wachsende Zweifel überkamen. Ich wurde mir hochgradig der Tatsache bewußt, daß ich durch ein Nichts ging. Es war ein sehr interessantes, kaltes Nichts. Ich arbeitete mich an den Zäunen entlang vorwärts, wollte sogar die Handschuhe ausziehen, damit ich sie besser spüren konnte, wußte aber, daß das zu kalt sein würde. Das Empfinden, daß ich nirgendwohin kam, wurde stärker. Ich war allein und ging in die Nacht eines endlosen Tunnels tiefer Kälte. Ich wußte, daß ich, wenn ich in ihn eintrat, nie mehr herausfinden würde. Ich wäre verloren. Ich hatte das

Gefühl, daß mein Untergang unmittelbar bevorstand. Inzwischen mußte ich in der Nähe der Fußgängerampel angelangt sein. Hier mußte ich die Straße überqueren. Ich lehnte mich einen Augenblick an das Eisengeländer am Gehweg. Alles war so still. Ich kämpfte gegen die Furcht an, aber ich konnte nicht weitergehen.

Ich drehte mich um und ging denselben Weg zum Haus zurück, versuchte, nicht zu rennen, wußte, daß ich nicht rennen konnte. Als ich wieder das Haus betrat, erzählte ich Marilyn, daß ich mich ein wenig unwohl gefühlt hätte und mich ein wenig hinlegen wollte. Später am gleichen Tag brach ich noch einmal auf, und dieses Mal erfolgreich.

Ein Gefühl der Panik erfaßte mich auch im Jahre 1982, während der Monate, als ich meiner Hautekzeme wegen warme Ölbäder machen mußte. Im Bad hatte ich das Empfinden, eingeschlossen zu sein, nichts zu sein als ein im Raum schwebender Körper. Ein solches Bad sollte zwanzig Minuten dauern, aber ich mußte mich jedesmal überwinden, so lange in der Wanne zu bleiben. Ich zwang mich, die Sekunden zu zählen und dann die Minuten und verbot mir, die Hand nach der sprechenden Uhr auszustrecken, ehe ich nicht zumindest die Hälfte der vorgeschriebenen Zeit durchgehalten hatte. Die letzten fünf Minuten waren immer am schlimmsten.

Die dritte Form von Panik, die ich in den letzten Monaten erlebt habe, hängt mit der Atemnot beim Asthma zusammen. Sie kommt selten vor, ist aber ziemlich beängstigend. Einen oder zwei Tage vor Weihnachten fiel mir abends ungefähr eine Stunde lang das Atmen schwer. Ich ging gegen elf Uhr nach oben und fing dabei an zu keuchen. Im Schlafzimmer angekommen, setzte ich mich auf die Bettkante. Ich spürte plötzlich, daß mir an den Händen, auf der Stirn und sogar am ganzen Körper der Schweiß ausgebrochen war. Ich hatte das starke Gefühl, eingeschlossen zu sein. Ich hatte das dringende Bedürfnis, hinauszukommen. Ich mußte hinauskommen. Ich fühlte, daß ich mit dem Kopf, mit dem ganzen Körper gegen eine Wand aus Blindheit schlug. Ich mußte diesen schwarzen Vorhang, diesen schwarzen Schleier, der mich umgab, zerreißen. Irgendwo, draußen, gab es eine Welt aus

Licht. In die mußte ich gelangen. Gleichzeitig verspürte ich Wut. Wieso passierte mir das? Wie konnte das möglich sein? Mit welchem Recht taten sie das? Wer konnte von mir verlangen, das durchzumachen? Wer hatte das Recht, mir zu verwehren, an Weihnachten meine Kinder zu sehen?

Ich war von einem Empfinden der Unwirklichkeit der äußeren Welt erfüllt. Nur mein Körper, der auf der Bettkante saß, war wirklich. Da draußen, irgendwo, sollte doch ein Haus sein. Ich wußte, daß ich, wenn ich meinen Körper bewegte, Teile dieses Hauses spürte, ein Stück nach dem anderen, wenn ich meinen Körper an ihm entlangzog. Ecken würden da sein, Wände, Tapeten, Oberflächen, aber solange ich das nicht tat, gab es sie nicht. Alle Menschen in dem Haus, die Stimmen, der Klang des Klaviers, auf dem unten gespielt wurde, alles schwebte im Raum, als käme es aus einer anderen Welt, von einem anderen Planeten. Nur ich war da. Ich war wirklich, und das alles trieb davon.

Den Schwierigkeiten, die ich wegen des Asthmas beim Atmen hatte, folgte immer das Gefühl, es fände ein Angriff auf meinen Körper statt. Ich spürte, daß die Schwärze mich würgte, mich erstickte. Ich befand mich in einer heißen Schachtel, in der es weder Licht noch Luft gab. Dadurch wurde mein zwanghaftes Bedürfnis, auszubrechen und wegzulaufen, noch verstärkt. Ich war an einem kleinen Ort gefangen.

Eine immer wiederkehrende Vorstellung hatte mir während der ersten Monate und Jahre meines Blindseins häufig zu schaffen gemacht. Sie drängte sich mir nun mit starker Kraft wieder auf und bedrückte mich. Ich befinde mich in einem kleinen Förderwagen in einem Bergwerksschacht. Er beginnt an der Seite eines Bergs. Ich fahre ein, werde immer tiefer in den Berghang hineingekarrt. Wenn ich mich zurückdrehe, kann ich noch Licht erkennen. Ich kann den Ausgang des Schachts sehen. Am Ende des Tunnels ist ein rundes Lichtfenster. Wir fahren immer tiefer in den Berg hinein. Wir behalten die gleiche Höhe bei, fahren nicht abwärts, sondern immer weiter vorwärts. Der kleine runde Kreis des Tageslichts wird immer winziger. Ich weiß, daß wer immer den Zug aus kleinen Kohlewagen fährt, bald anhalten wird. Es kann einfach nicht immer so weitergehen. Jeden Augenblick werden die Wagen bremsen, anhalten und umkehren. Die kleine Lichtquelle wird anfangen, größer zu werden. Doch nein, das geschieht nicht. Sind wir außer Kontrolle geraten? Sitzt denn niemand am Steuer? Ist niemand in der Lage, das anzuhalten? Ich muß hinauskommen. Ich muß hinausspringen. Ich muß zurückrennen. Das darf nicht sein! Die kleinen Wagen transportieren mich erbarmungslos immer tiefer hinein.

Nun nehme ich das Gewicht des Bergs über mir wahr. Es hat sich vor das Licht, den Tag, die Luft geschoben. Ich rolle immer noch tiefer in dieses Gewicht, in diese Schwere hinein. Nicht das geringste Fünkchen Licht gibt mir die Möglichkeit, mich zu orientieren. Ich weiß jetzt, daß zwischen mir und der Welt dieses Felsengebirge oder diese undurchdringliche Masse eines Schleiers aus Rauch liegt, der schwer und heiß ist wie der Felsen selber. Ich bin in einem unannehmbaren Kerker gefangen.

Wenn ich gleichmäßig und bewußt atme und dabei einen kleinen Gegenstand in den Händen halte, vergehen diese Panikgefühle innerhalb weniger Minuten. Wenn sie vorüber sind, zittere ich und bin den Tränen nahe.

## 3
## JENSEITS VON LICHT UND FINSTERNIS
## Winter 1983/84

### *Nahrung und Sex* — *7. Januar 1984*

Schon in frühester Kindheit lernen wir, unsere Bedürfnisse mit den bildhaften Symbolen der Dinge zu koppeln, die sie befriedigen. Die Identifikation von Bedürfnis und Bild ist so vollständig, daß es schwer wird, zwischen «Ich bin hungrig» und «Ich möchte dieses Essen essen, das ich hier sehe» zu unterscheiden. Man spürt, daß man Hunger hat, natürlich auch, wenn man keine Nahrung sieht, doch sobald Nahrung in den Blick gerät, nimmt das Bedürfnis nach dieser Nahrung die Stelle des Hungergefühls ein oder vermischt sich mit ihm, so daß die Energien, die Aufmerksamkeit, der ganze Geruchs- und Geschmackssinn auf die Nahrung, die man sieht, gerichtet sind. Das innere Hungergefühl erhält nun einen objektiven Bezugspartner außerhalb des Körpers. Das Bedürfnis wird konkret. Wenn ein Mensch Nahrung sieht, kann er sogar davon hungrig werden oder erst bemerken, daß er hungrig ist.

Dieser enge Zusammenhang zwischen bildhafter Vorstellung und dem Bedürfnis ruft uns ins Gedächtnis, daß das Sehen eine antizipatorische Fähigkeit ist. Die Antizipation gestillten Hungers ersetzt das Hungergefühl. Wenn das Bedürfnis und seine Befriedigung in der Vorstellung der Nahrung zusammenfallen, wird Aktivität ausgelöst. Ich strecke die Hand nach der Nahrung aus. Ich betrete das Restaurant. Ich kaufe die Trauben. Natürlich ist das Sehen nicht das einzige hier beteiligte Sinnesorgan. Der Geruch der Nahrung ist sehr wichtig, vielleicht ist der Geruch der Nahrung für Sehende sogar wichtiger als ihr Anblick. Wie stets bildet das Sehen jedoch die Grundlage, auf der die anderen Sinnesorgane aufbauen. Der köstliche Geruch beim Kochen lockt dich in die Küche und läßt dich Hunger verspüren, aber erst beim Anblick der Speisen weißt du, was es zum Mittagessen gibt. Das Aroma, obwohl vielversprechend, ist häufig sehr unspezifisch. Du sagst: «Das riecht ja köstlich! Was ist das?» Mehr noch, bei vielen Speisen ist der Anblick noch anregender als ihr Geruch. Der Anblick eines frischen, glänzenden Apfels macht Appetit. Das schöne, aber feine Aroma des Apfels, das so auffällig ist, wenn man eine ganze Stiege öffnet oder auf den Boden geht, wo sie gelagert sind, kann im Falle eines einzelnen Apfels unbemerkt bleiben, besonders dann, wenn er mit anderem Obst in einer Schüssel liegt.

Die Blindheit zerstört diese ursprüngliche Einheit von Bedürfnis und bildhafter Vorstellung. Oft langweilt mich das Essen, ich merke, daß ich das Interesse daran verliere oder mich nicht zum Essen aufraffen kann. Zur gleichen Zeit habe ich den normalen, bohrenden Hunger. Obwohl ich hungrig bin, bleibe ich selbst dann noch ungerührt, wenn Essen naht. Ich weiß, es ist da, jemand sagt: «Deine Suppe ist gekommen», oder: «Fang noch nicht an, der Kellner trägt erst noch um den ganzen Tisch herum Gemüse auf.» «Was gibt es denn?» frage ich. «Kalbskotelett.» Nun weiß ich es. Aber was weiß ich? Ich habe diesen Satz, und ich glaube ihn, aber die visuellen Anhaltspunkte, die das tatsächliche Verlangen auslösen und es nach außen auf das Objekt umleiten, fehlen.

Etwas ganz Ähnliches scheint beim sexuellen Verlangen stattzufinden. Hier besteht, denke ich, der gleiche Zusammenhang zwischen dem allgemeinen, aber ungerichteten Gefühl des sexuellen Hungers und der konkreten Vorstellung der oder des einen, die oder der ihn befriedigen kann. Die Vorstellung dessen, was das Verlangen befriedigt, ist von der Wahrnehmung des Verlangens selbst nicht zu trennen. Wie können wir uns die sexuellen Gefühle Adams denken, bevor er Eva traf? Er wußte, daß er etwas wollte, aber er wußte nicht, was. Als er Eva erblickte, verwandelte sich ein ruheloses, zielloses Sehnen in das leidenschaftliche Begehren einer bestimmten Person.

Daher kann es also vorkommen, denke ich, daß Frauen einen heterosexuellen Mann langweilen und er dennoch sexuellen Hunger verspürt. Der Hauch eines Parfums und die

Nuance einer Stimme wiegen so gering, wenn man sie mit dem Eindruck vergleicht, den die gesamte Erscheinung einer anziehenden Frau bei einem sehenden Mann auslöst. Ein Mann, der als Erwachsener das Sehvermögen verliert, braucht wahrscheinlich sehr lange, bis er die Auslöser für sexuelle Erregung vom Sehen auf andere Sinne verschiebt. Es gibt vermutlich viele Männer in dieser Lage, die sich fragen, ob sie jemals wieder zu echter sexueller Erregung fähig sein werden.

Die Abspaltung des Bedürfnisses von der bildhaften Vorstellung ist sehr sonderbar und verwirrend.

## *Akzeptieren oder nicht akzeptieren* — *8. Januar 1984*

Diese Panikerlebnisse bringen mich auf den Gedanken, daß das Blindsein, obwohl ich es nur zögernd zugebe, für mich eine religiöse Krise ist. Die Ruhe und vertrauensvolle Ergebenheit, die angeblich zur Erfahrung der Menschen gehören, die im Glauben leben, ist mir fremd. Man empfindet diese kindliche Hinnahme und diesen Gehorsam ganz tief, habe ich religiöse Menschen sagen hören und habe das in der Vergangenheit, in Zeiten bittersten Unglücks, manchmal selbst auch so empfunden.

Wenn ich mich mit dieser Sache abfände, wenn ich mich einfach fügte, dann würde ich sterben. Meine Fähigkeit, dagegen anzukämpfen, mein Wille, Widerstand zu leisten, wären dann gebrochen. Andererseits ist es zwecklos, mich nicht abzufinden, nicht zu akzeptieren. Das, was zu akzeptieren ich mich weigere, ist eine Tatsache.

Darin also besteht das Dilemma: Ich bin in eine unannehmbare Wirklichkeit gestellt.

Ich muß mich mit kleinen Antworten zufriedengeben. Das erfordert sorgfältige Planung jedes einzelnen Tages, der in kleine Etappen aufgeteilt werden muß. Jede Stunde benötigt ihre besonderen Fertigkeiten, ihre unterschiedlichen Techniken, ihre kleinen Routineverrichtungen, durch die es möglich wird, etwas erfolgreich zu Ende zu führen. Sonst stellt sich ein Gefühl sinnloser Verzweiflung ein, das Gefühl, hilflos immer weiter hineingetragen zu werden. Das wird so bitter, daß es mich nahezu überwältigt. Ein unterirdisches oder unbewußtes Gewicht drückt mich nieder, und in meinem Bewußtsein bringe ich das Traumbild des riesigen, wassergefüllten Schiffsrumpfes, der immer weiter in die Tiefe hinabgezogen wird, mit meinem Tagtraum über die kleine Kohlelore, die erbarmungslos immer tiefer unter das unendlich schwere Gewicht des Berges gekarrt wird, in Zusammenhang. Das verbindende Element ist eine unbezwingbare Schwere.

Gegen eine solche Sache kämpft man mit kleinen Schritten an. Man erarbeitet sich kleine Techniken, die einem helfen, kleine Dinge schrittweise zu tun. Ich werde nicht versuchen, nach Hause zu kommen; das ist zu weit. Aber ich werde bis zum Ende des nächsten Häuserblocks gehen. Ich kann nicht mehr wie früher einfach in Wörterbüchern und Enzyklopädien nachschlagen. Trotzdem werde ich die Bedeutung dieses einen Worts herausfinden. Dieses Buch ganz zu lesen, bei diesem Tempo, würde eine Ewigkeit dauern. Na gut, ich werde es gar nicht erst versuchen. Aber ich werde bis zum Ende dieser Seite kommen, und wenn es mich umbringt.

In Houston lernte ich einen prächtigen katholischen Priester kennen. Ich hielt mich an seinem Ellbogen fest, während wir auf dem Gelände der Rice University umhergingen. Wir sprachen über das Problem, an einem Tag nicht viel fertigzubringen. Ich erzählte ihm von meiner Methode, mir kleine Nahziele zu stellen und mich zu freuen, wenn ich am Ende des Tages wenigstens drei oder vier Seiten gelesen hatte. Er pflichtete mir bei. Er erzählte mir, daß er sich jeden Tag zum Schluß in seinem Büro mit den vielen Stühlen und verstreuten Papieren, den aufgeschlagenen Büchern und der unbeantworteten Korrespondenz umschaut und dann vor seinem Schreibtisch niederkniet und betet: «Herr, wenn irgend etwas von der Arbeit dieses Tages von bleibendem Wert ist, so ist es Dein.» Ich spüre, daß das richtig ist. Von mir wird nicht erwartet, daß ich das Problem des Blindseins löse. Wenn ich einen Schritt gehen kann, so ist es Deiner.

Ich kann mich auch dadurch zur Wehr setzen, daß ich mir klar mache, unter welchen Umständen das Auftreten von Panik wahrscheinlich ist. Mal sehen, ob ich das hinkriege. In meinem Büro gerate ich nie in Panik. Ich habe immer das Gefühl, in einer geordneten Umgebung zu sein, ich weiß, wo alles steht und liegt, und ich habe etwas, das ich erledigen muß. Ich bin zwar manchmal müde und bedrückt, so als könnte ich mich zu nichts aufraffen, aber ich gerate nie in Panik.

Ich muß darüber nachdenken, was der Verlauf des Weihnachtsfests zu Hause für mich bedeutete. Weil Schlafplätze knapp waren, mußte ich mein Arbeitszimmer freimachen, was ich gern tat. Aber dann konnte ich nirgendwo hingehen, hatte keinen Platz, an dem ich wenigstens ein kleines bißchen arbeiten konnte, um meinen Geist in Schwung zu halten. Daß das gesamte Haus mit unbekannten Gegenständen vollgestopft war, überall lag Kinderspielzeug auf dem Boden, ich stieß an Koffer und mit Verwandten zusammen, kann auch nicht spurlos an mir vorübergegangen sein. Die ungewöhnliche Anzahl von Menschen, die sich im Haus befanden, verschärfte das Problem. Ich mußte mich genau dieses Quentchen mehr konzentrieren, wenn ich alles sofort wiedererkennen wollte. Das alles gab mir das Gefühl, daß ich mich in einer Umgebung befand, die außer Kontrolle gerät. Ich hatte das Gefühl, daß um mich herum alles verschwimmt, daß das Unvorhersagbare mir auf Schritt und Tritt begegnet. Es machte mir die Inflexibilität des Blinden bewußt, oder ich sollte besser sagen, das inflexible Leben, zu dem das Blindsein die Blinden zwingt. Vertrautheit, Vorhersagbarkeit, die gleichen Gegenstände, die gleichen Menschen, die gleichen Wege, die gleiche Handbewegung, um dies oder das zu lokalisieren: Nimmt man das fort, dann wird der blinde Mensch in jenes Stadium der Infantilität zurückversetzt, in dem man einfach nicht weiß, wie man in der Welt zurechtkommen soll, wie man in sie hineingehen und sie kontrollieren kann, wie man in einer Beziehung mit dieser Welt existieren kann, wenn das mühsam errungene Gleichgewicht zwischen Vertrauen und Furcht gestört ist und man von dem Gedanken überwältigt wird, daß die Welt, zu der man eine Beziehung haben will, diese Beziehung verwehrt, weil sie entweder unwirklich oder unerreichbar ist. Sie ist von Wesen bewohnt, denen sie gehört, den Sehenden. Die Welt, die einem dann bleibt, ist der eigene Körper, das auf das eigene Innere gerichtete Bewußtsein. Das ist eine Welt, in die die Sehenden nicht eindringen können, ein Ort, an dem eine innere Kontrolle hergestellt werden kann. Dies bedeutet, hinter die Kindheit zurück in einen vorgeburtlichen Zustand zurückzufallen, in dem man haltlos frei schwebt, am Ende des Tunnels eingeschlossen ist, ohne eine Welt und schließlich auch ohne ein Ich.

Die Alternative dazu ist, eine irgendwie strukturierte Umwelt herzustellen, ein Arbeitszimmer, einen Raum, einen Weg, einen Durchgang, irgendein Territorium. Ich frage mich, ob man bei diesem Thema weiterkommt, wenn man es mit dem Begriff territorialer Rechte anpackt.

Das Blindsein nimmt einem das Recht auf ein Territorium. Man verliert Territorium. Der Radius der Aufmerksamkeit und des Wissens verkürzt sich, so daß man in einer kleinen Welt lebt. Fast jedes Territorium wird potentiell feindlich. Nur das Gebiet, das mit dem Körper berührt oder mit dem Stock angetippt werden kann, wird zu einem bewohnbaren Raum. Der Rest ist unbekannt.

Mich verfolgt auch der Gedanke, daß es für Menschen, die nach dem Erblinden auch noch das Gehör verlieren, noch schlimmer sein muß.

## *Von Angesicht zu Angesicht* — *11. Januar 1984*

Manchmal fragen mich Leute, ob ich ihr Gesicht abtasten möchte, aber ein Gesicht, das man abtastet, ist ganz anders als ein Gesicht, das man sieht. Eines der wichtigsten Teile des Gesichts, die Augen nämlich, abzutasten, ist nicht einfach. Überdies wird die Situation, einem anderen Menschen gegenüberzustehen, in ihrer Bedeutung verkürzt. Wenn man ein Gesicht anschauen will, muß man eine bestimmte Position einnehmen. In der Welt der Sehenden ist es ein Zeichen von Höflichkeit und Aufmerksamkeit, wenn man den Menschen, der spricht, auch anblickt, aber in der Welt der Blinden ist das ohne Belang. Daß du ihm zugehört hast, erfährt ein Blinder erst dann, wenn du ihm antwortest und nicht dadurch, daß du ihn angeschaut hast, als er zu dir sprach. Anders gesagt, die Beziehung wird nicht mehr dadurch symbolisiert, daß die Gesichter einander zugewandt sind. Sehen hat mit Räumen zu tun, mit Territorien und folglich mit Positionen.

Welche Bedeutung hat all das in der Sexualität? Die frontale Position, bei der die Partner einander anschauen, ist beim Liebesakt Sehender wichtig, denn sie zeigt, daß der eine sich dem andern ganz zuwendet. Sie drückt die Wechselseitigkeit der Zuwendung und das Persönliche des sexuellen Austauschs aus. Es gab mal einen Film über Menschen in der Urgeschichte. Eine der fesselndsten Szenen war die, als ein Paar beim Liebesakt die in dem Film als universell dargestellte Position, bei der der männliche Partner sich hinter dem weiblichen befindet, aufgab und sich einander frontal zuwandte.

Das wird als Fortentwicklung vom bloßen sexuellen Verkehr zu einem Akt der Verbindung zweier Personen dargestellt. Für den blinden Partner kann jedoch die frontale Position nicht mehr die gleiche Bedeutung für die Herstellung von Verbundenheit haben, die sie für den sehenden Partner haben muß. Ich glaube nicht, daß ein Sehender das so einfach akzeptieren kann, denn die folgenreiche Übereinkunft über die Beziehung zwischen Persönlichkeit und Körper wird aufgekündigt. Wie wirkt sich das Blindsein auf den Liebesakt aus? Muß der blinde Partner nicht primitiver werden? Wird er nicht gleichsam in das in dem Film als vor-persönlich beschriebene Entwicklungsstadium zurückfallen? Ist es andererseits nicht denkbar, daß ein Blinder, der in so starkem Maße auf Berührung, Geruch und Geschmack angewiesen ist, in dieser Situation, in der die körperliche Wahrnehmung alles ist, eine neue Zärtlichkeit und ein neues Empfindungsvermögen entwickeln kann?

Ein weiterer Aspekt dabei ist die grauenhafte Vorstellung, gesichtslos zu sein, das eigene Aussehen zu vergessen, kein Gesicht zu haben. Das Gesicht ist das Spiegelbild des Ichs.

Besteht hier ein Zusammenhang mit einem starken Bedürfnis, das ich manchmal verspüre, nämlich mein Gesicht vor anderen zu verbergen? Ich will die Hand ans Kinn legen und den Mund zudecken und die Fingerspitzen an die Nase pressen, als trüge ich eine Maske. Ist das ein primitives Bedürfnis nach Gleichberechtigung? Wenn mir dein Gesicht nicht zugänglich ist, warum sollte dir dann mein Gesicht zugänglich sein? Oder drückt diese Geste das Gefühl aus, daß das Gesicht verlorengegangen ist? Trauere ich über den Verlust des Gesichts? Versuche ich, mir wieder Gewißheit darüber zu verschaffen, daß ich ein Gesicht habe, indem ich es mit meinen eigenen Händen betaste? Wenn ich spreche, möchte ich sogar meine Lippen berühren. Die Stimmen anderer Menschen kommen aus dem Nirgendwo. Kommt meine eigene Stimme ebenfalls aus dem Nirgendwo?

Oft möchte ich das Kinn auf einen meiner ausgestreckten Finger stützen, so als wollte ich mich ermahnen, mein Gesicht immer in die Richtung zu wenden, aus der der Klang oder die Stimme kommt. Dieses Bedürfnis habe ich sogar dann, wenn ich mich angeregt mit einem Menschen unterhalte. Fürchte ich, daß ich anfangen werde, mit dem Kopf zu wackeln, wie es für Blinde typisch ist?

Das Verschwinden des Gesichts ist dabei nur das erschütterndste Beispiel für die Entmaterialisierung des gesamten Körpers. Menschen werden zu bloßen Klängen. Dies hat eine weitere Konsequenz. Da ja nichts zwischen den unberührbaren Klängen der Stimmen und der unmittelbaren körperlichen Begegnung vermittelt, wird der Körperkontakt um so verwirrender. Ein Händeschütteln oder eine Umarmung wird zu einem Schock, denn der aus dem Nirgendwo kommende Körper wird plötzlich Wirklichkeit.

Das wird einem ganz deutlich klar, wenn man sehr kaltes Wasser aus der Leitung trinkt. Die Wirkung ist so unvermittelt. Ganz plötzlich ist es da – Wasser! Es schlägt gegen die Lippen, überschwemmt das Gesicht, überflutet den Mund und den Magen mit seiner scharfen Präsenz, ohne Vorwarnung oder Vorbereitung. Es kommt wie ein Knall. Genauso ist es in den Beziehungen des Blinden zu anderen Menschen beim Übergang vom Sprechen zum Körperkontakt. Für den Blinden sind andere Menschen zugleich abstrakter und konkreter geworden, und der Übergang vom einen zum anderen ist abrupt. Dies bringt uns zu dem Problem der sexuellen Beziehungen des Blinden zurück. Vielleicht ist ein blinder Liebespartner in gewisser Weise abstrakter und konkreter zugleich, vielleicht ist er primitiver und raffinierter zugleich. Vielleicht meint man das, wenn man sagt, daß wahre Liebe blind ist.

### *Der Verlust* — *2. Februar 1984*

Letzte Nacht hatte ich einen so deutlichen Alptraum, daß ich davon aufwachte. Ich träumte, daß Elizabeth, die am 23. Februar zwei Jahre alt wird, nicht in ihrem Bettchen lag. Statt dessen war es voller Blumen, schöner Blumen. Sie waren arrangiert, so wie Kränze auf einem Grabstein. Ich ging zu Marilyn und fragte: «Wo ist Lizzie?»

Marilyn sagte: «Sie ist tot.»

Ich war bestürzt und brach in Tränen aus und stieß hervor: «Was ist passiert? Ich wußte das nicht. Sag's mir!»

Marilyn war sehr gefaßt. Sie sagte: «Es hat keinen Sinn, sich aufzuregen. Sie ist begraben.»

Ich war wütend. Ich packte sie bei den Schultern und schüttelte sie heftig und schrie: «Was meinst du damit? Wie kannst du nur! Sie ist nicht bloß tot, sondern auch schon begraben, und niemand sagt mir was?»

Marilyn zeigte aus dem Fenster. Dort war ein Stück Rasen, wie neben einer Kathedrale oder einem Kloster. Ein Zug von Menschen schritt langsam darüber hinweg. «Da gehen sie», sagte Marilyn. «Da ist die Beerdigungsprozession.»

Davon bin ich aufgewacht.

Der Traum war sehr bildhaft. Die Farben, die Kleidung der Menschen, das Grün des Rasens und die hellen Farben der Blumen leuchteten. Keine Spur von Blindsein. Wer lenkt das Leben meiner Kinder? Wie kann ich das jemals wissen? Hat der Träumer die Namen falsch verstanden? Waren es vielleicht nicht Lizzie und Marilyn, sondern andere Menschen, die ich ebenfalls verloren habe? War die Tote Imogen, die ich durch die Scheidung und das Fortgehen zum ersten Mal und dann durch die Isolierung als Blinder ein zweites Mal verlor? Die vielen Gesichter des Verlusts sind erschreckend.

### *«Mein Mann ist blind»* *4. Februar 1984*

Heute fuhr die ganze Familie zur Kathedrale von Coventry. Marilyn und Thomas gingen zusammen Eintrittskarten für die Sonderausstellung kaufen, und ich blieb so lange in der Kaffeebar. Marilyn fragte, ob es für Behinderte eine Ermäßigung gäbe und sagte: «Mein Mann ist blind.» Gleich nachdem sie die Karten in Empfang genommen hatte, sagte Thomas zu ihr: «Warum ist dein Mann blind?» Als Marilyn mir das später erzählte, sagte sie, sie sei über diese Frage sehr verblüfft gewesen und könne sich nur wundern, wenn sie das so, wie er es gehört hat, tatsächlich gesagt hätte. Sie antwortete jedoch: «Weil Daddy nicht sehen kann.»

«Ist Daddy dein Mann?» wollte er danach wissen.

«Ja.»

«Warum kann er nicht sehen?»

«Weil etwas mit seinen Augen nicht in Ordnung ist.»

Marilyn erzählte mir, daß Thomas an dieser Stelle nicht weiterfragte, später aber, als wir in der Kathedrale herumgingen, kam er zu mir. Ich war zu diesem Zeitpunkt zum ersten Mal allein mit ihm gewesen, obwohl Marilyn mir schon erzählt hatte, was er gefragt hatte. «Daddy», fragte er mich jetzt, «bist du blind?» Ich nahm ihn in die Arme und sagte: «Wer hat dir das erzählt?»

Das war eine dumme, ausweichende Antwort, und ich weiß nicht recht, warum ich das sagte. Aus einem unerfindlichen Grund schämte ich mich. Ich befürchtete, daß eine Veränderung in meiner Beziehung zu ihm eintreten konnte. Jedenfalls weiß er, daß ich blind bin. Weiß er aber, was Blindsein ist? Welche Schlußfolgerungen kann er aus dem Wissen, daß ich blind bin, ziehen?

### *«Wenn ich die Augen zumach, kannst du mich nicht sehen»* *9. Februar 1984*

Marilyn erzählte mir, daß Thomas gestern, als er mit Lizzie spielte, seine Augen ganz fest zusammenkniff und zu ihr sagte: «Wenn ich die Augen zumach, kannst du mich nicht sehen.» Er behielt die Augen ein paar Sekunden lang geschlossen, und Lizzie starrte ihn mit vor Staunen weit aufgerissenen Augen an. Schließlich machte er die Augen wieder auf und sagte triumphierend: «Da!» Dies ist ein sehr anschauliches Beispiel für die Vorstellung einer Reziprozität. Man nimmt an, daß der andere wie man selber ist. Nicht sehen ist dasselbe wie nicht gesehen werden. Aktiv und Passiv werden beim Sprechen als gleich gesetzt. Nicht sehen ist daher unbeobachtet sein. Ein Blinder ist unsichtbar. Ein Mensch, der die Augen schließt, ist ebenfalls unsichtbar. Keiner kann ihn sehen. Wenn man keinen Gebrauch vom Sehen macht, ist man für das Gesehenwerden nicht brauchbar. Die Vorstellung der Reziprozität läuft so ab: Ich kann Daddy sehen; darum ist Daddy nicht unsichtbar; darum kann Daddy sehen.

Es wäre zu einfach, dies als infantiles Denken abtun zu wollen. Wir dürfen die sogenannte «Illusion des Alleinseins», eine Denkfigur vieler blinder Erwachsener, nicht vergessen. Der Begriff bezeichnet die Schwierigkeit, ständig daran zu denken, daß man, wenn man blind ist, trotzdem gesehen werden kann. Es ist schwierig, sich immer des erstaunlichen Ausmaßes dieser Fähigkeit bewußt zu sein, deren Besitz anderen Menschen nachgesagt wird. Ein Blinder muß sich jedes Mal, wenn er sich am Hintern kratzen will, ins Gedächtnis rufen, daß er sichtbar ist.

So etwas kommt nicht vor, wenn das Gehör verlorengegangen ist. Ich habe noch nie von einem Kind gehört, das sich die Finger in die Ohren steckte und schrie: «Du kannst mich nicht hören.» Einer der Gründe dafür ist, wie ich glaube, daß sich die Organe des Hörens und des Sprechens voneinander entfernt am Kopf und im Gesicht befinden. Das Organ, mit dessen Hilfe man hört (die Ohren), und die Organe, mit deren Hilfe man sich Gehör verschafft (der Kehlkopf und der Mund), sind nicht identisch. Das Organ, mit dem man sieht, und das Organ, mit dem man gesehen wird, sind aber identisch. Das Sehen ist reziprok, das Hören hingegen ist sequentiell.

Das Auge steht daher aktiv und passiv mit anderen Augen im Zusammenhang, was beim Ohr, das ein ausschließlich rezeptives Organ ist, nicht der Fall ist.

Unter normalen Bedingungen ist das Berühren reziprok. Wenn ich dich spüren kann, kannst du normalerweise spüren, daß ich dich spüre. Wenn ich dich nicht spüren kann, ist es wahrscheinlich, daß du mich nicht spüren kannst. Der Unterschied zwischen dem Berühren und dem Sehen besteht darin, daß die Reziprozität des Sehens sehr leicht aufgehoben werden kann. Es ist auch möglich, die Reziprozität gegenseitiger Berührung aufzuheben. Ich könnte dich spüren, während du schläfst, oder ich könnte eine Locke deines Haars in der Hand haben, ohne daß du es auch nur merkst. Du könntest eine Narkose bekommen haben, die deine Haut empfindungslos gemacht hat. Beim Sehen jedoch muß du nur die Augen schließen. Das Schließen der Augen ist ein normaler, sogar ein abrupter Vorgang, wohingegen die Ausschaltung des Tastsinns nicht so einfach ist.

Diese Reziprozität des Sehens hat weitreichende Folgen für die Beziehungen zwischen Blinden und Sehenden. Da ich nicht sehen kann, kann ich nicht gesehen werden. Ich kann übersehen werden, so behandelt werden, als existierte ich gar nicht, man kann über mich in der dritten Person sprechen. «Kümmerst du dich um ihn? Stellst du ihn neben den Aufzug? Wo möchtest du ihn hinsetzen? Bringst du ihn in sein Büro zurück?» Wenn man es eilig hat, kann man an einem blinden Freund vorüberhasten und braucht sich nicht die Mühe zu machen, ihn zu grüßen. Er sieht dich nicht, daher weiß er es ja nicht. Daher kannst du so tun, als sähest du ihn ebenfalls nicht.

Neulich führten ich und mein Kollege Michael Grimmitt ein Vorstellungsgespräch mit einer Studentin. Michael erzählte mir später, daß sie mich während des gesamten Gesprächs nicht ein einziges Mal angesehen hatte. Mit allen ihren Fragen, ihrem Lächeln, ja ihrem ganzen Körper hatte sie sich Michael zugewendet. Sogar als ich ihr Fragen stellte, wandte sie kaum den Kopf in meine Richtung.

Lag es daran, daß sie meinen Anblick nicht ertragen konnte? Oder fürchtete sie, Michael könnte sie für dumm halten, wenn sie mir zulächelte und mich ansah, denn sie wußte ja, daß Michael wußte, daß ich nicht wissen konnte, ob sie mir zulächelte oder nicht? Was immer auch der Grund war, er hatte zur Folge, daß sie mich nicht sehen konnte, weil ich sie nicht sehen konnte.

Das Gefühl, unsichtbar geworden zu sein, hängt damit zusammen, daß man vergessen hat, wie Körper aussehen. Wenn jemand vergessen hat, wie die Gesichter anderer Menschen aussehen, dann würde es auch keine Rolle spielen, wenn er vergessen hat, wie sein eigenes Gesicht aussieht. An kalten, windigen Wintermorgen überkommt mich das seltsame, beinahe unmenschliche Gefühl, daß ich herumlaufen könnte und dabei nicht nur die untere Partie des Gesichts eingemummt, sondern den ganzen Kopf umwickelt hätte. Nichts würde sich ändern, wenn mein Gesicht völlig verschwände. Da ich für andere unsichtbar bin, bin ich auch für mich selbst unsichtbar. Das bedeutet, daß ich mich selbst nicht kenne, daß ich unbewußt werde. Ebendarauf verweist der Archetypus des Blindseins, auf den Verlust des Bewußtseins, auf das Hinabsteigen in den Schlaf, auf das Gefühl der Nichtigkeit, des Nichts-Werdens. Gesehen werden ist existieren.

Nun wird auch verständlich, daß der Sehende, den man liebt, sich danach sehnt, von dem Blinden, den er liebt, gesehen zu werden. Es ist das Verlangen danach, im Sehen des Geliebten zu existieren, die Sehnsucht, von ihm wahrgenommen zu werden. Zweifellos war das der Gedanke, den meine älteste Tochter, die jetzt zehneinhalb ist, neulich aussprach: «Oh Daddy, ich wünschte, du könntest mich *sehen.*» Hier wünscht sich ein Kind nicht einfach nur, daß es gesehen wird, wenn es vielleicht eine mutige Tat vollbringt. Es ist der Wunsch, in Gegenwart eines Menschen gewesen zu sein, der als Vater Sein verlieh, nun aber blind ist.

Im gleichen Sinne haben wir auch Sein vor Gott, dem Grund und der Quelle des Seins, insofern er uns sieht. «Herr, du erforschest mich und kennest mich. Ich sitze oder stehe auf, so weißt du es» (Ps. 139.1). Das ist der Gedanke, der hinter der Segnung, von Gott gesehen zu werden, steckt. Daher das Gebet, daß Gott sein Angesicht über uns erheben und uns Frieden geben möge.

Neulich hörten Thomas und ich uns auf Kassette die Geschichte von Rapunzel an. Als wir zu der Stelle kamen, wo der Prinz vom Turm herabstürzt und in die Dornen fällt, die ihm die Augen zerstechen, und er blind wird, unterbrach Thomas aufgeregt, drehte sich zu mir um und stieß hervor: «Warum ist er blind geworden?»

«Weil die Dornen seinen Augen wehgetan haben», erwiderte ich.

«Warum haben die Dornen seinen Augen wehgetan?»

«Das war, als er vom Turm heruntergefallen ist. Er ist auf die Dornenbüsche gefallen.»

Es entstand eine Pause, während er das verdaute. Ich beschloß, die Initiative zu ergreifen. «Was ist Blindsein, Thomas?»

Nach kurzem Zögern erwiderte er nachdenklich: «Ich weiß nicht.»

Wieder folgte eine kurze Pause. Offenbar war auf der Abbildung in dem Buch der junge Prinz zu sehen, der mit einem weißen Stock oder mit irgendeinem Stock durch den Wald ging, denn als nächstes fragte Thomas: «Ist der Prinz blind?»

«Ja», erwiderte ich.

«Er hat einen Stock in der Hand», sagte Thomas dann.

«Ist das ein weißer Stock?» fragte ich ihn.

«Nein.»

«Warum hat er einen Stock in der Hand?» wollte ich wissen.

Wieder folgte eine Pause, und dann sagte er: «Ich weiß nicht.»

Thomas weiß nicht, was das Wort ‹blind› bedeutet, obwohl er begreift, daß es etwas mit den Augen eines Menschen zu tun hat. Er weiß, daß es nicht natürlich ist, ja sogar die Folge eines Mißgeschicks, und er weiß, daß Blindsein etwas damit zu tun hat, daß man einen Stock in der Hand hat, obwohl ihm nicht recht klar ist, worin der Zusammenhang besteht. Er machte weder eine Bemerkung zu meinem Blindsein noch zu dem Gespräch, das wir vergangene Woche führten und das ihn so irritierte, als er Marilyn sagen hörte, daß ihr Mann blind sei. Kann es sein, daß meine törichte Weigerung, ihm direkt zu antworten, daß ich wirklich blind bin, ihn nun verwirrt hat? Vielleicht weiß er nun nicht genau, ob ich blind bin oder nicht. Er begreift jedoch, daß das Wort ‹blind› für uns alle ein wichtiges Wort ist.

### *Gegen die Depression ankämpfen* — *24. Februar 1984*

Von Zeit zu Zeit bin ich deprimiert, und es ist am schlimmsten, wenn ich beim Spielen mit den Kindern frustriert bin. Ich fühle mich, als sei ich ein Nichts geworden, unfähig, als Vater zu handeln, ohnmächtig, unfähig, etwas einzuschätzen, zu bewundern, ein Urteil oder eine Unterscheidung zu treffen. Ich habe das sonderbare Gefühl, tot zu sein.

Meine Reaktion darauf ist, noch weiter nach innen zu gehen, in ein noch tieferes Totsein. Ich versinke in Stille und Passivität. Vielleicht bin ich allein und sitze im Sessel, rühre mich nicht, reduziere das Atmen auf das äußerste Minimum, drehe mich auf immer kleinere Flamme, bis ich immer weniger wahrnehme. Ich versuche, an nichts zu denken und pendle zwischen Schlafen und Wachsein hin und her. Vielleicht möchte ich mich mit einer Decke zudecken und noch die leisesten Geräusche ausschalten und möchte, indem ich mich völlig entleere, die Ziffer werden, die ich, wie mein Blindsein mir sagt, bin. Ich kann stundenlang in diesem Zustand verharren.

Diese Technik des Widerstands gegen die Depression ist bis zu einem bestimmten Punkt durchaus wirkungsvoll. Sie bietet eine gewisse Zuflucht, eine Art Trost, einen Ort, den man aufsuchen kann. Wenn die fröhlichen Spiele der Kinder mich in einen solchen depressiven Zustand versetzen und ich mich nicht in meine Nichtigkeit flüchten kann, weil ich vielleicht auf die Kinder aufpassen und wach bleiben muß oder weil ich vielleicht vor Besuchern oder Freunden den Anstand wahren muß, dann habe ich das deutliche Gefühl, daß ich in Stücke gehe. Spannung baut sich in mir auf. Meine Stirn verkrampft sich, und ich habe das Gefühl, daß ich nicht mehr lange durchhalten kann. Die Vorstellung des ruhigen kleinen Betts in der Ecke meines Arbeitszimmers drängt sich mir immer energischer auf, und ich spüre, daß ich die Anforderungen der Außenwelt, die es verhindern, daß ich mich ausruhen kann, immer weniger tolerieren kann. Alle Stimmen dringen wie aus immer größerer Entfernung zu mir durch und werden mit wachsendem Widerwillen vernommen. Die Geräusche der Außenwelt bereiten mir nun einen gewissen Schmerz, so als hinderten sie mich daran, Entspannung zu finden, und in diesem Stadium ist es mir dann nicht mehr möglich, wach zu bleiben.

Ich muß dieses Problem mit einer anderen Methode anpacken. Ich muß es noch genauer verstehen. Es gibt die Hypothese, daß das Blindsein eines der großen Symbole oder Archetypen ist. In der Kunst und in der Mythologie vieler Völker wird das Blindsein mit Unwissenheit, Verwirrung und Unbewußtheit assoziiert. Vielleicht haben diese Assoziationen Besitz von meiner Vorstellungswelt ergriffen. Vielleicht hat mein Blindsein in mir den Archetypus Blindheit aktiviert.

Das könnte die Erklärung dafür sein, daß es mir in diesen depressiven Zuständen so vorkommt, als bewegte ich mich an den Grenzen des bewußten Lebens, nicht nur in dem buchstäblichen Sinne, indem ich zwischen Schlafen und Wachen hin und her pendle, sondern in einem tieferen und beunruhigenderen Sinn. Mir ist, als wollte ich aufhören zu denken, aufhören, etwas zu erleben. Daß ich keine Vorstellung vom Aussehen meines Körpers habe, macht es noch schlimmer: Die Tatsache, daß man nicht an sich hinunterschauen und an den Konturen des eigenen Körpers beruhigt wahrnehmen kann, daß das eigene Bewußtsein nicht der Endpunkt des Ichs ist, daß man nicht den davon entfernten Fuß bewegen kann und dieser dann sozusagen zurückwinkt und sagt: «Ja, ich höre dich. Ich bin hier.» Die Wahrnehmung erstreckt sich nicht bis in den Raum. Also bin ich nichts als reines Bewußtsein, und wenn dem so ist, könnte ich überall sein. Ich werde allgegenwärtig; es spielt keine Rolle mehr, wo ich bin. Ich zerfließe. Ich bin nicht mehr an einem bestimmten Ort konzentriert, der durch die Einheit des Körpers symbolisiert wäre.

Der Archetypus Blindheit repräsentiert die Fähigkeit zur

Aufhebung des Unterschieds zwischen dem, was man kennt, und dem, was man nicht kennt, zwischen dem, was hier ist, und dem, was nicht hier ist, zwischen Innen und Außen, zwischen Besonderem und Allgemeinem. Er repräsentiert die Auflösung, den Grenzbereich zwischen Sein und Nichtsein.

Die von mir beschriebenen Techniken, mit denen ich gegen Panik und Depression ankämpfe, sind nur zum Teil erfolgreich. Im Falle der Rückzugstechnik ähnelt sie dem Gegenstand ihrer Furcht zu sehr. Aus diesem Grunde kann das keine wirksame Reaktion sein, so zwingend notwendig und für den Augenblick vielleicht sogar unumgänglich sie auch sein mag. Wenn die Blindheit ein Archetypus ist, wie gehe ich dann damit um? Ich muß eine Gegenstrategie entwickeln. Gibt es vielleicht einen komplementären Archetypus? Könnte das die Idee des Lichts sein? Zweifellos ist das Licht eines der immerwährenden Symbole. Das Licht macht Einzelheiten sichtbar, beseitigt Ungewißheit, ermöglicht Unterscheidung, löst Mehrdeutigkeiten auf und schafft einen bestimmten Ort und Kontext.

Eine der schönsten Passagen in der Bibel, die die Macht des Archetypus Licht ausdrückt, ist Numeri 6.24-6, der priesterliche Segen: «Der Herr segne dich und behüte dich; der Herr lasse sein Angesicht leuchten über dir und sei dir gnädig; der Herr hebe sein Angesicht über dich und gebe dir Frieden.» Diese Stelle drückt die Klarheit, das Strahlen und die Identität aus, die dadurch, daß man sich vor dem leuchtenden Angesicht Gottes befindet, auf einen übergehen.

Eine andere Stelle, die den Archetypus des Lichts ausdrückt, findet man im 1. Brief des Johannes 1.5: «Gott ist Licht, und in ihm ist keine Finsternis.»

Das ist für mich nur bedingt von Nutzen. Wohl mag Gott im Licht sein, aber ich bin in der Finsternis. Dieser komplementäre Archetypus unterdrückt mich durch das Grelle seines Kontrasts. Dadurch, daß er die Dunkelheit auslöscht, löscht er mich aus. Der Archetypus des Lichts hebt den Archetypus der Finsternis auf, aber er transzendiert ihn nicht. Er kann die Dichotomie von Finsternis und Licht nicht transzendieren, weil er ein Teil von ihr ist. Ich muß einen alternativen Archetypus höherer Ordnung finden.

## *Jenseits von Licht und Finsternis* *26. Februar 1984*

Thomas hatte mich gefragt, ob er in dem Zimmer, in dem wir spielten, das Licht anmachen dürfe. Es war mir nicht eingefallen, daß es inzwischen dunkel geworden war. Er hatte erklärt: «Thomas braucht das Licht. Daddy braucht das Licht nicht.»

Ich dachte an die Stelle im Psalm 139, Vers 12: «Finsternis ist dir wie das Licht.» Auf eine seltsame Weise bin ich wie Gott geworden. Vielleicht habe ich nicht den komplementären, sondern vielmehr den alternativen Archetypus entdeckt, den, der auf einer höheren Ebene transzendiert und vereint.

## *Finsternis ist dir wie das Licht* *27. Februar 1984*

«Herr, du erforschest mich und kennest mich» (Psalm 139.1). Das ist eine Meditation über das Wissen. Gott kennt die Position meines Körpers, ohne mich berühren zu müssen. «Ich sitze oder stehe auf, so weißt du es» (Vers 2). Gott besitzt die sonderbare Gabe, von ferne zu kennen. Ich bin oft überrascht, daß meine sehenden Freunde schon etwas wissen, obwohl es noch so fern ist. Blinde dürfen nicht vergessen, daß es etwa so ist, als berührten die Sehenden ständig ihre Gesichter. Was Blinde denken, erfahren Sehende einfach dadurch, daß sie deren Gesichter beobachten. «Du verstehst meine Gedanken von ferne» (Vers 2). Oft rufen Sehende mir zu, daß vor mir auf dem Gehweg ein Auto geparkt ist. Oft erzählen mir Freunde, daß sie mich (aus ihren Autos) gesehen haben, als ich die Straße überquerte. Sie hupten mir zu, aber ich konnte sie erst erkennen, als der Verkehr sich wieder in Bewegung setzte. Neulich war ich überrascht, wie weit hinten auf der Straße ich war, so daß meine Kinder, die wußten, daß ich kommen würde, Zeit hatten, etwas für mich vorzubereiten. «Ich gehe oder liege, so bist du um mich und siehst alle meine Wege» (Vers 3).

In mancher Hinsicht hat Gottes Wissen um die Welt mehr Ähnlichkeit mit dem, was Sehende von Blinden wissen, aber es geht auch darüber hinaus. «Mach die Augen auf!» sagte eine meiner sehenden Freundinnen zu ihrem Mann. «Ich kann nicht sehen, was du denkst, wenn du mit geschlossenen Augen dasitzt.» Die Augen eines Blinden sind unergründlich. Es stimmt zwar, daß Sehende am Gesicht eines Blinden dessen wechselnde Gefühle ablesen können, aber nur zu oft stelle ich fest, daß meine Freunde denken, ich schliefe, wenn ich ihnen in Wirklichkeit ganz genau zuhöre. Wenn sie meine innersten Gedanken erfahren sollen, muß ich sie aussprechen. Das Sprechen wird für den Blinden überaus wichtig. Gott jedoch braucht, um mich zu kennen, mein Sprechen nicht, obwohl ich blind bin. «Es ist kein Wort auf meiner Zunge, das du, Herr, nicht schon wüßtest» (Vers 4). An diesem Punkt begreifen wir, daß wir in die Gegenwart von etwas eintreten, das die Dichotomie zwischen Blindsein und Sehen, Finsternis und Licht transzendiert.

Der Psalm beschreibt weiter alle Gefühle, die ein blinder Mensch haben würde. Als Sehender wirst du von deinen Freunden mit einem Lächeln begrüßt, mit einem Nicken, einem Winken oder auch nur mit dem flüchtigsten Blickkontakt. Um von meinen Freunden begrüßt zu werden, muß ich möglichst bald angesprochen oder berührt werden. Mir fällt auf, daß ich eine kleine Marotte entwickelt habe, die ihren Grund sicher in meinem Blindsein hat. Wenn ich Leuten die Hand schüttle, benutze ich dabei nämlich beide Hände. Irgendwie verspüre ich das Bedürfnis, mein Wissen von ihrer Anwesenheit so zum Ausdruck zu bringen, daß dadurch ein Ausgleich für meine Unfähigkeit zur Wahrnehmung ihres Lächelns entsteht. Wenn ich auf einer Konferenz spreche, ist es wichtig, daß ich zuvor auf so viele Menschen wie nur möglich zugehe, ihnen die Hand schüttle und buchstäblich Kontakt herstelle. «Von allen Seiten umgibst du mich und hältst deine Hand über mir» (Vers 5).

Ein Teelöffel fällt mir aus der Hand und auf den Boden. Ich lasse mein zwölf Monate altes Baby hinunter, halte sie an der Taille fest. Ich warte einen Augenblick und bewege sie dann hin und her wie einen kleinen Staubsauger. Ich hebe sie wieder hoch. Sie hat den Teelöffel in der Hand. Ich bin voller Staunen. Sie hat ihn aufgehoben, ruhig und einfach, ohne suchend mit der Hand über den Teppich fahren zu müssen. Sie hat sofort danach gegriffen. Woher wußte sie? Dieses Kind hat eine seltsame Gabe, an die ich immerzu denken muß. Gottes Wissen erfüllt mich mit noch tieferem Staunen. «Diese Erkenntnis ist mir zu wunderbar und zu hoch, ich kann sie nicht begreifen» (Vers 6). Was bedeutet <hoch> für einen Blinden? Wie hoch sind Gebäude? Wie hoch sind Wolken? Ich weiß nur, daß die Dinge da oben sind; ich kann sie nicht ergreifen.

Die Erkenntnis, die Gott hat, ist unausweichlich. Sie umgibt mich, sie erfüllt mich. Sie macht alle Orte einander gleich, denn Gott kennt alle Orte. «Wohin soll ich gehen vor deinem Geist, und wohin soll ich fliehen vor deinem Angesicht?» (Vers 7). Es gibt keine Grade der Gegenwart Gottes, denn es gibt keine Grade des göttlichen Wissens. «Führe ich gen Himmel, so bist du da; bettete ich mich bei den Toten, so bist du auch da» (Vers 8). Gott ist der Herr aller Welten. Die Welt des Himmels, des Lichts ist sein. Die Welt der Hölle, der Finsternis und der Tiefen ist ebenfalls sein. Ihm ist es gleichgültig, wo ich bin oder in welcher Welt ich mich befinde. Er ist weder in der Welt des himmlischen Lichts eingeschlossen noch wird er von der Welt der undurchdringlichen Nacht besiegt.

Jetzt stelle ich mir vor, daß ich fliege. Ich stelle mir vor, wieder frei zu sein, zu gehen, wohin ich will, und den Morgen und den Ozean wieder sehen zu können. «Nähme ich Flügel der Morgenröte und bliebe am äußersten Meer . . .» (Vers 9). Ich lebe vielleicht unter dem Meer, in der Welt der unbewußten Tiefen. Sogar dort gibt sich der Eine, der der Herr über alle Welten ist, mir in der Weise zu erkennen, die meinen Voraussetzungen entspricht. Er zeigt sich mir nicht: Er erscheint mir nicht. Er bietet mir keine Vision an, keine Verwandlung in himmlische Herrlichkeit. Er denkt an mein Blindsein. «. . . so würde auch dort deine Hand mich führen und deine Rechte mich halten» (Vers 10).

Ich fühle mit Gewißheit, daß der Autor dieses Psalms blind war. Niemand sonst hätte die religiöse Erfahrung des Blinden in so kraftvollen Worten beschreiben oder die Gegenwart eines Blinden vor Gott so vollkommen interpretieren können.

Wir kommen nun zum Höhepunkt des Psalms. «Spräche

ich: Finsternis möge mich decken und Nacht statt Licht um mich sein, so wäre auch Finsternis nicht finster bei dir, und die Nacht leuchtete wie der Tag. Finsternis ist wie das Licht» (Vers 11 f.). Manchmal habe ich das Gefühl, in der Blindheit begraben zu sein. Ich werde immer tiefer in sie hineingetragen. Das Gewicht drückt mich nieder. Die Erkenntnis, die ich habe, verschwindet, sie ist so begrenzt, so zerbrechlich, ich kann sie nur flüchtig fassen. Soll ich also wollen, daß es so sei? Soll ich es im Geiste eines Opfers, das ich bringe, akzeptieren? Sollte ich mich in das Unausweichliche stürzen, so daß noch die Erkenntnis, die mir geblieben ist, dem Vergessen anheimfällt?

So wie die Blindheit Unterschiede auslöscht, so werden sie von der Allwissenheit Gottes transzendiert. Weil ich nie im Licht bin, ist es ebenso wahr, daß ich nie in der Finsternis bin. Ich fürchte mich nicht vor der Finsternis, denn ich kenne nichts anderes. Niemand kann mir das Licht ausschalten. So ist es auch bei Gott. Licht und Finsternis gelten ihm gleich. Er braucht das Licht nicht, um zu wissen, und die Finsternis hindert ihn nicht daran, zu wissen. In diesem Sinne ist es richtig, daß, wenn die Finsternis wie das Licht ist, dann auch das Licht wie die Finsternis ist. Die ältere «autorisierte» King James Bibel stellt diesen Punkt noch anschaulicher dar. «Finsternis ist dir wie das Licht.» Das ist nicht das Symbol eines Lichtstrahls, der die Finsternis durchdringt und sie vertreibt. Gott überwältigt die Finsternis nicht mit seinem Licht; er repräsentiert die reine Erkenntnis, zu der das Licht und die Finsternis auf ihren unterschiedlichen Wegen hinführen.

Ich kehre zu dem einen zurück, das ich kenne. Das ist mein Körper, er sitzt hier auf der Bettkante, zittert und schwitzt. Das ist die Verkrampfung in meinem Magen, das Pochen in meinen Schläfen. Ich höre meinen Atem, ich höre, wie mein Herz schlägt. Ich weiß nicht, was da draußen ist; ich weiß, was hier drin ist. «Denn du hast meine Nieren bereitet und hast mich gebildet im Mutterleibe ... Du kennst meine Seele bis auf den Grund ... Es war dir mein Gebein nicht verborgen, als ich im Verborgenen gemacht wurde, als ich gebildet wurde unten in der Erde. Deine Augen sahen mich, als ich noch nicht bereitet war, und alle Tage waren in dein Buch geschrieben, die noch werden sollten und von denen keiner da war» (Vers 13 ff.).

Der Psalm gibt die Erfahrung des Blindseins bemerkenswert genau wieder. Ist es nicht sonderbar, daß ich genauer weiß, was zehn Zentimeter tief in mir vorgeht, genauer als ich weiß, was zehn Zentimeter entfernt von mir geschieht? Innen oder außen, alles ist jedoch dem Gott, der weiß, einerlei.

Die körperliche Nähe zweier Menschen beim Liebesakt stellt für den Produzenten pornographischer Filme ein Problem dar, denn an dem Punkt der intimsten Berührung, an dem das Sehen irrelevant wird, muß der Pornograph wieder auf Distanz gehen, um die visuelle Erregung zu erhalten. Es ist für einen Blinden amüsant zu denken, daß er eines doch noch tun kann, und es wird oft gesagt, daß man nicht sprechen muß und nicht sehen muß, um es zu tun. Ganz gleich, wie erregend und tief das gegenseitige Erkennen ist, das Liebende erleben, keiner kann je von sich behaupten, daß er den Augenblick, in dem das Sperma sich mit dem Ovum vereint und neues Leben geboren wird, kennt oder spürt. Ich wurde im Verborgenen gemacht, und ich werde in den Geheimnissen des Blindseins immer noch geformt, aber für Gott sind alle Geheimnisse offen. Ich erfahre, nicht mehr durch den Wechsel von Tag und Nacht, von Licht und Finsternis, wie meine Tage verstreichen, und auch in diesem Sinne ähnelt meine Erkenntnis dieser Tage eher der Gottes. Das Wichtige am Aufwachen ist nicht der Morgen, sondern die Anwesenheit. Durch das Wachsein ist mir die Anwesenheit derer, die ich liebe, zurückgegeben. «Wenn ich erwache, bin ich noch immer bei dir» (Vers 18). Obwohl ich also jedes Mal, wenn ich aufwache, die Paradoxa wiedererlebe, daß ich das Augenlicht, das mir im unbewußten Leben der Träume zurückgegeben ist, aufs neue verliere, werden diese Paradoxa in der Gemeinschaft mit dem Einen, der mich kennt, ob ich wache oder schlafe, transzendiert, denn ich bin noch immer bei ihm.

## *Nicht akzeptieren, sondern loben* — *28. Februar 1984*

Der verwandelnden Kraft des alternativen Archetyps wird man nicht durch Akzeptieren, sondern durch das Lob Gottes teilhaftig. «Ich preise dich, denn du bist furchtbar und wunderbar. Wunderbar sind deine Werke ... wie kostbar sind mir deine Gedanken, o Gott. Wie ist ihre Summe so groß! Wollte ich sie zählen, so wären sie mehr als der Sand ...» (Psalm 139.14 ff.).

Wenn ich, als ich schon blind war, am Strand saß, habe ich mir eine Handvoll Sand auf die andere Hand geschüttet und ihn mir durch die Finger rieseln lassen. Ich habe den Sand zwischen Daumen und Zeigefinger zerrieben und über die unterschiedlichen Texturen gestaunt. Manche Körner sind grob und spitz und feilen die Haut ganz fein, so daß jedes kleine Pünktchen hervortritt. Andere wieder sind so glatt und seidig, daß es fast unmöglich ist, einzelne Körner zu unterscheiden; der Sand verrinnt wie Wasser. Wenn ich die Hand noch ein Stückchen weiter ausstrecke, fasse ich wieder in Sand, und so immerfort. Ich weiß, als Sehender wüßte ich, daß sich dieser Strand meilenweit um die Bucht herumzieht. Dieser Strand ist nur einer von Tausenden solcher Strände, und wahrscheinlich gibt es tausend Menschen wie mich jetzt, die tun, was ich tue, die die Sandkörner zwischen den Fingern hindurchrieseln lassen und staunen. So ist es auch mit den göttlichen Gedanken. Mein Körper trägt sie in sich, jeden einzelnen, während ich wie ein Sandkorn von der Hand Gottes gehalten werde.

In tiefer Bewunderung heiße ich das göttliche Wissen willkommen. «Erforsche mich, Gott, und erkenne mein Herz; prüfe mich und erkenne, wie ich's meine. Und sieh, ob ich auf bösem Wege bin, und leite mich auf ewigem Wege» (Vers 23 f.). Es kommt nicht darauf an, daß ich blind bin, sondern daß ich gekannt und bei der Hand geführt werde und daß mein Leben, ob als Sehender oder als Blinder, voller Lob ist.

## *Über und unter dem Meer* — *2. März 1984*

Letzte Nacht hatte ich einen gewaltigen, beängstigenden und eindrucksvollen Traum. Ich befand mich an Bord eines großen Schiffes. Es waren keine Frauen an Bord, nur Männer. Es schien eine Art Schiffsexpedition zu sein. Riesige

Wellen schlugen direkt über dem Schiff zusammen. Die ersten Wellen sahen wir kommen. Alle rannten, um Schutz zu suchen. Wir hatten noch Zeit, uns nach innen vor die Schotten zu retten, bis zum Ende des Schiffs zu laufen und die Metalltreppen hinaufzuklettern. Wir kletterten immer weiter hinauf bis in die obersten Schlupfwinkel. Dann brach die Welle über uns herein. Sie stürzte über das Deck, in die Kabinen und Laderäume, überschwemmte den gesamten Trakt, in dem wir uns befanden und spritzte hoch, ohne uns aber zu erfassen. Wir alle drängten uns am obersten Ende dieser geräumigen Halle oder Kabine des Schiffs zusammen. Dies war die erste von vielen solchen Wellen. Eine sah ich besonders deutlich heranrollen. Es war eine berghohe, bedrohliche Wand aus dunklem, grünem Wasser. Immer wieder schlugen sie über dem Schiff zusammen. Das ganze Schiff war überflutet. Wir selbst waren mit knapper Not noch entkommen, während andere fortgespült worden waren. Nun verwandelte sich das Schiff in ein U-Boot. Wir tauchten ab, unter Wasser. Wir waren mit irgendeinem Auftrag unterwegs. Drei Männer hatten offenbar das Kommando. Das waren der Kapitän des Schiffs und seine Helfer, die Offiziere. Sie schwammen herum, schöne, starke, mächtige Männer. Nun schaute ich von außen auf dieses U-Boot. Es tauchte immer noch weiter nach unten, war sehr modern, sah aus wie ein Raumschiff. Es war mit Glühbirnen, allen möglichen Ausrüstungen und Lampen bedeckt. Es war nicht besonders groß, sank aber ganz sanft immer tiefer. Nun dockte es an Deck eines zweiten Schiffes an, tief unter der Wasserlinie, wo anscheinend ein Auftrag zu erfüllen war. Dann befanden wir uns wieder in dem großen Schiff. Dort ereignete sich anscheinend eine schreckliche Katastrophe, Mitglieder der Besatzung wurden bestraft. Dort wurde mein Kollege Michael in ein Laken oder Leichentuch eingehüllt, an ein Seil gebunden und aus dem Kabinenfenster gehängt. Dies sollte als Strafe oder als ein Signal dienen. Als er aus dem Fenster gelassen wurde, hörte ich die Schiffsglocke. Ich war voller Unruhe und sah, daß auch andere meiner Kollegen auf gleiche Weise bestraft wurden. Ich wußte nicht, wofür. Ich war voller Angst, daß meine Kollegen und ich die Expedition irgendwie im Stich gelassen, dem Unternehmen Schande gemacht hatten. Wir wurden in dieser furchterregenden und unbegreiflichen Weise von den majestätischen Männern, die unsere Kapitäne waren, bestraft. Es war ein sehr lebhafter, fesselnder und erregender Traum.

Über und unter der Blindheit . . . soll da unten irgendeine Begegnung stattfinden? Was für ein Verlust! Was für ein Scheitern! Und wie unverständlich das alles ist und wie unabwendbar!

### *Besuch von einem Glaubensheiler* *5. März 1984*

In einer Kirche in der Innenstadt von Birmingham waren Marilyn und ich schon mehrfach einem Mann begegnet, den ich Mr. Cresswell nennen will. Vor ein paar Wochen kam Mr. Cresswell an einem Sonntag nach dem Morgengottesdienst auf mich zu, schüttelte mir herzlich die Hand und erzählte mir, daß Gott ihm mitgeteilt hatte, daß er beabsichtigte, mich von meiner Blindheit zu heilen. Mr. Cresswell mußte noch auf das Zeichen des Herrn warten, daß die Zeit gekommen sei, aber sobald der Herr ihm Nachricht gäbe, würde er bereitstehen und mich aufsuchen. Ich beglückwünschte ihn zum Empfang dieser Botschaft und fügte hinzu, daß er, sobald er Nachricht von Gott hätte, keine Zeit verlieren und mich unverzüglich aufsuchen sollte.

In den darauffolgenden Wochen kam er mehrmals bei uns zu Hause vorbei, aber ich war nicht da. Dann rief er an, und wir verabredeten uns für fünf Uhr nachmittags am Freitag, dem 2. März. Als ich aus dem Büro nach Hause kam, war Mr. Cresswell schon da und unterhielt sich mit Marilyn. Thomas und Lizzie tollten lärmend umher, und als klar war, daß wir nun anfangen wollten, bot Marilyn an, das Zimmer zu verlassen und die Kinder mitzunehmen. Mr. Cresswell war jedoch sehr daran gelegen, daß sie anwesend war, und deshalb blieben wir alle.

Mr. Cresswell begann damit, daß er mir sagte, daß ich einmal, als ich noch klein war, gestürzt wäre. Er leugnete nicht, daß daß, was die Ärzte, nach bestem Wissen und Gewissen, über die Netzhautablösung gesagt hatten, ebenfalls richtig sein mochte, aber man konnte es eben auch so betrachten, daß ich einen Sturz gehabt hatte und daß der verantwortlich dafür sei, daß ich blind geworden war. Auf recht unverbindliche Weise drückte ich mein Interesse an dieser Sicht der Dinge aus, und wir wechselten zu verschiedenen anderen Themen über. Mr. Cresswell erzählte mir ein wenig über seine Arbeit, seine Berufung zum Heiler und den Umfang seines seelsorgerischen Wirkens. Er besaß Spezialwissen. Zum Beispiel hätten wir eine Freundin, eine Lehrerin, die krank sei. Marilyn und ich beratschlagten uns kurz darüber. Wir haben Dutzende von Freundinnen, die Lehrerinnen sind, aber nach allem, was wir wußten, war keine von ihnen zur Zeit krank. Mr. Cresswell setzte die Befragung in dieser Richtung nicht fort, sagte uns aber, daß wir jemanden stark vermißten. Uns fehlte, teilte er uns mit, ein Zuhause. Er wollte wissen, welches Zuhause wir vermißten. Wir sagten ihm, daß das hier unser Zuhause sei und daß wir keinen Ort vermißten. «Haben Sie kein Heimweh nach dem Ort, an dem Ihre Eltern leben?» Wir wiederholten, daß das hier unser Zuhause sei, daß wir einander sehr liebten, daß wir glücklich miteinander wären und daß uns, obwohl wir unsere Eltern liebten, das Zuhause bei ihnen nicht fehlte. Mr. Cresswell trug dann den Gedanken vor, daß der Himmel unser wirkliches Zuhause sei, und daß dies auch der Ort sei, den wir vermissen müßten.

Da diese hellseherischen Versuche nur wenig überzeugend ausgefallen waren, setzte unser Gast zu einer zweiten Erläuterung zu der mir fehlenden Sehkraft an. Er erzählte mir, daß ich aufgehört hätte, in der Bibel zu lesen. Ich versicherte ihm, daß ich nicht aufgehört hatte, in der Bibel zu lesen, und er konterte mit der nachdrücklich vorgetragenen Behauptung, daß ich nicht so häufig in ihr läse wie früher. Ich informierte ihn darüber, daß ich jetzt nur ungefähr eine halbe Stunde am Tag in der Bibel läse, und das in Brailleschrift, wohingegen ich in der Vergangenheit gelegentlich länger in der Bibel gelesen hätte, manchmal aber auch weniger. Mr. Cresswell hielt dies offenbar für ein eindeutiges Schuldgeständnis und sagte, daß diese Dinge uns in dem Augenblick widerfahren, in dem wir aufhören, in der Bibel zu lesen. Ich wies darauf hin, daß es viele sehende Menschen gäbe, die mit dem Bibellesen aufgehört oder die Bibel sogar nie gelesen hätten. Und sie verlören das Augenlicht nicht, so daß die Sache, die er beschrieb, wohl kaum eine allgemeine Regel sein könne. Mr. Cresswell machte geltend, daß die Menschen unterschiedlich sind, und daß es ja auch nicht unbedingt ich sein müßte, sondern vielleicht meine Eltern oder Großeltern, weil Gott ihre Sünden bis ins dritte oder vierte Glied bestraft. Mr. Cresswell vertrat einen sehr harten Standpunkt zu Krankheit und Behinderung.

Nachdem diese Präliminarien abgeschlossen waren, verlangte Mr. Cresswell eine Bibel. Marilyn bot ihm eine New English Bible an, aber damit war er nicht zufrieden. Wir reichten ihm eine «autorisierte», die er akzeptabel fand. Er saß einige Zeit da und dachte vermutlich darüber nach, was er lesen sollte. Er machte den Eindruck eines Menschen, der auf Anweisungen wartet, denn er murmelte leise: «Genesis? Ja? Nein, nicht Genesis. In Ordnung. Apostelgeschichte? Jawohl, wir lesen das erste Kapitel der Apostelgeschichte.»

Da ich die gedruckte Version nicht lesen konnte, wurde Marilyn gebeten zu lesen. Um ihm vorzuführen, daß ich nicht aufgehört hatte, die Bibel zu lesen, fiel ich nach ungefähr der Hälfte des Kapitels in den Vortrag ein und zitierte die nächstfolgenden sechs oder acht Verse aus dem Gedächtnis. Darüber war Mr. Cresswell höchst erfreut, und dann las Marilyn das Kapitel zu Ende. Unser Gast bat um eine Tasse kaltes Wasser, stand auf und bat mich, meine Brille abzusetzen, legte mir eine Hand auf die Stirn, beträufelte mir den Kopf mit dem Wasser und betete, zuerst ein allgemeines Heilgebet, dann das Vaterunser gefolgt vom Dreiundzwanzigsten Psalm. Dann benetzte er mir die Augen mit dem Wasser, träufelte es mir über und unter die Lider und forderte mich auf, den rechten Ärmel aufzurollen. Er war überrascht, als er entdeckte, daß mein Arm verbunden war. Verblüfft und ein wenig entrüstet fragte er mich, was das sei. Ich erklärte, daß ich ein kleines Ekzem hatte, und er sagte, ich solle den Verband abnehmen und ihn nie, nie wieder anlegen. Mir war nicht ganz klar, ob dies eine Anordnung oder eine Verkündigung war, aber mit dem Verband hatte ich Mr. Cresswell offenbar ein wenig aus dem Konzept gebracht, womöglich deshalb, weil ich ihn nicht vollständig über meinen körperlichen Zustand aufgeklärt hatte, oder vielleicht weil sein Spezialwissen ihm das nicht offenbart hatte. Sei es, wie es will, ich wurde am Oberarm gefaßt, und Mr. Cresswell fuhr mit festen, streichelnden Bewegungen über den gesamten Arm bis hinab zu den Fingerspitzen und streichelte auch jeden einzelnen Finger oder streckte einen nach dem anderen, indem er leicht an den Fingerspitzen zog. Dies wiederholte sich an meinem linken Arm und dann auch an meinem Kopf, nur weiß ich nicht mehr genau, ob die Bewegungen hier abwärts oder aufwärts geführt wurden. Nachdem auf diese Weise die bösen Einflüsse aus mir ausgetrieben waren, wurde angeordnet, daß ich Lebertran, zu gleichen Teilen mit Honig vermischt, zu mir nehmen sollte. Es erging jedoch kein Hinweis dazu, ob diese Anwendung wiederholt werden müßte, und wie oft, und ich erkundigte mich auch nicht danach.

Das gesamte Ritual wurde dann an Marilyn wiederholt, und ihr wurde befohlen, von dem verbliebenen Wasser zu trinken. Danach wurde mir in energischem Ton befohlen, es auszutrinken. Damit war das Ganze zu Ende, und Marilyn verließ das Zimmer und ging, um das Bad für die Kinder herzurichten. Mr. Cresswell blieb noch ein paar Minuten, und wir unterhielten uns sehr freundlich und angeregt über sein Werk und das Werk Gottes. Ich dankte ihm für sein Kommen und dankte ihm für seine Gebete und für sein Lesen. Er sagte mir, daß der Herr es für richtig gehalten hatte, mir diesen Kummer aufzubürden, aber daß er es nun vermutlich für richtig hielt, ihn von mir zu nehmen. Er war vorsichtig und betonte ausdrücklich, daß man dies nur vermuten könne. Und nach nochmaligen Dankesbezeigungen und herzlichen Umarmungen, gefolgt von dem Versprechen, wiederzukommen und eine Fortsetzung der Behandlung anzubieten, wenn der Herr ihm dieses auftrug, schied Mr. Cresswell von uns.

## 4
## ZEIT, RAUM UND LIEBE
## Frühjahr 1984

*Noch einmal Rapunzel* *31. März 1984*

Wir hörten uns noch einmal die Kassette mit der Geschichte von Rapunzel an. Als wir zu der Stelle kamen, wo die Hexe den Prinzen aus dem Turmfenster und auf die Dornen stößt, von denen er blind wird, und wo er mit dem Stock durch den Wald läuft und Rapunzel sucht, fragte Thomas: «Warum ist er blind geworden?»

«Weil seine Augen kaputt waren», sagte ich, und dann: «Meine Augen sind kaputt.»

In sehr ernstem und eindringlichem Ton fragte er mich: «Bist du blind?»

«Ja, das bin ich», antwortete ich.

Er drehte sich zu mir, und ich spürte, daß er mich sehr genau ansah. «Deine Augen sind zu.»

Ich merkte, daß das stimmte. Manchmal jucken und tränen meine Augen sehr, und dann lasse ich sie meistens geschlossen. Ich machte die Augen weit auf und sagte: «Ja, aber auch wenn ich die Augen aufmache, kann ich nicht sehen, weil meine Augen kaputt sind.»

«Kannst du die Bilder nicht sehen?» fragte er.

«Nein.»

«Aber ich kann die Bilder sehen.»

«Deine Augen sind nicht kaputt», sagte ich.

Ich legte die Hand leicht über seine Augen, schloß ihm die Lider und hielt sie fest geschlossen. «Kannst du jetzt sehen?» sagte ich.

«Nein.»

Ich nahm die Hand weg. «Und jetzt?»

«Ja, jetzt kann ich sehen.»

«Deine Augen sind nicht kaputt», sagte ich. Ich wiederholte das ungefähr ein halbes dutzendmal, und es schien ihm zu gefallen, aber er nahm es sehr ruhig und nachdenklich hin. Immer wieder sagte er: «Meine Augen sind nicht kaputt. Ja, ich kann sehen», wenn ich die Hand wegnahm.

Dann hörten wir uns weiter Rapunzels Geschichte an, aber ein paar Augenblicke später fiel ihm wieder etwas ein. «Wann bist du blind geworden?» fragte er unvermittelt.

«Das war nur wenige Tage bevor du zur Welt gekommen bist», sagte ich.

«Wieso sind deine Augen kaputtgegangen?»

«Sie waren krank», sagte ich, «und die Ärzte konnten sie nicht gesundmachen.» Wir hörten uns weiter die Geschichte an.

Das war ein sehr ernstes und wichtiges Gespräch. Zum ersten Mal kamen kaputte Augen, blind sein, nicht sehen können und keine Bilder sehen können in einem Zusammenhang vor. Die Erkenntnis, daß mich das von Thomas unterscheidet und daß es Teil meiner persönlichen Lebensgeschichte ist, ist nun vollzogen.

Das Märchen von Rapunzel spielt eine wichtige Rolle dabei, wie Kinder Blindsein verstehen oder mißverstehen. Ich weiß noch, daß wir 1981 einen Sommerurlaub in Wales verbrachten. Imogen, die damals acht war, fragte mich: «Daddy, wenn ich weinen würde und die Tränen auf deine Augen fielen, könntest du dann wieder sehen?» Ich bin sicher, daß sie diese Idee von Rapunzel hat, denn damit endet das Märchen.

## *Weniger Raum, mehr Zeit* — *17. April 1984*

Michael sagt mir, daß sich in meiner Wahrnehmung der Zeit eine Veränderung vollzogen hat, seitdem ich nicht mehr sehen kann. Er meint, daß von allen Leuten in der Fakultät ich der einzige sei, der offenbar immer viel Zeit hat. Alle anderen hasten herum, drehen sich im Kreis, versuchen, jede Minute mit nützlichen Aufgaben auszufüllen und den letzten Tropfen aus der Zeit herauszuquetschen. Ich allein habe anscheinend alle Zeit der Welt. Michael betonte auch, daß ich in meiner Arbeit nichts weglasse; ich mache einfach weiter, tue, was getan werden muß, bis es fertig ist. Bei seiner eigenen Arbeit muß er den ganzen Tag lang bestimmte Dinge einfach weglassen, um seine Arbeit fertigzubekommen.

Michael meint, daß diese andere Einstellung zur Zeit oder dieser andere Standort in der Zeit zum Teil vielleicht daran liegt, daß ich keinen Zwängen ausgesetzt bin und mich nicht nach anderen Lebensrhythmen richten muß. Ich muß das Büro nicht um fünf Uhr nachmittags verlassen, um es noch bis zur Werkstatt zu schaffen, damit ich das Auto heimbringen und meine Frau es heute abend benutzen kann. Ich muß nicht vor Ladenschluß noch in den Supermarkt kommen. In einem bestimmten Sinne sind andere Menschen nicht von meiner Zeit abhängig.

Michael fragt sich auch, ob es nicht auch eine Rolle spielt, daß ich nicht sehen kann, wie sich der Tag mit dem Anbruch des Abends verändert. Ich drücke auf meine Uhr. Sie sagt mir, daß es 17 Uhr 45 ist. Das ist eine abstrakte Zeitangabe. Es ist eine Tatsache, ausgesprochen von einer künstlichen Stimme. Ich nehme das Kommen und Gehen des Tages nicht wahr.

Ich glaube, in alledem steckt viel Wahres. Sehende Menschen können sich die Zeit unterwerfen. Sehende Menschen erleben die Zeit manchmal als langsam und manchmal als schnell. Wenn sie einmal faul gewesen sind, können sie das durch späteres Beeilen wettmachen. Bestimmte Dinge können innerhalb weniger Minuten erledigt werden. Es ähnelt ein wenig der Veränderung in deinem Zeitgefühl, wenn du dir ein Auto kaufst. Reisen, die vorher zwei Stunden dauerten, dauern nun zwanzig Minuten. Du staunst, wieviel mehr du in einen bestimmten Zeitabschnitt packen kannst. Auf diese Weise zwingst du der Zeit deinen Willen auf. Die Zeit ist für Sehende das, wogegen sie kämpfen.

Für mich als Blinden ist Zeit einfach das Medium meines Tuns. Es ist jener unerbittliche Kontext, innerhalb dessen ich tue, was getan werden muß. Daß ich es anscheinend gar nicht eilig habe, wenn ich durch das Gebäude gehe, bedeutet nicht, daß ich weniger zu tun habe als meine Kollegen, ich kann nur einfach nicht schneller gehen. Wenn ich ins Büro gehe, so brauche ich von meiner Haustür aus fast genau zweiundzwanzig Minuten. In fünfzehn Minuten würde ich es nicht schaffen, und wenn ich mir andererseits mehr Zeit ließe und dreißig Minuten ginge, würde ich mich wahrscheinlich verlaufen, denn die Wegkenntnis hängt in einem bestimmten Ausmaß davon ab, daß man immer die gleiche Geschwindigkeit beibehält. Das gleichmäßige Gehen, die ruhige Konzentration, das ständige Rekapitulieren, wie weit man bereits gekommen ist und wie weit man noch gehen muß, das Stehenbleiben an jeder auffälligen Stelle, mit dem man sich vergewissert, daß man nicht die Orientierung verloren hat, alles das muß mit der gleichen kontrollierten Geschwindigkeit ausgeführt werden. Ob es regnet oder die Sonne scheint, ich gehe einfach weiter.

Es geht dabei auch darum, was man meint, der Zeit etwas abpressen zu müssen. Als ich noch sehen konnte, arbeitete ich mit fiebernder Hast; an einem einzigen Vormittag korrigierte ich vierzig Fußnoten. Jetzt bin ich schon froh, wenn ich, mit Hilfe eines sehenden Vorlesers, am Ende des Vormittags zehn korrigiert habe. Ich denke dann nicht: «Ach, verdammt, nur zehn geschafft.» Ich denke: «Gut. Zehn sind geschafft. Nur noch drei andere Vormittage wie dieser, und die Sache ist erledigt.» Ich freue mich so, daß ich es überhaupt tun kann. Die Einfachheit, die sorgfältige Planung, die langfristige Vorbereitung, die Besonnenheit, mit der ein Blinder leben muß, das alles hat zur Folge, daß er die Zeit nicht überlisten und plötzlich ganz viel ernten kann.

Vielleicht führen alle schweren Behinderungen zu einer Verengung des Raums und zu einer Ausdehnung der Zeit. Ich denke an meinen Freund Chris, der multiple Sklerose hat. Ohne seinen Spezialrollstuhl könnte er sich nur in einem Umkreis von zwanzig Metern bewegen. Mit dem Rollstuhl, der ungefähr vier Meilen pro Stunde zurücklegt, ist sein Kosmos größer. Er kann ein Gebiet von acht oder zwölf Meilen durchstreifen und wieder nach Hause zurückkehren. Verglichen mit der Zeit, als er noch ein normaler Gesunder war, ist seine Welt natürlich kleiner geworden. Die Zeit wiederum ist seltsam größer geworden. Er braucht morgens fünfundvierzig Minuten, um seine Schuhe zuzubinden. Es spielt keine Rolle. Er wird nicht ungeduldig. Er tut es einfach. Es dauert eben so lange, bis die Schuhe zugebunden sind. Ich denke an Clive Inman mit seinen Rückenverletzungen, der im Stoke Mandeville Rehabilitationszentrum des Hexham-Krankenhauses liegt. Für ihn ist die Welt auf die Abmessungen seines Betts begrenzt. Andererseits hat er diese zwölf langen Wochen alle Zeit der Welt. Er kann den ganzen Tag dort liegen, stundenlang mit Freunden sprechen, Radio hören, nachdenken. Es ist nun nicht mehr wichtig, daß er sich fünf Minuten lang sorgfältig konzentrieren muß, wenn er etwas aufheben will.

Hat man viel Zeit, dann erlebt man eine Zeitinflation. Der Preis einer jeden Stunde steigt aufgrund der Kosten, die bei der Ausführung noch der kleinsten Aufgabe entstehen, aber da die Aufgaben langwierig sind und ihre Ausführung viele Stunden beansprucht, scheint der Kurswert der einzelnen Stunde zu verfallen. Mit den steigenden Kosten sinkt der Wert. Verglichen mit den notwendigen Aufgaben, die in ihnen erfüllt werden müssen, werden die Stunden billig. Man kämpft nicht mehr gegen die Uhr, sondern gegen die Aufgabe. Man denkt nicht mehr an die Zeit, die sie beansprucht. Man denkt nur noch daran, was man tun muß. Es kann unter keinen Umständen schneller getan werden. Aus der Zeit, gegen die man früher kämpfte, wird einfach der Bewußtseinsstrom, innerhalb dessen man handelt. Bei einem tauben und blinden Menschen ist der Raum auf den eigenen Körper begrenzt, Zeit hat er aber viel.

Die moderne Technik versucht, den Raum des Menschen auszudehnen und die Zeit des Menschen zu verdichten. Ein Behinderter hingegen macht die Erfahrung, daß der Raum verengt und die Zeit erweitert ist. Die Raum-Zeit-Koordinaten, innerhalb derer der Blinde lebt, sind die Ursache dafür, daß sich sein Leben allmählich vom Leben Sehender unterscheidet, und das umso mehr in einer Zeit hochentwickelter Technik.

Was ist die Welt der Klänge? Ich bin eine Weile im Freien gewesen und habe versucht, mich auf die Besonderheit der akustischen Welt einzustimmen. Ich bin beeindruckt von den vielen unterschiedlichen Aspekten der Wirklichkeit, von der Vielfalt und Intensität der Berührungspunkte zwischen mir und dem durch Klänge Geschaffenen.

In der fühlbaren Welt kann ich nur dort Kontakt mit der Wirklichkeit aufnehmen, wo ich sie mit meinem Körper berühren kann, und das ist immer nur an einer Stelle möglich. Ich kann die Splitter an der Parkbank mit der Fingerspitze ertasten, aber ich kann mich nicht gleichzeitig darauf konzentrieren, mit dem großen Zeh die Kieselsteine zu erfühlen. Ich kann die Form eines Gegenstands mit allen zehn Fingern ergründen, aber es ist sehr schwierig, zwei Gegenstände gleichzeitig, mit jeder Hand einen, zu erforschen. Wenn mich viele Menschen puffen würden, dann würde ich zwar alle Stöße an den verschiedenen Partien meines Körpers spüren, aber über die Welt würde mir das nicht viel mitteilen, nur über meinen Körper.

Die durch Klänge eröffnete Welt ist so anders. Zwar kann ich mir nicht zwei auf Band aufgenommene Bücher gleichzeitig anhören, aber das hat mit der Sprache zu tun. Ich denke vielmehr daran, wie Klänge einen mitten in eine Welt hineinstellen.

Am Karsamstag saß ich im Cannon Hill Park, während die Kinder spielten. Ich hörte die Schritte von Vorübergehenden, viele unterschiedliche Schrittvarianten. Da waren das dumpfe, klatschende Geräusch von Sandalen und der spitzere, feinere Ton von Schuhen mit hohen Absätzen. Da waren Gruppen von Menschen, die mit unterschiedlichen Schrittlängen nebeneinander gingen, wodurch eine Art Trippeln entstand, das dann von einem Gehen mit festen, ausholenden Schritten oder vom schnellen Trab eines Joggers abgelöst wurde. Da waren Kinder, die in kleinen Hopsern umherliefen und stehenblieben und auf quietschende Dreiräder und Roller hinauf- oder von ihnen heruntersteigen. Die Schritte kamen von beiden Seiten. Sie berührten und vermischten sich und trennten sich dann wieder. Von der nächsten Bank drangen das Rascheln einer Zeitung und das Murmeln eines Gesprächs zu mir herüber. Weiter entfernt, rechts und hinter mir, war ein Parkplatz. Autos hielten an und starteten, kamen an und fuhren weg. Türen wurden zugeschlagen. Noch weiter rechts davon war die Hauptstraße. Ich hörte das gleichmäßige, tiefe Brummen des Durchgangsverkehrs, die Busse und Lastwagen. Direkt vor mir lag der See. Dort lebten viele Wasservögel. Enten quakten, Gänse schnatterten, und andere Vögel, die ich nicht identifizieren konnte, schrieen und piepsten. Es war ein ständiges Flügelschlagen, Spritzen und Plätschern, wenn Vögel aufstiegen oder auf dem Wasser landeten oder sich um Brotkrümel zankten. Da waren das Platschen von Paddelbooten, Kindergeschrei und die dumpfen Schläge, wenn zwei Boote zusammenstießen. Am Ufer sitzende Eltern riefen anfeuernde oder ermahnende Worte. Von weiter her, von einer weiter entfernten Stelle des Sees, drang von aneinander vorüberfahrenden Booten ein noch anderes Geräusch zu mir herüber, und dahinter wiederum lag der Park. Leute spielten Fußball. Ich hörte die Rufe, rennende Füße, den Zusammenprall von Leder mit Leder, wenn der Ball getreten wurde. Verschiedene Gruppen spielten unterschiedliche Spiele. Hier waren es Buben; weiter drüben in der gleichen Richtung spielte offenbar eine Gruppe kleiner Kinder. Über dieser ganzen Szene säuselte der Wind. Die Bäume hinter mir murmelten, die Sträucher und Büsche entlang der Wege raschelten, Blätter und Papierschnipsel wurden über den Weg gefegt. Ich lehnte mich zurück und trank das alles in mich hinein. Es war ein erstaunlich vielfältiges und reiches Panorama aus Bewegung, Musik und Information. Es war fesselnd und faszinierend.

Das Seltsame daran war aber, daß es eine aus nichts als Handlung bestehende Welt war. Jeder Ton war ein Handlungsträger. Wo nichts geschah, da war Stille. Dann starb dieser kleine Teil der Welt, verschwand. Die Enten waren still. Waren sie fort oder war ihre ganze Aufmerksamkeit von etwas beansprucht? Das Boot kam zum Stehen. Ruhten sich die Leute aus, oder hatten sie das Boot am Steg festgemacht und waren weggegangen? Niemand ging jetzt an mir vorüber. Folglich war auch der Fußweg verschwunden. Ich erinnerte mich nur deshalb an seine Richtung, weil mir einfiel, daß er parallel zu der Bank verlief, auf der ich saß. Sogar der Verkehr auf der Hauptstraße war zum Erliegen gekommen. Waren die Ampeln rot? Wo Ruhe ist, verliert auch alles andere seine Existenz. Ruhen ist Nichtsein. Bewegen ist Sein. Meine Welt ist keine Welt des Seins, sondern eine Welt des Werdens. Die Welt des Seins, die schweigende, stille Welt, in der die Dinge einfach sind, diese Welt existiert nicht. Der Steingarten, der Pavillon, die Skyline hoch aufragender Wohngebäude, die Fahnenmasten über dem Cricketplatz, nichts davon ist wirklich da. Die Welt des Geschehens, der Bewegung und Konfrontation, sie ist da.

Die akustische Welt ist eine Welt, in der Dinge zu existieren beginnen und wieder aufhören. Das geschieht so überraschend schnell. Es scheint kein vermittelndes Zwischenreich der Annäherung zu geben. Vom See her schallt plötzlich ein Ruf: «Hallo, Daddy!»: da sind meine Kinder in ihrem Paddelboot. Eben noch, vor einem Augenblick, waren sie nicht da. Erst als sie mir zuriefen, konnte ich sie von den übrigen Hintergrundgeräuschen unterscheiden. Es gab keinen graduellen Übergang. Während die Welt, die mir auf diese Weise zuruft, aktiv ist, bin ich passiv. Ich kann diese mich überflutenden Stimuli nicht zum Halten bringen. Ich sitze nur da. Die Wesen, die diese Geräusche aussenden, müssen mit irgendeiner Handlung beschäftigt sein. Sie müssen kratzen, knallen, schlagen, stoßen, zwei Oberflächen aufeinanderprallen lassen, etwas bewirken, die Stimmbänder zum Schwingen bringen. Sie müssen die Initiative übernehmen, wenn sie mir ihre Gegenwart mitteilen wollen. Ich für meinen Teil habe nicht die Fähigkeit, sie zu erforschen. Ohne ihre aktive Beteiligung kann ich sie mir nicht erschließen und sie nicht entdecken. Sie müssen ihre Stimme, ihren Klang einsetzen. Es ist daher eine Welt, die zu mir kommt, die für mich erblüht, die nur existiert, wenn sie sich mit ihren Lebensäußerungen an mich wendet.

Die Lückenhaftigkeit der akustischen Welt ist eines ihres beeindruckendsten Merkmale. Im Gegensatz dazu ist die sichtbare Welt dauerhaft und kontinuierlich. Die gesehene Welt kann deinen Augen nicht entfliehen. Sogar im Dunkeln kann man die Dinge dazu zwingen, sich zu zeigen, wenn man eine Fackel nimmt, ich aber habe nur sehr begrenzte Macht über die akustische Welt.

Und die akustische Welt hat noch eine Eigenschaft: Sie bleibt immer gleich, wohin ich den Kopf auch drehe. Für die sichtbare Welt trifft das nicht zu. Sie verändert sich, wenn ich den Kopf drehe. Neue Gegenstände kommen in Sicht. Beim Blick in die eine Richtung bietet sich mir ein ganz anderes Bild als beim Blick in die andere Richtung. Bei Geräuschen ist das nicht so. Wenn ich den Kopf herumdrehe, kommen keine neuen Geräusche auf mich zu. Ich kann den Kopf matt auf die Brust sinken lassen; ich kann mich weit zurücklehnen und das Gesicht gen Himmel richten. Dadurch ändert sich nur wenig. Vielleicht kommt es zu einer winzigen qualitativen Abstufung, aber im wesentlichen ist die akustische Welt unabhängig von meiner Bewegung. Das verstärkt mein Gefühl von Passivität. Ich brauche keine Gegenstände ausfindig zu machen und mir durch eigene Anstrengung neue Bereiche meiner Welt zu erobern, indem ich den Blick hierhin und dorthin richte. Statt dessen gibt es in der akustischen Welt etwas, das meinen Versuchen, in es einzudringen, ziemlich gleichgültig gegenübersteht. Sie ist eine Welt, die ich nicht aussperren kann, die überall um mich herum weitergeht und die ihr eigenes Leben weiterführt. Ich kann mich natürlich darin üben, auf sie achtzugeben; ich kann lernen, dieses Geräusch von jenem zu unterscheiden, geschickter im Abschätzen von Entfernungen werden und so weiter. Dennoch bleiben meine Ohren unveränderlich an der gleichen Stelle mit meinem Kopf verbunden, während meine Augen, wenn ich sehen könnte, mit zahllosen Bewegungen in einem Kopf, der selbst beweglich wäre, hierhin und dahin springen könnten.

Der akustische Raum ist eine Welt der Offenbarung.

### *Im Pub miteinander schlafen* — *1. Mai 1984*

Letzte Nacht träumte ich, ich sei in einem Pub. Marilyn und ich schliefen miteinander. Dann wechselte die Szene in die überfüllte Bar. Aus dem Lautsprecher ertönte eine Durchsage. «Der Blinde in der Bar bitte umgehend melden, seine Frau und seine Tochter haben einen Unfall gehabt.» Die Durchsage wurde wiederholt. In dem Traum sah ich nun mich selbst, mit dem weißen Stock in der Hand, die Durchsage hörend, vor Schreck wie gelähmt. Ein zweites Mal wurde die Nachricht zweimal nacheinander durchgesagt. Dann befand ich mich am Hinterausgang der Bar. Am Ende der Zufahrt stand ein Auto. Darin saßen Marilyn und Imogen. Ich konnte nicht schnell genug zu ihnen kommen. Ein Schrei brach von meinen Lippen. «Meg! Immy!» Dann, ob mit Hilfe eines anderen Menschen oder nicht, weiß ich nicht, war ich am Auto. Alles war in Ordnung. Es war ein falscher Alarm gewesen. Imogen war unverletzt. Marilyn war unverletzt. Ich erzählte ihnen von der Durchsage in der Bar, aber alles war gut.

In diesem Traum höre ich, daß ich als Blinder bezeichnet werde, ich sehe, daß ich einen Stock in der Hand halte, ich erlebe noch einmal die Panik, nicht schnell genug zu mir lieben Menschen gelangen zu können, die in Not sind. In dem Traum ist es jedoch nicht klar, ob mich jemand führt oder begleitet. Ich scheine allein dorthin gelangen zu können.

Das Hauptthema des Traums ist die Furcht, durch das Blindsein Marilyn zu verlieren. Sie wird durch die spätere Einsicht, daß das nicht geschehen wird, offenbar ausgeräumt. So jedenfalls sagt es mein Traum.

Das ist ein Traum über das Blindsein und der Traum eines blinden Menschen.

### *«Wollen Sie denn nicht wieder sehen können?»* — *8. Mai 1984*

Vergangenen Donnerstag fuhr mich eine meiner Freundinnen nach einer Versammlung nach Hause. Ich fragte sie, ob sie etwas dagegen hätte, wenn ich in einem indischen Restaurant, das Gerichte zum Mitnehmen anbot, etwas kaufte. Wir parkten auf der gelben Doppellinie vor einem der Restaurants in der Bristol Street. Meine Freundin half mir bis zur Tür, wo wir von einem leutseligen Mann begrüßt wurden, der in diesem Haus anscheinend eine Autoritätsperson war. Meine Freundin kehrte zu ihrem geparkten Auto zurück, und ich wurde an einen Tisch eskortiert. Mein Begleiter stellte sich mir als Unterhaltungskünstler vor, der jeden Abend in dem Restaurant auftrat. Sein Name sei, sagte er, Benito Luigi, er sei kein Inder, sondern Sizilianer. Er erklärte mir, daß er, in seiner Eigenschaft als Unterhaltungskünstler, Magier und Zauberer, zwar in diesem Restaurant arbeitete, daß er im Hauptberuf jedoch Hypnosetherapeut sei.

Er fragte mich, ob meine Begleiterin nicht hereinkommen und eine Tasse Kaffee trinken wollte, und er bot auch mir Kaffee an. Er würde aufpassen, ob draußen Polizei auftauchte und, falls nötig, die Situation erklären. Er bat meine Freundin herein, und uns beiden wurde Kaffee serviert. Er unterhielt sie damit, daß er ihr von seiner Arbeit und seinen speziellen Künsten berichtete.

Dann fragte er, sich an mich wendend, ob ich einige persönliche Fragen beantworten wollte. Ich wußte, was nun kam, und war gewappnet. Er fragte, ob ich vollkommen blind sei und wie lange schon, fragte nach der Ursache meiner Erblindung und ob ich völlig überzeugt davon sei, daß nichts mehr getan werden könnte. Ganz offenherzig sagte er mir, daß ich nun nur noch auf eines hoffen dürfte, und das sei meine eigene Willenskraft. Mein Sehen hing von meinem Willen ab, und durch Hypnosetherapie könne er meinen Willen wiederherstellen und festigen.

Ich fragte Luigi, ob er einen Arm oder ein Bein wiederherstellen könne, das jemand bei einem Verkehrsunfall verloren hatte. Er sagte: «Nein.» Ich wies darauf hin, daß es bei mir mit den Augen etwa so sei. Das gab ihm Gelegenheit zum Nachdenken. Er fragte zögerlich: «Sie haben keine Augen? Sie sind weg?» Ich setzte meine Brille ab und zeigte ihm mein linkes Auge, das vollkommen weiß ist. Ich sagte ihm, daß dies ja nun wirklich kein normales Auge sei. Wesentliche Teile davon waren entfernt oder zerstört worden. Ich sagte ihm, daß ich keine Linsen mehr in den Augen hatte und daß die Netzhaut beider Augen schon seit langem zerstört war. Willenskraft konnte diese physiologischen Strukturen ebensowenig wiederherstellen wie Willenskraft einen neuen Arm wachsen lassen konnte.

Luigi, den das nicht anfocht, berichtete mir von einigen wunderbaren Heilungen, die er erzielt hatte, wozu auch Krebs im Endstadium gehörte. «Sie sind kein Hypnosetherapeut. Sie sind ein Glaubensheiler», sagte ich ihm. Er bat meine Begleiterin, ihre Meinung zu dem Thema zu äußern. Sie neigte dazu, mir zuzustimmen. Es ging hier nicht um mangelnde Willenskraft, sondern um strukturelle Schwächen. Vielleicht weil er sah, daß uns unser Essen an den Tisch gebracht wurde, machte Luigi einen letzten Versuch. «Aber Sie brauchen nichts als Willenskraft! Haben Sie denn keine Willenskraft? *Wollen* Sie denn nicht wieder sehen können?»

«Natürlich will ich wieder sehen können», sagte ich und lachte über den Witz. «Aber, mißverstehen Sie mich nicht, ich bin ein zufriedener Mensch.»

«Daß Sie zufrieden sind, sehe ich», erwiderte er. «Ja, ich sehe, daß Sie viel lachen, daß Sie ein glücklicher Mann sind. Trotzdem müssen Sie doch wieder sehen wollen.»

Dem stimmte ich zu, und in diesem Augenblick kam unser Essen. Luigi gab mir seine Visitenkarte, und wir verabschiedeten uns freundlich voneinander.

Auf der Heimfahrt im Auto sprachen meine Freundin und ich über dieses amüsante Erlebnis. Sie war von diesem neuen Bekannten entzückt und von seiner Lebendigkeit und seinem Charme amüsiert. Der Gedanke, sich von ihm hypnotisieren zu lassen, war für sie ziemlich verlockend, und sie dachte laut darüber nach, wie das wohl sein mochte. Als wir vor dem Haus anhielten, fragte sie mit zögerlicher, aber neugieriger Stimme: «Und wie ist es mit dir, John? Warum hast du das Angebot nicht angenommen? Was kann es denn schaden? Glaubst du wirklich, daß du bereits an dem Punkt angekommen bist, wo du nicht wieder sehen willst?»

Das erschreckte mich, und ich erwiderte: «Wie kannst du so etwas sagen! Natürlich möchte ich wieder sehen können!

Ich werde mich nie damit abfinden, daß ich nicht mehr sehen kann!»

«Aber John», sagte sie, «du scheinst dich so gut daran gewöhnt zu haben. Du wirkst immer so ausgeglichen, so glücklich, du scheinst so gut zu funktionieren.»

«Du kennst nicht einmal die Hälfte der Wahrheit», sagte ich herzlich. «Ich werde mich nie mit den Verlusten abfinden, die das Blindsein mit sich bringt, und ich werde auch nie die sinnlose Hilfe annehmen, die aus dieser Richtung kommt. Siehst du denn nicht, daß das für mich noch erniedrigender, noch demütigender wäre, daß es mir noch den letzten Rest von Mut und Würde, den ich vielleicht noch besitze, nehmen würde? Es gibt Situationen im Leben, da muß man einen langwierigen und würdevollen Krieg gegen die Verzweiflung führen und darf es nicht zulassen, daß man mit seinen Gefühlen zum Sklaven jener gemacht wird, die falsche Hoffnungen wecken.»

Diese Argumentation bewirkte nur wenig. Meine loyale und liebe Freundin neigte immer noch zu der Ansicht, daß nur eine Mischung aus Stolz und Selbstzufriedenheit mich davon abhalten konnte, ein so harmloses Angebot anzunehmen. Um die militärische Metapher noch einmal aufzunehmen, sollte das Blindsein mich besiegen, dann ist es mir lieber, wenn man mich mit den Wunden auf der Brust und nicht auf dem Rücken auf dem Schlachtfeld findet.

## *Sünde: die Ursache des Blindseins* — *9. Mai 1984*

Vergangenen Sonntag trafen wir in der Kirche wieder unseren Freund Mr. Cresswell, den Glaubensheiler. Vielleicht hatte ich mich in der Zwischenzeit ein wenig verhärtet, zum Teil aufgrund der Begegnung mit dem Hypnosetherapeuten in dem indischen Restaurant und zum Teil, weil Marilyn darauf bestanden hatte, daß ich ein paar Löffel Lebertran mit Honig zu mir nahm und ein wenig verärgert gewesen war, als ich keinen weiteren mehr essen wollte.

Mr. Cresswell kam mit flotten Schritten auf uns zu, schüttelte mir die Hand und erkundigte sich nach dem Stand der

Dinge. Es war offensichtlich, daß er sich nicht übermäßig für den Stand der Dinge interessierte, denn der weiße Stock, den ich in der Hand hatte, erzählte vermutlich seine eigene Geschichte, doch er entschuldigte sich dafür, uns noch nicht wieder aufgesucht zu haben und ließ uns dann wissen, daß er eine Nachricht des Herrn für mich hätte. Die Mitteilung bestand darin, daß der Herr mir befahl, mir eine kleine Bibel zu verschaffen und sie immer in der Tasche zu tragen. Von nun an mußte ich Gottes Wort ständig bei mir haben, es mußte mich begleiten, das hatte Gott gesagt: «Lasset das Wort euch begleiten».

«Es tut mir leid, Mr. Cresswell», sagte ich. «aber ich bin nicht gewillt, das zu tun. Ich muß bereits viele Dinge in den Taschen haben, und ich bin nicht gewillt, das darin herrschende Durcheinander durch einen einzigen Gegenstand zu vergrößern. Ich trage Gottes Wort ständig in der Seele und im Herzen, und ich sehe keinen Nutzen darin, es auch noch in der Tasche zu tragen.»

Daraufhin wurde Mr. Cresswell ziemlich beredt und sagte mir rundheraus, daß Gott mir diese einfache Sache befahl, die ich nun tun mußte, wenn ich wieder sehen wollte, und daß ich mich, wenn ich ihm nicht gehorchen wollte, nicht wundern dürfe, wenn mein Sehvermögen nicht wiederhergestellt werden würde. Sünde sei die Ursache des Blindseins wie aller anderen Krankheiten auch, und eine Sünde sei auch die Weigerung und der Stolz der Menschen, die Gottes Gebot nicht gehorchten und die simplen Dinge, die Gott befahl, nicht taten.

«Mr. Cresswell», sagte ich, «ich sehe, daß wir ganz unterschiedliche Auffassungen von Gott und von Sünde und vom Sehen haben. Ich bin mit keiner Ihrer Auffassungen zu diesen Dingen einverstanden. Ob wir leben oder sterben, wir sind immer Gottes, und ich bin nicht gewillt, mich emotional unter Druck setzen zu lassen und wochenlang alle diese seltsamen Dinge zu tun. Sie raten mir, magische, abergläubische Praktiken zu befolgen.»

«Nein, nein», wies er mich zurecht, «das sind Gottes Worte.»

Als Marilyn und ich in Richtung Tür zu gehen begannen, folgte er mir durch den Gang und drohte, daß ich mich auf einem sehr gefährlichen Weg befände und daß ich auf diese Weise keine Heilung finden würde.

Als wir ins Auto einstiegen, tat es mir ein wenig leid, daß ich einen freundlichen und wohlmeinenden Mann vielleicht brüskiert hatte, indem ich die Wahrheit zu direkt ausgesprochen hatte, andererseits aber, wie ich auch zu Marilyn sagte, kann ich es nicht zulassen, daß ich dazu verführt werde, alle möglichen unsinnigen Dinge zu tun, indem ich aus Schwäche falschen Hoffnungen erliege.

### *«Du Bastard, du bist gar nicht blind»* *11. Mai 1984*

Ich ging nach einem Abendseminar nach Hause. Es war kurz nach acht Uhr. Auf dem Campus war es schon relativ ruhig. Ich hörte, wie rennende Füße auf mich zukamen und dann vielleicht zwanzig Meter von mir entfernt stehenblieben. Eine wütende, grelle Männerstimme, ganz entstellt vor Zorn und Haß, schrie: «Bist du blind, Mann? Du bist gar nicht blind! Wie bist du denn blind geworden? Du bist gar nicht blind!»

Ich war von der Unvermitteltheit und von der Schroffheit dieser Anrede so überrascht, daß ich vollkommen ruhig stehenblieb. Ich wartete einen Augenblick, schwieg und überlegte, was ich erwidern sollte. Noch einmal spie mein Ankläger seine Frage aus: «Bist du blind?»

Ruhig, aber mit der Hoffnung, daß meine Stimme fest und deutlich klang, erwiderte ich: «Ja, ich bin blind.»

Ich spürte, daß er näher auf mich zukam. Er schleuderte mir Flüche entgegen. «Du dreckiger mieser Bastard! Du bist gar nicht blind! Wie bist du denn blind geworden? Du bist nicht blind!»

«Nein», erwiderte ich, «Sie irren sich. Ich bin blind.»

Ich kämpfte gegen den Impuls an, meine Aktentasche hochzuheben und sie vor mich zu halten, denn ich hatte den Eindruck, daß er mich angreifen, mir einen Schlag versetzen wollte, um festzustellen, ob ich blind war oder nicht. Er würde dann ja sehen, ob ich mich ducken würde oder nicht. Ich widerstand der Versuchung jedoch, blieb ziemlich ruhig und sah in seine Richtung, weil ich fürchtete, jedes Anzeichen von Nervosität könnte ihn zum Zuschlagen ermuntern. Er schien ein Stück nach links beiseitezugehen, und als er dann wieder sprach, war es von weiter entfernt. Wieder schrie er in dem gleichen Ton aus wütender Angst und Haß: «Du bist gar nicht blind! Wie bist du denn blind geworden?» Aus noch größerer Entfernung schrie er mir dann ein letztes Mal «Du bist gar nicht blind!» zu, und dann schien er zu verschwinden.

Aus verständlichem Grund zögerte ich ein wenig, meinen Weg fortzusetzen. Was, wenn er zurückgekommen war und nur ein paar Schritte von mir entfernt stand? Ich wartete noch eine kurze Weile, ob er wieder rufen würde. Dann merkte ich, daß auf der gegenüberliegenden Seite der Straße, durch die ich ging, ein Auto geparkt war. Ich hatte den Eindruck, daß der Fahrer während des Vorfalls aus dem Auto ausgestiegen war, aber nicht wieder einstieg. Ich hörte, wie er der zweiten Person, die bei ihm war, zuflüsterte: «Dummer Kerl. Warum redet er so mit ihm?»

Ich begriff, daß er damit meinen Angreifer meinte und nicht mich, und faßte den Mut, «Ist er fort?» hinüberzurufen.

Der Fahrer fragte mich, wohin ich ginge. Ich mißverstand ihn und dachte, er wollte mir anbieten, mich mitzunehmen. «Oh, nicht nötig», sagte ich. «Ich komme schon zurecht, vielen Dank. Ich war nur ein wenig verwirrt, das ist alles.»

«Nein, in welche Richtung gehen Sie?» fragte er wieder.

«Geradeaus, die Bristol Street entlang.»

«Oh, dann haben Sie nichts zu befürchten. Er ist in entgegengesetzter Richtung fortgegangen.»

«Wer war das?» fragte ich.

«Keine Ahnung.»

«Was war mit ihm? War er betrunken oder so etwas?»

«Keine Ahnung, ich konnte nichts sehen.»

Ich dankte dem Fahrer für seine Hilfe und setzte meinen Weg fort.

Vor zwei oder drei Jahren, als ich noch ein klein wenig sehen konnte, bummelte ich eines Abends durch die Geschäfte in der Selly Oak und wollte gerade eine Seitenstraße überqueren, als ein Junge ein paar Schritte hinter mir plötzlich schrie: «Paß auf, Mann, ein Auto! Stop!» Ich blieb mit einem

Ruck stehen und war verwirrt, weil ich nichts hatte kommen hören. Ich machte einen Schritt rückwärts auf den Gehweg, von dem ich gerade herabgetreten war. Eine zweite Stimme sagte: «Es ist nichts, Mann, er macht bloß Spaß. Kannst ruhig rübergehen.» Ich sah mich nicht um und machte keine Geste der Erkenntlichkeit oder des Danks, sondern nahm meinen Weg über die Straße mit, wie ich hoffte, wenigstens einem Anflug von Würde wieder auf. Das waren einfach junge Burschen, die ein bißchen Spaß haben wollten. Der Mann auf dem Campus war da seltsamer. Ein blinder Freund, der sich seinen Lebensunterhalt als Sänger in Einkaufszentren verdient, erzählte mir, daß er oft von Jugendlichen angegriffen wird, die ihn beschuldigen, ein Schwindler zu sein. Diese Erfahrung habe ich noch nie zuvor gemacht.

### *Bin ich arbeitssüchtig?* *17. Juni 1984*

Woher kommt dieses Gefühl innerer Anspannung, wenn ich mehrere Tage lang nicht gearbeitet habe oder nicht in meinem Büro gewesen bin? Es verdichtet sich zu starkem Unbehagen, zu Angst und dann zu Depression. Dieser Zustand wird so beunruhigend, daß es beinahe schmerzhaft ist.

In bestimmtem Umfang liegt es, glaube ich, an der Frustration, die beim Zusammensein mit den Kindern entsteht. In der Situation werde ich mir meines Blindseins am schärfsten bewußt. Ein zweiter Faktor ist vielleicht, daß jeder Blinde in bestimmtem Umfang an informationeller Unterernährung leidet. Mir gehen die Tatsachen aus. Mein Gehirn will etwas Neues kennenlernen.

Schon bei dem einen oder anderen kleinen Anlaß kann ich ganz unvermittelt von solchen Entzugserscheinungen befallen werden. Als wir neulich die Straße vom Parkplatz zum Eingang des Flughafengebäudes überquerten, rief ich aus: «Hat jemand Lizzie an der Hand?» In der Eile, über die Straße zu kommen, antwortete die Familie einfach nicht auf meine Frage. Das war vollkommen richtig, denn in diesem Augenblick ging es nur darum, sicher den Fußweg zu erreichen und keine Erläuterung zu beginnen, wer wen an der Hand hielt. Trotzdem fühlte ich mich plötzlich wie nicht da, dachte, daß meine Fähigkeit, für Lizzie Verantwortung zu tragen, zerstört worden war, daß es keinen Sinn hatte, auf sie achtgeben zu wollen oder mir Gedanken darüber zu machen. Welchen Sinn hat es dann, fragte ich mich, zu fragen, wer bei ihr ist, was sie tut und ob sie in Sicherheit ist? Ich war nichts als ein Klumpen Fleisch, der herumgekarrt wurde.

Andererseits nahm ich vor ein paar Tagen an einer Konferenz in London teil, auf der ich vielen Menschen wiederbegegnete, die ich kannte. Den ganzen Tag lang traf ich alte Freunde, wurde neuen Kollegen vorgestellt, schnappte Neuigkeiten über die verschiedensten Dinge auf und erfuhr von neuen Entwicklungen auf meinem Arbeitsgebiet. Ich hatte kaum Zeit, daran zu denken, daß ich blind war, und der Tag verging schnell.

Zu schaffen macht mir die sich vertiefende Gewißheit über die Unausweichlichkeit des Blindseins. Vielleicht bedrückt mich auch, daß ich vieles nicht beeinflussen kann und daß ich deshalb manchmal so erschöpft bin. Bei geistiger Arbeit schöpfe ich Kraft, zum Teil deshalb, weil ich dann fast gänzlich vergessen kann, daß ich blind bin. Die gesellschaftlichen Anforderungen des öffentlichen Lebens und die persönlichen Anforderungen des Familienlebens schaffen so viele Situationen, in denen ich mir meines Blindseins nicht nur bewußt, sondern schmerzlich bewußt bin. Insgesamt gesehen erlebe ich so etwas jedoch nicht mehr so häufig oder als so schwerwiegend wie noch vor sechs Monaten.

# 5
# WIND UND MEER
## Sommer 1984

*Körperzeit* *19. Juni 1984*

Wenn blinde Menschen in der Zeit leben, dann leben taube Menschen im Raum. Taube Menschen messen die Zeit, indem sie Bewegung sehen. Wenn Taube jedoch in eine Welt hinausblicken, in der keine Bewegung ist, so wie zum Beispiel auf die Sterne, eine verlassene Straße oder eine Berglandschaft, dann ist da eine Qualität der Dauer, der statischen Gleichförmigkeit. Da Blinden diese Eigenschaft des Raums nicht mehr zugänglich ist, ist ihnen das Unveränderliche weniger bewußt. Die Welt der Blinden ist eher flüchtig, Töne kommen und gehen.

Man bedenke, welche Bedeutung Körperzeit für einen Blinden hat. Ein gehörloser Mensch, der nach Hause geht, hat keine Schwierigkeiten damit, den Punkt zu bestimmen, an dem er den öffentlichen Gehweg verläßt und sein eigenes Haus betritt. Eine Anzahl von tagein, tagaus relativ gleichbleibenden Bildern seiner Umgebung umgibt seinen Körper. Wenn ein bestimmtes Bild, die Gestalt seines Hauses oder die Farbe seiner Vordertür, vor ihm erscheint, weiß er, welchen Weg er einschlagen muß. Bei einem Blinden ist dieses Bewußtsein, sich an einem Ort zu befinden, weniger deutlich ausgebildet.

Lassen Sie uns die innere Zeitmessung an einem Beispiel betrachten. Vor kurzem passierte es mir, daß ich mehrere Tage hintereinander ungefähr fünfzehn Meter über meine Haustür hinausgelaufen bin, was ungefähr der Länge eines einzelnen Hauses entspricht. Ich konnte mir nicht erklären, warum ich das tat, aber es passierte mir mehrere Male in einer Woche. Mein Haus steht ungefähr 150 Meter von der Straßenkreuzung entfernt. Wenn ich dieses letzte Stück meines Heimwegs antrete, weiß ich mehr oder weniger genau, wie weit ich noch zu gehen habe. Ich zähle die Schritte nicht, ich weiß einfach, wieviel Arbeit ich noch leisten muß, um anzukommen. In der Regel fahre ich mit dem Stock an der Zaunreihe entlang und bekomme dadurch alle möglichen Anhaltspunkte über meine genaue Position, aber auch wenn mich jemand führt und ich keinen Kontakt mit dem Zaun habe, weiß ich, wie weit es noch ist.

Im Augenblick wird am zweiten Haus nach der Kreuzung das Dach neu gedeckt, und der Fußweg ist durch Stapel von Baumaterial blockiert. Es ist klar, daß sich meine Körperuhr nach dieser Unterbrechung neu eingestellt hatte und ich dann die noch erwartete Strecke gehen konnte. Ich ging ungefähr so viele Meter zu weit, wie Dachziegel auf dem Fußweg gestapelt waren. Für einen Blinden ist das Haus nur aufgrund bereits gemachter Erfahrungen da. Der Raum ist auf den eigenen Körper reduziert, und die Position des Körpers teilt sich nicht durch die Objekte mit, an denen er vorüberging, sondern dadurch, wie lange er in Bewegung war. Die Position wird also durch die Zeit bestimmt.

Nehmen wir ein anderes Beispiel. Eine Seite in einem gedruckten Buch ist eine Fläche im Raum. Wenn man mit den Augen liest, durchquert man diesen Raum, bis er ganz erfaßt ist, und wenn man dann zur nächsten Seite umblättert, betritt man einen anderen Raum und so weiter. Das Gleiche trifft für Bücher in Brailleschrift zu. Auf Band aufgenommene Bücher sind jedoch wie die Sprache selbst ständig in Bewegung und zeitlich meßbar. Man kann sagen, daß die Schwierigkeit für einen Blinden, der nicht die Brailleschrift benutzt, darin besteht, daß er für alles, was ein sehender Autor in einem Raum tut, ein zeitliches Äquivalent finden muß.

Dies bringt uns zu der andersgearteten Wahrnehmung von Menschen durch einen Blinden. Für einen Gehörlosen sind andere Menschen ständig anwesend. Sie sind da, die ganze Zeit, jeden Tag. Für einen Blinden sind andere Menschen erst da, wenn sie sprechen. Es ist mir schon häufig passiert, daß ich noch mit einem sehenden Freund sprach und dann irgendwann entdeckte, daß er gar nicht mehr da war. Er war fortgegangen, ohne mir das mit Worten zu sagen. Er hatte vielleicht genickt oder gelächelt und geglaubt, das Gespräch sei vorüber. Von meinem Standpunkt aus gesehen hat er sich plötzlich in Luft aufgelöst.

Wenn man blind ist, wird man plötzlich von einer Hand gepackt. Eine Stimme spricht einen unvermittelt an. Ohne Vorausahnung oder Vorbereitung. Da gibt es kein Verstecken hinter einer Ecke. Kein Verbergen. Ich *werde* gepackt. Ich *werde* angesprochen. Ich bin handlungsunfähig in der Gegenwart dessen, was auf mich zukommt. Ich kann ihm nicht entgehen. Ein normaler Mensch kann, wenn er durch die Straßen oder über den Marktplatz geht, wählen, mit wem er sprechen will. Die Menschen sind bereits für ihn da; sie sind schon anwesend, bevor er sie anspricht, und er kann entscheiden, ob er aus dieser Anwesenheit eine Beziehung machen will, indem er seinen Bekannten anredet. Für einen Blinden sind die Menschen ständig in Bewegung, sie sind zeitlich, sie kommen, und sie gehen. Sie kommen aus dem Nichts; sie verschwinden. Bei Augustinus steht eine Parabel über die Seele des Menschen. Er sagt, sie ist wie ein Vogel, der in ein großes Gebäude fliegt, dort eine Weile umherflattert und dann einen Ausgang findet und verschwindet. Dieser Gedanke des Besuchtwerdens, durch das Empfangen eines Besuchs beglückt zu werden, scheint mir ganz wesentlich dafür zu sein, wie ein Blinder andere Menschen erlebt.

## *Die Namen* — *3. Juli 1984*

Ich bin gerade von einer Konferenz aus Ontario zurückgekehrt. Ich hatte mir große Mühe gegeben, alle etwa achtzig anwesenden Personen kennenzulernen. Wenn ich jemanden in einer Plenumsdiskussion sprechen hörte und die Stimme nicht erkannte, fragte ich flüsternd den neben mir Sitzenden, wer der Redner war. Ich war überrascht, wie häufig meine Nachbarn mir nicht Auskunft geben konnten. Sie erkannten den Redner, sie wußten, es war die Person, mit der sie über dieses oder jenes gesprochen hatten, aber sie wußten den Namen nicht. Als die Konferenz sich ihrem Ende näherte und ich vermutete, daß die meisten Anwesenden sich inzwischen kennengelernt hatten, hatte sich die Situation nicht geändert. Wenn ich einen Bekannten bat, mich zu jemandem, den er namentlich kannte und der im Raum anwesend war, hinzubringen, stellte ich häufig fest, daß von vielleicht zwanzig Personen in einem Raum ihm die Namen von nicht mehr als zwei oder drei geläufig waren. Ich sprach darüber mit einem Kollegen und sagte, daß es für einen Sehenden doch relativ leicht sei, eine Gruppe von siebzig oder achtzig Menschen kennenzulernen, wohingegen das einem Blinden sehr viel Mühe abverlangte. Mein Kollege erwiderte, daß meine Mutmaßungen darüber, wie Sehende einander kennenlernten, falsch seien. Im allgemeinen lernen sie einander nicht durch die Namen kennen. Zwar spielen die natürlich eine gewisse Rolle, aber das ist eher ein Gebot der Höflichkeit. Sehende lernen einander kennen, indem sie den anderen an seinem Aussehen wiedererkennen. Alles, was ein neuer Bekannter gesagt und getan hat, wird mit der Vorstellung dessen, wie er oder sie aussieht, assoziiert. Das Aussehen, der Blick eines Menschen ist der Kern, um den herum sich alle anderen Merkmale anlegen. Der Name des Menschen ist eine zusätzliche Informationseinheit, aber das Aussehen ist der zentrale Kern, um den sich alles andere gruppiert.

Bei mir hängt das Kennen eines Menschen davon ab, ob ich seinen Namen weiß. Ebenso ist es bei Straßen. Sehende Menschen wissen oft nicht den Namen der Straße, durch die sie täglich gehen. Für einen Blinden ist der Straßenname entscheidend, damit er fragen kann, wo er ist.

Der Name einer Person verrät jedoch wenig darüber, was man von dieser Person zu halten hat. Man kennt ihr Geschlecht und häufig auch ihre Nationalität, und manchmal hat man eine ungefähre Vorstellung, wie alt die Person sein mag. Das Aussehen eines Menschen hingegen ist viel aufschlußreicher.

In Ontario ging ich so vor, daß ich mir die Namen der Leute einzuprägen versuchte. Ich ließ mir die Teilnehmerliste immer wieder vorlesen und konnte einfach darum bitten, zu dem Träger eines bestimmten Namens hingeführt zu werden und so lange weiterfragen, bis ich jemand gefunden hatte, der dazu in der Lage war. So arbeitete ich mich durch die Liste durch, Name für Name bis nach unten. Erst als ich die Stimme hörte und den Händedruck spürte, der von nun an mit diesem Namen verbunden war, konnte ich so etwas wie eine Erwartung ausbilden. Um den Namen herum baute ich die Geschichte der jeweiligen Person. Der Name ist der verbale Haken, an dem diese besondere Geschichte hängt.

Wenn ein Blinder und ein Sehender sich anfreunden, ist der Unterschied zwischen ihnen ein wenig wie der zwischen der Parabel von dem Händler, der, als er eine Perle von großem Wert entdeckte, alles verkaufte, was er besaß, um diese Perle kaufen zu können, und der Parabel von dem Bauern, der sein Feld pflügte und zufällig einen verborgenen Schatz fand. Der Sehende, der eine Vorstellung von der gesuchten Perle besitzt, unternimmt Schritte zur Vertiefung der Freundschaft. Der Blinde stolpert auf dem freien Feld plötzlich über einen Schatz. Ohne Vorahnung, ohne bereits geformte Vorstellungsbilder begegnet er jemandem, tritt in einen Dialog ein und hört eine überraschende neue Geschichte.

Die Einzelpersonen in der ihn umgebenden Menschengruppe sind für ihn nicht in ihrer räumlichen Verteilung, als eine bestimmte Menge von Farbflächen, faßbar, aber sie haben Tiefen. Sie sind wie Stimmen auf Stelzen – eine Gegenwart, die aus einer Vergangenheit emporragt, die sich in der Zeit ausdehnt und nicht im Raum. Als Sehender hat man die Möglichkeit, einen Querschnitt durch das augenblickliche Leben eines anderen Menschen herzustellen. Ein Blinder jedoch muß einen Längsschnitt durch die Zeit herstellen. Dadurch gewinnt er nicht nur einen tieferen Einblick in das Leben eines Menschen, sondern es dauert auch länger, sich diesen zu verschaffen.

## *Lackmuspapier* — *4. Juli 1984*

Einer der schwierigsten Aspekte des Blindseins ist, daß es einen zur Passivität beim Kennenlernen von Menschen verführt. Nicht frei entscheiden zu können, mit wem man sprechen will, den anderen nicht dadurch besser kennenlernen zu können, daß man ihn oder sie bevorzugt anspricht, dieses Problem hat mir seit meiner Erblindung immer Kummer gemacht.

Ich habe Techniken für den Umgang damit entwickelt. Ich hoffe, daß ich durch sie wieder besser in der Lage bin, beim Schließen und Vertiefen von Freundschaften mit anderen Menschen die Initiative zu übernehmen.

Angenommen, ich spreche nach einer Versammlung noch mit jemandem. Wie wechsle ich dann meinen Gesprächspartner? Einer Sehenden stehen da ein paar kleine Tricks zur Verfügung. Sie kann sagen: «Oh, entschuldigen Sie mich einen Augenblick, ich möchte nur mit Soundso ein paar Worte wechseln.» Ein Blinder kann das nicht sagen, weil es für ihn nicht so einfach ist zu wissen, daß Soundso da drüben steht. Ein Sehender kann sagen: «Ich bin gleich wieder da, ich hole mir nur nochmal etwas zu trinken.» Nicht nur ich habe es als schwierig empfunden, ein Gespräch zu unterbrechen, auch mein sehender Freund findet es schwierig, von mir wegzukommen. Er fühlt sich für mich verantwortlich. Er kann nicht einfach weggehen und mich stehenlassen. Es ist eine ausweglose Situation. Wie können wir voneinander wegkommen?

Wenn ich beschlossen habe, daß es an der Zeit ist, das Gespräch mit jemandem zu beenden, bitte ich ihn einfach, sich im Zimmer umzuschauen und mich zu jemand anders zu bringen. Daß ich die Namen der Menschen kenne, mit denen ich sprechen will, ist dabei natürlich sehr wichtig. Ich könnte sagen: «Ich gehe jetzt und rede mit jemand anders. Können Sie sehen, ob Soundso in der Nähe ist?» Das ist nicht sehr geschickt. Mein Freund braucht eine Ewigkeit, um sich nach der anderen Person umzuschauen. Wenn er diese Person nicht kennt, oder wenn sich herausstellt, daß diese Person nicht da ist, stecke ich fest. Ich finde es besser zu sagen: «Können Sie jemanden sehen, den Sie kennen?» Mein Freund antwortet dann gewöhnlich: «Ja, da drüben steht mein alter Freund Soundso.» Ich sage dann: «Würden Sie mich bitte zu ihm bringen und mich ihm vorstellen?» Diese Prozedur wiederhole ich immer wieder. Auf diese Weise gelingt es mir, während einer fünfzehnminütigen Kaffeepause mit einem Dutzend Menschen zu sprechen. Ich lerne auch neue Leute kennen, denn meine Freunde stellen mich den Menschen vor, die *sie* kennen.

Diese Technik funktioniert am besten in einer Situation, in der eine relativ stabile Gruppe von Menschen zusammenkommt, zum Beispiel eine Gesellschaft oder eine Kirchengemeinde. Sie funktioniert auch in einer durch bestimmte Regeln standardisierten sozialen Situation gut, zum Beispiel auf einer Konferenz, auf der die Teilnehmer Namensschilder tragen, oder wenn alle Menschen in einem Gebäude an dem gleichen Ereignis teilnehmen. Sie bringt aber auch verschiedene Probleme mit sich. Sie macht es jemand, der mit mir sprechen will, schwer, in einer von mir geführten Unterhaltung ein Wort einzuwerfen. Da ich offenbar ständig in Gespräche verwickelt bin, entstehen nie die natürlichen sozialen Freiräume, während derer man sich normalerweise einbringen kann. Vielen Menschen fällt es nicht leicht, die direkte Methode anzuwenden: «Entschuldigen Sie, ich möchte jetzt kurz mit John sprechen, wenn Sie nichts dagegen haben.»

Ein interessanter Aspekt dieser Technik ist das Geschick, mit dem Menschen sich in meine Wünsche einfühlen und ihnen dann ohne besonderen Aufwand zur Erfüllung verhelfen können. Hier gibt es gewaltige Unterschiede. Manchmal bringt mich ein Gesprächspartner in eine peinliche Lage, wenn er laut ausruft: «Entschuldige mal, Bill! John Hull hier möchte gerne mit dir sprechen.»

Bill reißt sich dann von dem los, mit dem er gerade redet, kommt zu mir rüber und sagt: «Ja, John, worum geht es denn?» Ich habe Bill aber gar nichts Besonderes mitzuteilen. Ich wollte ihm nur die Hand schütteln und ihn fragen, wie es ihm geht. Die Tatsache, daß diese Technik so erfolgreich ist, verleitet die Leute zu der Annahme, daß es mir einzig und allein darum geht, mit dem namentlich benannten Menschen zu sprechen. Wieder andere Menschen scheinen einen natürlichen Instinkt für angemessene Hilfe zu haben. Sie können nicht nur ein halbes Dutzend Namen herunterrasseln, sondern mich auch unaufdringlich in ein neues Gespräch einschmuggeln. Ich habe wahrscheinlich eine Lackmuspapierprobe entdeckt, ein soziales Testverfahren, das es mir erlaubt, bestimmte Dinge über meine neuen Bekannten schnell und häufig auch zuverlässig in Erfahrung zu bringen.

Es ist gräßlich, Menschen ständig solche Dinge abzufordern. Die Alternative dazu wäre wahrscheinlich aber eine beinahe vollständige gesellschaftliche Marginalisierung und Passivität.

### *In Begleitung gehen* *6. Juli 1984*

Wenn ich zur Arbeit gehe, fragen mich nicht selten Menschen, ob ich Hilfe brauche. Die Wahrheit ist, daß ich auf diesem Weg keine Hilfe benötige. Gewöhnlich sage ich also: «Vielen Dank. Mir geht's ganz gut. Ich komme hier jeden Tag vorbei. Trotzdem vielen Dank für Ihr Angebot.»

Ich bin immer dankbar für diese Angebote, denn mir ist nur zu deutlich bewußt, daß mir auf einem mir nicht vertrauten Weg Hilfe vermutlich ganz willkommen wäre. Der sehende Fußgänger, dem ich begegne, kann ja nicht wissen, ob ich diesen Weg gut kenne oder nicht.

Manchmal ist mir der Mensch, der mir Hilfe anbietet, schon bekannt. Das kann ein Nachbar sein, jemand, der in dem einen oder anderen Bereich der Universität arbeitet, oder jemand, der bei einer früheren Gelegenheit schon einmal mit mir mitgegangen ist. Darauf reagiere ich gewöhnlich, indem ich sage: «Ich brauche keine Hilfe, weil dies einer meiner täglichen Wege ist, aber ich freue mich über Ihre Gesellschaft und würde gern mit Ihnen weitergehen.»

Bei mir passiert nun etwas Merkwürdiges. Sobald ich akzeptiere, von einem Freund begleitet zu werden, verliere ich meine Unabhängigkeit. Das geschieht deshalb, weil ich einen Finger unter den Ellbogen meines Begleiters legen muß, um ihn lokalisieren und auf gleicher Höhe mit ihm bleiben zu können. Nur so rempele ich ihn nicht ständig an. Ich bin wie ein Anhalter unterwegs. Ich werde ins Schlepptau genommen und komme schneller voran als es normalerweise möglich wäre.

Anstatt meinen Stock vor mir her nach links und rechts zu

schwenken, halte ich ihn entweder gerade nach vorn, nur zum Schutz, falls mein Freund vergißt, mir zu sagen, daß da ein Laternenmast ist, oder ich klemme ihn mir unter den Arm. Außerdem müssen wir uns ja unterhalten. Wenn man in Begleitung eines anderen Menschen geht, redet man miteinander. Daraus folgt, daß ich mich nicht, wie es eigentlich erforderlich wäre, ausschließlich auf den Weg konzentriere.

Wenn ich den Weg, den ich am häufigsten benutze, entlanggehe, habe ich vor meinem inneren Auge einen Bildschirm mit einer Landkarte der Gegend, auf dem ich selbst mich wie ein Lichtpunkt fortbewege. Ich schaue immer wieder darauf, um meine Position zu überprüfen. Hier bin ich, befinde mich auf diesem Streckenabschnitt, habe diese Straße überquert, werde gleich jene Straße überqueren, weiß, daß nach der nächsten Ecke eine Ampel kommt. Ich darf nie vergessen, wo ich mich gerade befinde. Das wäre so, als ginge das Licht aus. Ich überprüfe meine Position ständig auf der Landkarte, indem ich mir alle möglichen kleinen, mir geläufigen Besonderheiten vergegenwärtige. An dieser Ecke ist die Bordsteinkante ein wenig höher. Der Fußweg verläuft an dieser Stelle ein wenig stärker gewunden. Der Straßenbelag fühlt sich hier nicht ganz genauso an wie dort. Hier kommt dieses kurze glatte Stück. An bestimmten Stellen meines Wegs muß ich sogar die Schritte zählen, um den Laternenmasten auszuweichen. Alles das verlangt ständige Aufmerksamkeit. Wenn ich auch nur einen Augenblick unaufmerksam bin, verliere ich vielleicht die Orientierung, könnte ich in etwas hineinlaufen, mich auf eine stark befahrene Straße verirren. Auf all das kann ich nicht achten, wenn ich mich gleichzeitig unterhalte.

Das bedeutet, daß ein Sehender meine Begleitung nicht einfach akzeptieren kann. Ohne ein Verschulden seinerseits hat er, wenn er mit mir geht, mich meiner Unabhängigkeit beraubt.

Ohne ein Verschulden meinerseits habe ich wiederum meine Unabhängigkeit um seiner Begleitung willen aufgegeben. Er wird dann für mich verantwortlich. Er wird wie ein Auto, das einen Wohnanhänger zieht. Er muß dafür sorgen, daß das Gefährt, das er zieht, noch da ist, das heißt, daß ich nicht an einem entscheidenden Punkt des Wegs von ihm abgekoppelt werde. Er muß entscheiden, ob genug Platz ist, wenn wir zwischen zwei geparkten Autos hindurchgehen, Platz nicht nur für ihn, sondern für uns beide. Wenn er um den Laternenmast herumgeht, aber nicht dafür sorgt, daß ich ebenfalls um den Laternenmast herumgehe, ist er dafür verantwortlich, wenn ich mit ihm zusammenstoße. Für einen unerfahrenen Führer kann das alles zermürbend sein.

In dieser Situation drängt sich dem Sehenden leicht die Annahme auf, daß die Abhängigkeit, in der er sich nun befindet, mit meinem gewöhnlichen oder typischen Zustand zu tun hat. Ihm ist auf Anhieb klar, daß es nun an ihm ist, mir zu sagen, wo der Bordstein höher und wo der Laternenmast ist. Schon ein wenig schwerer aber fällt es ihm, sich vorzustellen, daß ich, wenn ich allein bin, diese Einzelheiten ganz gut selber herausfinden kann. Er ist daher immer auf dem Sprung, mir zu helfen, anstatt mir einfach nur seine Begleitung anzubieten, weil er mich immer nur als hilflosen Menschen erlebt. Durch das Blindsein entsteht eine seltsame Variante der sattsam bekannten menschlichen Verhaltensmuster von Abhängigkeit und Unabhängigkeit.

## *Treppen und Rolltreppen* — *7. Juli 1984*

Eine Treppe ist für einen Blinden einer der sichersten Orte. Nie bleibt auf einer Treppe ein Stuhl oder ein Eimer stehen oder ein Ziegelstein liegen. Nie klafft zwischen zwei Stufen einer Treppe eine Lücke, und alle Stufen haben die gleiche Höhe. Fast immer gibt es ein Geländer oder zumindest eine Wand, die man berühren kann. Wo die oberste und wo die unterste Stufe ist, kann ein Unsicherheitsfaktor sein, aber mit dem weißen Stock wird dieses Problem vereinfacht.

Das verblüfft die meisten Sehenden, die zu der Annahme neigen, daß Treppen für einen Blinden gefährlich sind. Sehende wissen, daß sie manchmal auf Treppen danebentreten und stürzen, und sie gehen davon aus, daß, wenn ein Sehender schon mal danebentritt, ein Blinder zwangsläufig danebentreten muß.

Wenn ich eine Treppe hinauf- oder hinabgehe, kommt es sehr häufig vor, daß mein sehender Begleiter laut die Stufen zählt, vermutlich mir zuliebe. Seltsamerweise ist das eine der wenigen Situationen, in der diese zusätzliche Information wenig hilft oder nützt. Man kann natürlich unerwartet auf eine abwärts führende Treppe stoßen, und das wäre für einen Blinden ebenso gefährlich wie für einen Sehenden, und darum ist auch das Zugehen auf eine abwärts führende Treppe ein Unsicherheitsfaktor. Ein Blinder muß in diesem Moment zwei Dinge wissen: erstens, daß er auf eine Treppe zugeht, zweitens, daß diese Treppe abwärts führt. Die meisten sehenden Führer teilen einem ersteres zwar mit, sehr viele aber, vielleicht sogar die Mehrheit, vergessen, einem auch das zweite zu sagen. Existenz und Richtung einer Treppe sind wichtig, die Zahl der Stufen dagegen unerheblich. Wenn ich ein ganzes Treppenhaus hinabgehe, das durch Absätze unterteilt ist, ist es hilfreich zu wissen, wenn wir die letzte Treppe absolviert haben, damit ich anschließend vertrauensvoll mit meinem Führer weitergehen kann und nicht erst mit dem Stock nach der ersten Stufe der nächsten Treppenflucht suchen muß. Ähnlich hilfreich ist es, wenn ich beim Zuschreiten auf eine Wendeltreppe weiß, ob sie in Uhrzeigerrichtung oder entgegen des Uhrzeigersinns verläuft. Eine Treppe kann plötzlich in die eine oder andere Richtung abknicken, und am Außenrand der Kurve ist es dann leichter zu gehen, weil dort die Stufen breiter sind. Im allgemeinen ist eine Treppe jedoch eine vorhersehbare Struktur. Das Gleiche trifft für Fahrstühle und Rolltreppen zu.

Was einem Blinden Schwierigkeiten bereitet sind glatte, offene Räume. Es sind genau die Gebiete, die nach Ansicht vieler Sehender das Beste für einen Blinden sind, weil hier nicht die Gefahr besteht, danebenzutreten. Vom Standpunkt eines Blinden aber ist eine flache, offene Landschaft nicht so leicht zu bewältigen, weil es hier keine Orientierungspunkte gibt. Ihr fehlt die Struktur. Sie ist nicht vorhersehbar, denn sie kann in jedem Augenblick enden, und wenn man sich einmal hier befindet, gibt es keinen Anhaltspunkt, durch den man erfährt, wo man ist. Das Problem besteht für einen Blinden nicht darin, daß er über etwas fallen könnte, sondern zu wissen, wo er ist. Aus diesem Grunde finde ich mich auf dem Campus leichter zurecht, denn er ist durch Stufen, kleine Hügel und Täler, niedrige Mauern und zahlreiche Veränderungen der Bodenbeschaffenheit gegliedert, und ich kann mir den Weg in Abschnitte unterteilen. Aus der Struktur wird eine Abfolge, wenn ich mich in ihr bewege.

Ich gebe ein anderes Beispiel für eine unvorhersehbare Struktur. Manchmal stoße ich beim Gehen über einen Vorhof auf Hindernisse, wenn dort Autos in unterschiedlichen Winkeln zueinander geparkt sind. Gefährlich daran ist nicht, daß ich in ein Auto hineinlaufen könnte, sondern daß ich vielleicht die Orientierung verliere. Blinde stoßen sich manchmal an Türkanten oder an Hindernissen, die in Kopfhöhe hervorstehen, aber es ist sehr selten, daß ein Blinder gegen eine Mauer oder ein geparktes Auto läuft. Mit dem weißen Stock erfährt man rechtzeitig, daß da ein so großer Gegenstand steht. Den Weg in der ursprünglich eingeschlagenen Richtung fortzusetzen wird aber problematisch, wenn man um drei Seiten eines Fahrzeugs herumgehen mußte. Wenn man beim nächsten Schritt ein zweites geparktes Auto entdeckt, daß in anderer Richtung abgestellt wurde, und noch ein drittes, ist es beinahe unmöglich, wieder auf den ursprünglichen Weg zurückzufinden. Man muß dann versuchen, im Geiste eine Karte zu speichern, auf der alle diese unterschiedlichen Richtungen eingetragen sind, und sie mit der ursprünglichen Richtung zu vergleichen. Das nenne ich eine unvorhersehbare Struktur.

## *Mit Kassetten arbeiten* — *8. Juli 1984*

Mit Kassetten wissenschaftlich zu arbeiten bedeutet, daß der Unterschied zwischen dem gesprochenen Wort und der gedruckten Seite aufgehoben wird. Das Lesen eines Buchs wird das Gleiche wie das Hören einer Vorlesung. Es ist nicht ganz dasselbe, denn wenn ich die Rückspultaste drücke, kann ich den Lesenden dazu bringen, das Gesagte immer wieder zu wiederholen. Die Aufzeichnung sorgt außerdem dafür, daß Verstehensschwierigkeiten ausgeräumt werden können und daß ich mir das tatsächlich Gesagte von unterschiedlichen Gesichtspunkten aus immer wieder anhören kann.

Die Aufgabe, die Kerngedanken aus einer gehörten Vorlesung oder Rede zusammenzufassen, wird jedoch davon nicht berührt, ob der Redner persönlich auf dem Podium anwesend ist oder ob ich eine Aufzeichnung höre. Wenn man den gedruckten Text vor sich liegen hat, während jemand spricht, tendiert man dazu, den gedruckten Text mitzulesen, aber wenn man nur den gesprochenen Text hat, muß man sich ganz auf das Gesagte konzentrieren.

Wenn es mir insgesamt zunehmend besser gelingt, die Kerngedanken von Vorlesungen und Ansprachen zusammenzufassen und zu bewerten, dann liegt das sicher nur daran, daß ich mich auf diesem Gebiet ständig übe, wenn ich mir Bücher anhöre.

## *Ein Kind werden* — *9. Juli 1984*

Ich ging durch die Navigation Street in der Innenstadt. Jemand bot mir ein Päckchen Pfefferminzbonbons an. «Danke», sagte ich munter und nahm die Süßigkeiten mit einem freundlichen Lächeln an.

«Schon gut», sagte mein Wohltäter. «Ich hatte sowieso gerade beschlossen, sie dem nächsten Kind, das ich sehen würde, zu schenken.»

Bei einem offiziellen Essen war der Hauptgang Poularde. Ich bat die neben mir sitzende Person, der Kellnerin zu winken und das Küchenpersonal zu bitten, das Huhn für mich vom Knochen zu lösen; das ist bei derartigen Anlässen der am wenigsten peinliche Ausweg. Die neben mir sitzende Dame meinte, das wäre nicht notwendig; sie selbst würde das Huhn für mich zerteilen. Das tat sie dann auch sehr gut und geschickt und reichte mir den Teller mit der Bemerkung zurück: «Erst vorgestern habe ich für ein behindertes Kind das Fleisch zerschnitten.»

Ich übernachtete im Haus eines Freunds, das ich noch nicht kannte und in dem es in der Nacht eine Überschwemmung in der Toilette gab. Der Badezimmerteppich war völlig durchnäßt. Ich erfuhr erst am frühen Morgen davon, als ich ins Badezimmer gehen wollte. Mein Freund wachte sofort auf und rief: «John, geh nicht ins Bad. Dort ist ein Unglück passiert.»

Ich kam zurück, und er erläuterte mir das Problem. Nachdenklich saß ich auf der Bettkante und sagte zu ihm: «Sag mal, du hast doch bestimmt die ganze Nacht nicht richtig geschlafen und nur aufgepaßt, ob ich aufstehe und ins Badezimmer gehe, damit du mich noch rechtzeitig aufhalten kannst. Du wolltest mich nicht früher aufwecken und es mir sagen. Dir war klar, ich würde mich schmutzig machen, wenn ich ungewarnt hineinginge.»

Mein guter alter Freund lachte bei diesen Worten. «Na ja», sagte er, «das stimmt mehr oder wenig. Ich bin zwar nicht wachgeblieben, sondern habe geschlafen, aber ich habe mich darauf programmiert, in dem Moment aufzuwachen, wo ich dich aufstehen hören würde.» Und er fügte nachdenklich, aber mit leisem Lachen hinzu: «Es ist, als hätte ich wieder ein Kind.»

Wenn ich zusammen mit meiner elfjährigen Tochter mit der Eisenbahn fuhr, bekamen wir nie heraus, wem welche Fahrkarte gehörte. Auf ihrer Fahrkarte, die in Verbindung mit dem Familienpaß galt, stand der Aufdruck «Normaltarif». Auf meiner mit Behindertenermäßigung gekaufter Fahrkarte war «Kind» aufgedruckt.

Neulich sprach ich mit Clive Inman, meinem Medizinerfreund, der erst kürzlich von einem schweren Autounfall genesen ist und nun im Rollstuhl sitzt. Er berichtet mir, daß Leute, wenn sie ihn in seinem Rollstuhl sehen, meist mit sanfter, langsamer und mitfühlender Stimme mit ihm sprechen. Es ist eine freundliche, gönnerhafte Stimme, so wie Erwachsene auch mit Kindern sprechen. In der Stimme klingt auch Unsicherheit mit, die Leute wissen nicht recht, wie sie sich einem Erwachsenen gegenüber verhalten sollen, der «in seine Schranken verwiesen» ist.

Ein behinderter erwachsener Mann verliert einen Teil seiner Männlichkeit, einen Teil seines Erwachsenseins und einen Teil seiner Menschlichkeit. Ich weiß, Jesus hat uns gesagt, daß wir bereuen und wie die Kinder werden sollen, aber auf diese Art will ich es nicht. Ich mag es nicht, daß ich meines Erwachsenseins auf diese Art beraubt werde.

## *Die Macht der Machtlosen* *10. Juli 1984*

Während es auf der einen Seite so leicht ist, an den Rand gedrängt zu werden, ist es auf der anderen Seite auch ganz leicht, zu dominieren. Ein Blinder ist sich seiner Dominanz manchmal vielleicht gar nicht bewußt. Er merkt vielleicht nicht, daß sich alles um ihn dreht, daß alle um ihn herum tunlichst nur darum bemüht sind, ihm alle Hindernisse aus dem Weg zu räumen: Vorbereitungen werden für ihn und Absprachen werden über ihn getroffen, Gespräche zur Vorbereitung auf seine Ankunft werden geführt. Manchmal wird ein Blinder merken, daß er im Mittelpunkt einer Aufmerksamkeit steht, die er gar nicht will. Er ist ein Gegenstand der Neugier. Wenn er den Raum betritt, sind alle Blicke auf ihn gerichtet.

Es ist so schwierig, einen Mittelweg zu finden, der zwischen Nichtbeachtung und Zentrum-der-Aufmerksamkeit-Sein liegt. Es ist so schwierig, ein normaler Mensch zu sein, wenn man kein normaler Mensch ist. Es ist auch schwierig, die Situation zu vermeiden, die immer dann entsteht, wenn man gerade aufgrund der eigenen Machtlosigkeit eine bestimmte Macht über andere ausübt. Ein Behinderter tendiert dazu, andere Menschen machtlos zu machen. Er bringt sie durcheinander, versetzt sie in Verwirrung, überzieht sie mit Unsicherheit und Beschämung, vermittelt ihnen das Gefühl, linkisch und herzlos zu sein, läßt sie erleben, daß sie nicht wissen, was sie tun sollen oder daß sie damit nicht gut umgehen können. Alle diese Empfindungen kann die behinderte Person der normalen aufdrängen.

Sich über den angemessenen Gebrauch dieser Macht Rechenschaft abzulegen ist ein wichtiger Teil dessen, was ein Behinderter lernen muß.

An einer bestimmten Stelle meines Wegs kommt immer eine Windbö. Als ich heute morgen die Stufen von der Unterführung heraufkam und um die Ecke bog, wehte der Wind mich an wie ein Stoß. Es war eine schöne, warme, würzige Brise, nicht heiß wie der australische Nordwind, sondern ein voller, tiefer Wohlgeruch, ein bewegender, duftender Wind. Es war ein wechselhafter Wind, der den Anbruch eines schwülheißen Tags ankündigte. Ich stand eine Zeitlang da und ließ ihn mir übers Gesicht und über die Kleider streichen. Ich drehte den Kopf hierhin und dorthin, um die verschiedenen Luftströme auszukosten. Ich lehnte mich in den Wind hinein und aus ihm heraus und atmete ihn ein. Es war herrlich.

Kann der Wind Sehenden ebensoviel bedeuten? Da er unsichtbar ist, sind sie Blinden gegenüber hier nicht im Vorteil. Natürlich kann ein Blinder nicht sehen, wie die Welt vom Wind in Bewegung versetzt wird, wie die Wolken ziehen und die Bäume schwanken. Andererseits hat der Wind für einen Blinden eine ganz eigene Schönheit. Ein Sehender, für den die Welt hauptsächlich aus Bildern besteht, achtet höchstens zufällig auf ein unsichtbares Phänomen wie den Wind. Er ist eins der vielen Dinge, die er im Vorübergehen wahrnimmt. Meist machen ihn erst Bilder wie der Anblick von Wäsche, die sich auf einer Leine bläht, darauf aufmerksam, daß es ein windiger Tag ist. Der Wind selbst, so wie er vom Körper gespürt wird, ist nur eine der Möglichkeiten, durch die Sehende einen windigen Tag erleben.

Ein Blinder erlebt einen windigen Tag aus erster Hand. Für den Blinden hat der Wind nicht die Qualität des Rätselhaften, die er für den Sehenden hat. Im Vierten Evangelium gibt es eine Stelle, an der es über den Wind heißt: «Du weißt nicht, woher er kommt und wohin er fährt.» Ich glaube, das ist die Äußerung eines Sehenden, denn Sehende sind es gewohnt zu sehen, woher die Dinge kommen und wohin die Dinge gehen. Sehende orientieren sich innerhalb großer Räume. Wenn ein Sehender wissen will, aus welcher Richtung der Wind weht, dann schaut er zu den Fähnchen oberhalb des Pavillons.

Blinde gewöhnen sich daran, nicht zu wissen, woher die Dinge kommen und wohin die Dinge gehen. Die Dinge rauschen vorbei: Man befindet sich inmitten eines tumultartigen Geschehens, man erwartet nicht, Ursprünge und Ankunftsorte zu sehen. Die Unsichtbarkeit des Winds macht ihn nicht geheimnisvoll für einen Blinden, für den es Unsichtbarkeit nicht gibt. Ein Blinder erlebt den Wind, wenn er ihn auf dem Körper spürt und wenn er ihn in den Bäumen singen hört. Er weiß ganz genau, woher er kommt: Der Wind kommt aus der Richtung, in die ich mich gestellt habe, in die mein Gesicht zeigt.

Manchmal erlebt ein Blinder einen Wind, der noch viel aufregender ist, weil er ihn schon aus weiter Entfernung kommen spürt. Ich höre von fern, wie sich auf der anderen Seite des Parks die Bäume hin und her werfen; er kommt wie eine Woge, die über einen Strand hinwegrollt. Jetzt trifft er wie eine Bö, wie ein Stoß, wie eine Faust auf meinen Körper auf. Das ist sehr aufregend, weil man es schon vorausahnt und weil man das wunderbare Gefühl hat, daß man mit dem Körper weiß, was vorgeht.

In welchem Sinne ist der Wind für einen Blinden ein Symbol des Heiligen Geists?

## *Mit den Fingern sehen* — *12. Juli 1984*

Wenn ich eine Tasse Tee von diesem Zimmer ins nächste tragen muß, dann kann ich das. Wenn man mir ein gefülltes Glas in die andere Hand gibt, dann kann ich es nicht. Wenn man mir ein gefülltes Glas in die andere Hand gibt, dann ist das, als verbände man mir die Augen. Einem Blinden, der in jeder Hand ein gefülltes Glas hat, geht es wie einem Sehenden mit verbundenen Augen und einem gefüllten Glas in jeder Hand. Einem Blinden, der in einer Hand ein gefülltes Glas hat, geht es ungefähr so (vielleicht bewegt er sich ein wenig langsamer und ein wenig unbeholfener) wie einem Sehenden, dem die Augen nicht verbunden sind und der in beiden Händen gefüllte Gläser hat. Der Entzug der Möglichkeit, die zweite Hand zu benutzen, entspricht dem Augenverbinden. Dagegen könnte man einwenden, daß ein Blinder doch sicherlich ständig das Gefühl hat, sozusagen mit verbundenen Augen herumzulaufen. Das wäre jedoch ein Irrtum. Solange ein Blinder eine Hand frei hat, sieht er mit dieser Hand. Es passiert ihm nicht, daß er nicht weiß, wohin er gehen muß oder wo er ist, solange er sich mit der freien Hand selbst führen kann. Er *fühlt* sich nicht blind, aber mit einem gefüllten Glas in jeder Hand ist es beinahe unmöglich, nicht irgendwo anzustoßen und ein paar Tropfen zu verschütten. Er kann das nur tun, wenn er rückwärts geht, mit dem Rücken oder den Ellbogen an den Wänden entlangfährt und so die gefüllten Gläser schützt. Für Sehende sieht das lächerlich aus.

Einer blinden Person fällt es schwer, Tassen und Teller auf einem Tablett von einem Zimmer ins andere oder einen Stuhl oder irgend etwas zu tragen, wenn sie dabei beide Hände benutzen muß. Wenn ein Erblindeter vergißt, wie es war, als er noch sehen konnte, oder wenn man einem Blinden erklären wollte, wie es für einen Sehenden ist, wenn er blind wird, wäre es unsinnig, dem bereits Blinden zur Demonstration die Augen zu verbinden. Man braucht ihm nur volle Wassergläser in beide Hände zu geben und ihn zu bitten, sie ins Wohnzimmer zu bringen. Er wird dann an Gegenstände anstoßen, mit einem oder beiden Gläsern an Kanten anrempeln und den Inhalt verschütten und genau wissen, wie es einem Sehenden geht, dem die Augen verbunden sind.

Andersherum betrachtet kann ein Sehender sich dadurch, daß er sich die Augen verbinden läßt, immer eine Vorstellung davon verschaffen, was es heißt, blind zu sein. Diese Vorstellung kann unzureichend sein, wenn man nicht die zusätzliche Augenbinde hinzufügt, also ihm zwei Gläser Wasser reicht und ihn dadurch der Möglichkeit beraubt, sich mit den Händen zu orientieren. Mit anderen Worten, wenn man Einsicht in die Steuerungsprobleme eines anderen Wahrnehmungsmodus erlangen will, genügt es nicht, nur die unmittelbar betroffene Fähigkeit (in unserem Falle das Sehen) zu unterbinden. Man muß ein tieferes Erleben der Verästelungen dieses Modus ermöglichen, indem man einen zweiten Sinn (das Tasten) unterbindet und dadurch zeigt, wie das Wesen dieses zweiten Sinnesorgans und seine Zweckmäßigkeit innerhalb des Systems als Ganzem eine Veränderung erfährt. Das Tasten ist für einen Sehenden nicht das gleiche wie für einen Blinden. Das Sehen zu unterbinden, das Tasten jedoch unangetastet zu lassen, erweckt einen falschen Eindruck, denn das Tasten ist sofort mitbetroffen, wenn das Sehen unterbunden wird. Mit anderen Worten, ein Blinder sieht mit den Fingern.

## *Die Sehenden trainieren* — *12. Juli 1984*

Viele Menschen, mit denen ich zusammenkomme, haben zuvor noch nie einen Blinden kennengelernt. Sie wissen nicht recht, was sie tun oder wie sie sich mir gegenüber verhalten sollen. Ich versuche, Situationen zu schaffen, in denen sich Sehende wohl fühlen, aber das ist nicht immer leicht und gelingt mir auch nicht jedesmal. Ein Grund für dieses Scheitern ist, glaube ich, die Tatsache, daß eine Beziehung zwischen einer blinden und einer sehenden Person nicht auf Gleichheit beruht. Angenommen, ich stehe in einer Bar und spreche mit Leuten. Angenommen, ich habe meine Gesprächspartner viele Male mit der Technik, die ich in «Lackmuspapier» beschrieb, gewechselt. Angenommen, daß ich mich nun setzen möchte. Da stellen sich mir gleich mehrere Probleme. Sind in dem Raum überhaupt Stühle frei? Wie mache ich einen ausfindig?

In dieser Bar habe ich mit jemandem gesprochen. Es war während einer hier bei uns stattfindenden Konferenz. Sie sagte, daß wir nichts zu trinken hätten. Ich schlug vor, sie solle zur Bar gehen und für uns beide etwas holen. Ich sagte noch, daß ich mich setzen und auf sie warten würde. «Gut», antwortete sie. «Wo möchten Sie sitzen?» Ich sagte: «Warum bringen Sie mich nicht zu einem Stuhl und legen meine Hand auf die Lehne?» Sie nahm meine Hand und legte sie auf die Stuhllehne, und dann ging sie zur Bar. Ich stellte fest, daß ich hinter einer Theke stand, aber als ich mit der Hand an der

Stuhllehne und an den Seiten entlang nach unten fuhr, um festzustellen, ob der Stuhl Armlehnen hatte oder nicht, merkte ich, daß meine Finger über einen Frauenhals glitten. Der Stuhl war bereits besetzt. Die Frau bekam einen ziemlichen Schrecken, als ein fremder Mann ihr den Hals und die Schultern befühlte. Allgemeine Bestürzung, viel Lachen und viele Entschuldigungen meinerseits. Warum, so fragte ich mich, hatte meine erste Freundin denn meine Hand nicht auf die Lehne eines freien Stuhls gelegt? Hatte ich ihr nicht klarmachen können, daß ich mich setzen wollte? Vielleicht dachte meine Freundin, daß ich mit der Hand auf einer Stuhllehne dastehen und auf sie warten wollte.

Als meine Freundin mit den Getränken von der Bar zurückkam, entschuldigte sie sich, sie hatte den Vorfall gesehen. Wir lachten und gingen auf freie Stühle zu. Ich sagte: «Wenn ich darf, würde ich gern einen Finger unter Ihren Ellbogen legen.» Das ließ sie nicht zu. Stattdessen streckte sie selbst die rechte Hand herüber und ergriff meine Rechte, zog meinen Oberarm unter ihren linken Arm und drückte dann den Arm fest an ihren Körper, wobei sie mich immer noch an der Hand hielt. Sie war jemand, der entschlossen war, keinen weiteren Fehler zu begehen. Dieses Mal würde es keine Zweideutigkeit geben.

Als wir durch die gutbesuchte Bar gingen, sagte ich fröhlich zu ihr: «Wissen Sie, ich muß Menschen so trainieren, wie man Blindenhunde trainiert. Ich habe eine spezielle Technik, mit der Leute mich auf einen Stuhl setzen können. Würden Sie mir erlauben, daß ich sie Ihnen beibringe?» Lachend willigte sie ein. «Also gut», sagte ich. «Wir machen es folgendermaßen. Wenn wir zu dem Stuhl kommen, nehmen Sie eine meiner Hände, strecken sie nach vorn und legen sie auf die Stuhllehne.»

Als wir zu dem Stuhl kamen, konnte sie das nicht tun. Vielleicht stand der Barstuhl schief oder irgend etwas. Ich schlug vor, daß sie ihre Hand auf die Stuhllehne legen sollte. Völlig verwundert tat sie das. Ich fuhr einfach mit den Fingern an ihrem Arm hinab und stellte fest, wo sich die Stuhllehne befand. Sofort hatte ich mich orientiert. Weitere Hilfe benötigte ich nicht. Ich wußte genau, wo der Stuhl stand und konnte mich nun sicher und in Würde setzen, wann immer ich Lust dazu verspürte. Meine Begleiterin wollte mich jedoch nicht loslassen. «Danke», sagte ich fröhlich. «Das war sehr gut. Sie können nun loslassen, und ich werde mich setzen.» Sie war entschlossen, mich persönlich in den Stuhl zu verfrachten und hielt mich, vor mir stehend, an beiden Ellbogen fest. Nach ein paar weiteren Versuchen hatte ich sie zum Loslassen überredet und setzte mich. Bei einem ähnlichen Vorfall, der sich am darauffolgenden Tag ereignete, war es ganz anders. Ich war in Begleitung einer anderen Freundin, die «Setzen wir uns» sagte. Mit einer raschen, natürlichen und ungekünstelten Bewegung nahm sie meine Hand, legte sie leicht auf die Lehne eines in unserer Nähe befindlichen Stuhls und setzte sich ohne weitere Bemerkung auf den danebenstehenden Stuhl. Ich war so beeindruckt von der Geschwindigkeit und der graziösen Leichtigkeit dieser Geste, daß ich sie fragte, ob sie den Umgang mit Blinden gewöhnt sei. «Ich hab noch nie in meinem Leben einen Blinden kennengelernt», sagte sie, «aber ich begreife schnell.» Als ich sie näher kennenlernte, erwies sich diese Frau als eine Person mit außergewöhnlicher Sensibilität und Scharfblick.

Ja, ich gewinne die Überzeugung, daß ich wirklich eine Art Lackmustest habe. Welches Maß an Freiheit wird diese neue Person mir zugestehen wollen? Wird es diesem Sehenden gelingen, mir so viel Unabhängigkeit und Würde zu bewahren wie nur möglich? Wird mich diese Person in Besitz nehmen, kontrollieren wollen, wird sie dafür sorgen, daß ich mich noch behinderter fühle als ich ohnehin bin, indem sie mich nicht die geringste Sache selber tun läßt? Und wie kann ich es wiederum dem Sehenden leichter machen? Meine Politik fröhlich gegebener einfacher Anweisungen funktioniert bei manchen Menschen, bei anderen aber nicht.

### *Nimmt er Zucker?* — *16. Juli 1984*

In der Kirche kam einer der Kirchendiener auf Marilyn zu, als sie neben mir stand, und sagte zu ihr: «Marilyn, hat John den Wunsch, nach vorn zum Altargitter zu gehen?» Marilyn antwortete ihm nicht, darum sprach ich ihn an und sagte mit einem Lächeln: «Ja, haben Sie vielen Dank, ich werde nach vorn gehen.» Es gab ein leises Geräusch der Überraschung, aus dem ich schloß, daß der freundliche Mann ein wenig aufgeregt war, weil ich gehört hatte, was er sagte. Ich versicherte ihm, daß das schon in Ordnung sei und daß ich in Marilyns Begleitung nach vorn gehen würde, wie ich es normalerweise immer tat. Ich dankte ihm für seine Besorgnis. Ich glaube, er nahm an, ich sei taub. Warum konnte er mich denn nicht am Ellbogen antippen und fragen, ob ich nach vorn gehen wollte und dabei Hilfe benötigte? Eine solche aufmerksame Geste würde ich dankbar anerkennen. Aber *über* mich zu sprechen, in der dritten Person und zu jemand anderem, ist eine andere Sache.

Eine derartige Situation entsteht oft, wenn ich mit einer Gruppe anderer Menschen in ein Auto einsteige. «Setzt du John nach hinten neben dich?» «Nein, ich setz ihn nach vorn neben dich.» «Also gut, dann setz ihn rein.» An diesem Punkt meldete ich mich zu Wort und rief, alle übertönend, laut: «John wird nirgendwohin *gesetzt,* habt vielen Dank! John wird gefragt, ob er lieber hier oder da sitzt.» Darauf brachen alle meine Freunde in schallendes Gelächter aus und überschlugen sich mit Entschuldigungen und Verwirrung. Bei einer ähnlichen Situation rief ich kürzlich aus: «He, ihr Burschen, redet nicht über mich, als wäre ich gar nicht da.» Auch dafür erntete ich Lachsalven und eine Mischung aus Entschuldigungen, Zustimmung und Komplimenten.

Für intelligente und sensible Menschen ist es natürlich sehr beschämend, wenn sie dabei ertappt werden, daß sie einem Behinderten gegenüber die «Nimmt-er-Zucker?»-Methode anwenden. Alle diese Menschen sind sensibel und spüren genau, wie demütigend diese Art des Umgangs ist. Es stellt sich also die Frage, warum tun sie das?

Es ist so leicht, einen Blinden an den Rand zu drängen, in bestimmten Situationen ist es nahezu unvermeidlich.

Verschiedene Begleitumstände dieses Besuchs hatten mich beunruhigt. Ich hatte mich vor dem Gefühl des Verlusts gefürchtet, das sich noch einmal einstellen würde, wenn ich an einem Ort sein würde, mit dem sich für mich so viele visuelle Erinnerungen verknüpfen. Der Bahnhof Flinders Street und die Princes Bridge, St. Paul's Cathedral und der berühmte Blick über die Stadt und den Yarra, den man vom Botanischen Garten hat, das alles sind Bilder, die sich meinem Gedächtnis tief eingegraben haben. Den Blick durch die Collins Street auf die Gebäude des Viktorianischen Parlaments und das Panorama an der St. Kilda Road mit dem Schrein des Gedenkens, der zwischen den Grünflächen und Bäumen deutlich durchscheint, habe ich immer geliebt.

In Birmingham habe ich Zeit gehabt, mich auf das allmähliche Verschwinden geliebter Gebäude einzustellen und meine Erinnerungen Stück für Stück zu aktualisieren, wenn mir Menschen von Abriß hier und Wiederaufbau da berichteten. Als Blinder plötzlich in eine Welt voller Erinnerungsbilder zurückversetzt zu werden machte mich ganz unglücklich. Besonders bestürzte mich der Gedanke, daß ich den Anblick der Küstenlinie nicht würde genießen können. Die Port Phillip Bay mit den plätschernden Wellen und den Myriaden von Yachten hatte ich immer geliebt, am meisten aber hatte mich immer die Küste im Südwesten von Victoria aufgewühlt. Hier führt die Great Ocean Road, die durch die Klippen hindurchgetrieben worden ist, durch eine spektakuläre Landschaft nach unten an den Port Campbell, in dessen Umkreis die gewaltigen Wellen seltsame Formen aus den Klippen ausgewaschen haben. Die Wildheit und majestätische Schönheit dieser Landschaft übte auf mich immer einen besonderen Zauber aus. Obwohl ich nie ein großer Freund des Lebens im Freien als solchem gewesen war und nicht behaupten kann, im Buschwandern erfahren zu sein, hatten mich die endlosen Rücken blaugrauer Berge und die ein wenig unheimliche Schönheit der aufragenden Granitfelsen immer tief bewegt. Die Grampian Mountains waren für uns Kinder immer ein Lieblingsferienort gewesen, weil meine

Mutter als Kind in der nahegelegenen Stadt Stawell aufgewachsen war. Als ich im Frühjahr 1980 dort war, waren wegen des schlechten Zustands meiner Augen und des steinigen, unebenen Bodens viele der Orte, an die ich mich am deutlichsten erinnerte, für mich bereits unerreichbar geworden. Die Wonderland Range mit dem Grand Canyon und Felsen, die Namen wie Nerve Test, The Whale, The Fallen Giant und Elephant's Hide tragen, verblaßten bereits. Nun würden sie völlig verschwunden sein.

Sehr besorgt war ich wegen der Menschen, die ich wiedersehen sollte. Ich wußte, daß ich Menschen, die ich kannte und so sehr liebte, unweigerlich Schmerz zufügen würde, wenn sie mich als Blinden wiedersahen. Mich bekümmerte und ängstigte der Gedanke, daß ich sie durch Klänge und Berührungen ein zweites Mal kennenlernen mußte, so wie es auch in England bei den Menschen war, die ich nicht zum ersten Mal traf. Nun waren alle meine bildhaften Erinnerungen an diese geliebten Gesichter im besten Falle irrelevant und verhinderten im schlimmsten Falle, daß ich eine echte und neue Beziehung mit ihnen eingehen konnte.

Ich war aufgeregt bei dem Gedanken, so viele Wochen lang ohne meine Routine auskommen zu müssen. Ich würde den Weg um so viele neue Häuser und Gebäude herum lernen, mich mit neuen Haushaltsgeräten vertraut machen und mir die Namen so vieler neuer Menschen einprägen müssen. Ich hatte Angst, daß ich in dieser Situation noch stärker marginalisiert, noch weit passiver sein würde, als ich es jetzt sowieso schon bin.

Ich muß gestehen, daß sich alle diese Befürchtungen erfüllt haben. Drei oder vier Tage später stellte sich ein hartnäckiges Asthma ein, das sich erst nach zehn oder zwölf Tagen wieder legte. Ich habe tief gelitten, ja sogar Schmerz gespürt. Ein Auslöser dafür ist meine Wahrnehmung, wie Menschen, die mich lieben, versuchen, mit mir zu kommunizieren. Sie müssen sich wieder an mich gewöhnen, an mich, wie ich jetzt bin. Im Naturschutzgebiet saß meine Mutter neben mir, während die Kinder ein kleines Känguruh mit einer Milchflasche fütterten. Sie strich mir leicht über die Hand und sagte: «Ich muß dich berühren, denn ich habe das Gefühl, daß ich dir jetzt nur so wirklich nahekommen kann.» Ich sehnte mich danach, die mir lieben Menschen unmittelbarer wiedererkennen zu können und nicht langsam und Tag für Tag Eindrücke, Geschichten und Stimmen ineinander verweben zu müssen, wie es das Blindsein offenbar erzwingt.

In Gegenwart der Menschen, von denen ich so lange getrennt war, will ich mehr als das. Ich will in der unmittelbaren Gegenwart sein, die gleiche Person wiederhaben. Ich möchte, daß der Mensch, den ich liebe, mich in der Gestalt anspricht, die ich von ihm oder ihr in Erinnerung habe. Das nicht erleben zu können, verursacht nicht nur Frustration, sondern Kummer.

Die Stadt, das Meer und das Land nicht mehr sehen zu können, das ertrage ich. Wie ich trotzdem Anteil nehmen kann, wird jedoch zum Problem. Es ist so schwierig, immer interessiert und begeistert zu bleiben, wenn Menschen mir etwas zeigen und mich an den schönen Blick erinnern, den man von einer bestimmten Stelle hat. Ich spüre, daß sie selbst unsicher sind, wie sie mir helfen können, ihre Freude zu teilen, wie sie Dinge anschaulich machen und mir ihren Stolz über die neuesten Entwicklungen vermitteln können, wie sie mich in diese Welt ziehen können, die sie so sehr lieben.

Ich habe immer noch Schwierigkeiten damit, auf meine Rolle als Vater, als dem Geselligen, der anderen immer ein Gefühl des Zuhauseseins vermittelt, verzichten zu müssen. Wie kann ich noch darauf vertrauen, als gute Gesellschaft zu gelten? Wie lange kann ich noch die Initiative bei Anekdoten und Scherzen ergreifen? Wie steht es um meine Rolle als Führer und Ratgeber meiner eigenen Kinder? Die Schwierigkeit, ihnen diesen Landstrich zu zeigen, ist mir überdeutlich bewußt. Wenn wir herumfahren, möchte ich sagen: «Schau mal! Da haben wir das und das gemacht. Das ist die Stelle, an der es war. Weiter hinten in dieser Straße habe ich mal gewohnt. Da! Da kannst du ein Stückchen meiner alten Schule sehen.» Sogar auf die seltsamen Tiere kann ich die Kinder erst aufmerksam machen, wenn man mir beschrieben hat, wie sie aussehen.

Ich habe mich selbst mit der Erwartung angetrieben, daß ich alle diese Dinge leisten würde und sollte. In den ersten zehn oder zwölf Tagen habe ich gekämpft, meine Gefühle unter Kontrolle zu bringen und befand mich nahezu ständig am Rande der Erschöpfung und der Panik. Die Abwehrmechanismen, die ich aufgebaut hatte, waren bedroht.

Inmitten von alledem hatte ich einen merkwürdig beeindruckenden Traum. Ich fuhr nach Cambridge, um mich für die Prüfung als Master of Theology einzuschreiben. Ich sollte mich am Gonville and Gaius College immatrikulieren. Plötzlich wurde ich aufgefordert, die schriftliche Abschlußprüfung abzulegen, so wie alle anderen Kandidaten, die jedoch den Kurs das ganze Jahr hindurch absolviert hatten. Ich kämpfte mit den Prüfungsfragen und wußte, daß ich beträchtlich im Rückstand war. Nach der Prüfung wurde mir eine Rechnung für die in dem Jahr entstandenen Studiengebühren präsentiert, die ich bezahlen müßte, wenn ich den Kurs erfolgreich abschlösse. Diese Rechnung wurde mir von Reverend Jack Newport überreicht (der von 1959 bis 1962, als ich in Cambridge war, tatsächlich mein Lehrer gewesen war). Sie belief sich auf 2600 Pfund, und mit einem Schock fiel mir ein, daß ich mich bei keinem Fonds um ein Stipendium beworben hatte. Ich mußte unverzüglich handeln und den Collegebehörden klar machen, daß meine Prüfungsarbeit nicht in dem gleichen Licht gesehen werden durfte wie die der anderen Kandidaten, denn es hatte da ein schreckliches Mißverständnis gegeben. Ich hätte diese Prüfung gar nicht ablegen dürfen. Der Rest des Traums bestand darin, daß ich in dem alten College mit seinem wunderschönen Mobiliar, den antiken Kunstwerken, den sich überall drängenden Studenten, den seltsamen und interessanten Türen mit beeindruckenden Namen des Lehrkörpers umherwanderte.

Besonders blieb mir im Gedächtnis haften, daß der Kontext, in dem ich beurteilt wurde, in vielem an eine schöne Vergangenheit erinnerte, die mich jedoch mißverstand und zu der ich jetzt vermutlich keinen Zugang finden würde. Ich gebe mir selbst die Schuld daran, blind zu sein, werfe mir vor, am Rand zu stehen, kritisiere mich dafür, daß ich nicht mehr für meine Eltern, meine Frau und meine Kinder tun kann. Ich gebe mir die Schuld daran, daß ich ihnen kein besseres Leben biete, daß ich es nicht schön für sie machen kann, hier, in diesem wunderbaren Land zu sein.

Verglichen mit meiner Reise hierher vor mehr als vier Jahren verspürte ich eines jedoch nicht: Groll gegen die Welt der Sehenden. Ich hatte nicht das Gefühl, mich aus der Welt der Sehenden zurückziehen und mich in der weniger fordernden und tröstlicheren Welt der Blinden, die mich verstehen würden, verlieren zu wollen.

Bei der Bewältigung dieser momentanen Krise hilft mir Marilyn viel, die mir immer wieder sagt, daß ich nicht so viel von mir fordern, daß ich keine solchen Erwartungen haben darf. Es hat mich auch getröstet, daß ich die Worte aus dem berühmten Gebet von Paul Tillich, «Du bist angenommen», auf mich bezog. Ich bin in meinem Blindsein angenommen. Ich bin als Blinder angenommen.

Zwei andere Dinge haben mir auch geholfen. Zum einen hat die Grundschule, an der meine Schwester unterrichtet, mir ein Arbeitszimmer zur Verfügung gestellt. Meine Schwester nimmt mich jeden Morgen im Auto zur Schule mit, und in dem Arbeitszimmer dort habe ich meine Kassettenrecorder. Ich arbeite den ganzen Schultag und verbringe die Teepausen und die Mittagspause mit den Lehrern. Nach der Schule fahre ich mit meiner Schwester zurück und verbringe den Rest des Spätnachmittags und den Abend mit der Familie und den Verwandten. Dadurch ist ein Rhythmus entstanden, der mir ein Gefühl der Vertrautheit vermittelt. Zum zweiten habe ich entdeckt, daß ich die Asthmaanfälle durch Atmen in den Griff bekommen kann. Über die Jahre muß ich wegen des Asthmas Dutzende von Ärzten aufgesucht haben, aber keiner hat mir je gesagt, daß ich die Panik und damit den akuten Anfall mit einer einfachen Atemtechnik eindämmen kann. Ich habe sie in den vergangenen zwei oder drei Jahren selbst entdeckt. Mit Bauchatmung kann ich das Keuchen wegbekommen. Nach einem Dutzend oder zwanzig Atemzügen vergeht das panische Gefühl, und das Atmen wird leichter. Anstatt von dem Gedanken gepeinigt zu sein, daß ich in drei oder vier Minuten tot sein könnte, weiß ich nun, daß ich schon beim siebten oder achten Atemzug bin und daß das Schlimmste nach weiteren zehn oder zwölf vorüber sein wird. Es funktioniert, es ist wie der Kampf gegen einen Feind.

### *Orte* *30. Juli 1984*

Vielleicht war meine früher geäußerte Ansicht, daß ein Ort wie der andere ist, eine Überspitzung. Gestern fuhr die ganze Familie in einen zwanzig Meilen landeinwärts von Geelong gelegenen Park, der Fairy Park heißt. Das ist ein Granitfelsen, der zu großen Felsblöcken verwitterte und den Schluchten und Hohlwege durchziehen. Durch diese Felslandschaft, die heute ein Ausflugsgebiet ist, windet sich ein Wanderweg, und in Aushöhlungen der Felsbrocken sind nachgebaute Märchenszenen aufgestellt. Die Märchenfiguren stehen hinter Glas wie in Schaufenstern. Die Kinder rannten aufgeregt von einem zum nächsten und drückten Knöpfe, mit denen die Dekoration in Bewegung versetzt und die Musik und die Geschichte eingeschaltet werden.

Ich ging mit einem sehr lebhaften Eindruck von diesem Ort fort. Ich fühlte mich nicht isoliert oder abstrakt, vielleicht deshalb, weil ich mich aktiv beteiligen konnte, die Kinder hochhob, damit sie besser sehen oder die Knöpfe drücken konnten. Da die Kinderreime und Märchen mir vertraut waren, hatten wir viel Gesprächsstoff. Daß ich akustisch direkten Zugang zu den aufgebauten Szenen hatte, war wichtig. Ich wußte, was vor sich ging, denn ich hörte ja die gesprochenen Kommentare. Die Kinder belegten mich mit Beschlag, ich mußte Fragen beantworten, gedrückte Knöpfe festhalten und so weiter. Da war auch das Gehen selber: Wir wanderten kleine Abhänge hinauf und hinab, durch Felsspalten und durch eine Reihe von kleinen Schluchten hindurch, wobei ich die rauhen Steine links und rechts von mir berührte; wir betraten Höhlen oder andere überdachte Plätze und bemerkten, wie anders die Echos klangen und wie sich die Temperaturen veränderten, wenn wir von einem ungeschützten Platz, an dem die Brise ziemlich kühl war, zu einer geschützten Stelle weitergingen, an der die Luft noch warm war und wir das Sonnenlicht spürten. Wir kamen zum höchstgelegenen Punkt, einem Aussichtsplatz, und ich konnte das Geländer berühren. Ich nahm den großen, offenen Raum und den Abhang zu meinen Füßen wahr. Die Luftströmung war so anders, und während ich vorher den Widerhall der Schritte meiner rennenden Kinder gehört hatte, waren es nun die Schreie der kreisenden Möwen, der Lärm, der aus der weit unten im Tal liegenden Ziegelbrennerei kam, die Spuren im Straßenbelag unter meinen Füßen, die der Durchgangsverkehr in sie eingegraben hatte, und die begeisterten Bemerkungen der Sehenden, die neben mir am Geländer standen. Schließlich kamen wir in das Ausflugsgebiet zurück, wo ich fasziniert die groben gezimmerten Holzbänke und die unterschiedlichen Mosaikfußböden, die die verschiedenen Ebenen verbanden, wahrnahm. Die Tatsache, daß wir das ganze Areal umwandert hatten und zum Ausgangspunkt zurückgekehrt waren, half mir, ein Gespür für die Ausdehnung des Orts und seine Begrenzung zu entwickeln.

## *Das U-Boot* — *13. August 1984*

Vergangenen Freitag hatte ich einen sehr eindrucksvollen Traum. Er spielte sich ausschließlich in den Tiefen des Ozeans ab. Was oberhalb der Wasseroberfläche war, war nicht zu sehen. Der Traum hatte Ähnlichkeit mit Sequenzen aus einem Film, der, wie ich glaube, *Eisstation Zebra* hieß, über ein Atom-U-Boot, das unter einer Eisdecke fuhr, nur daß es in meinem Traum keine Eisdecke gab; er spielte nur einfach tief unten im Ozean, in großer Dunkelheit. Der Traum war aufgeteilt in Szenen außerhalb des U-Boots und in Szenen in seinem Innern. Dieser riesige Klotz, der eher wie eine gewaltige, sehr lange fliegende Untertasse aussah und Strahltriebwerke hatte, glitt durch die Tiefen des Ozeans. Er war nicht lang und dünn wie ein U-Boot, sondern klobig und rund. Der Blick ins Innere des U-Boots zeigte die Besatzung bei dem Versuch, die Funktion der Instrumente zu enträtseln. Sie wußten nicht, ob das Schiff vorwärts oder rückwärts fuhr. Ich selbst war nicht in dem Traum; ich sah das alles nur, wie in einem Kino. Die Mannschaft beobachtete aufmerksam die Bildschirme, auf denen das Wasser außerhalb des U-Boots zu sehen war. Auf ihnen zeichneten sich verschwindende, fluktuierende, leuchtende Spuren ab, recht ähnlich denen, die ich in meinem rechten Auge sehe. Es gab eine Diskussion darüber, ob die Spuren sich auf das Boot zubewegten oder von ihm wegführten. Schließlich folgte eine Außenaufnahme des U-Boots, das auf dem Meeresgrund aufsaß. Eine sehr gefährliche Situation war eingetreten. Der Haupteindruck, der mir von dem Traum blieb, war der von einem ungeheuren, lastenden Gewicht, einer gewaltigen Kraft, die sich stetig fortbewegte, deren Lenker aber nicht wußten, in welche Richtung.

Hinweise auf das Blindsein enthielt dieser Traum nicht. Er war schön und beeindruckend farbig. Da waren die tiefen Blau- und Grüntöne des Ozeans, die Lichter des schwimmenden U-Boots, sein grauer und weißer Rumpf, die Leuchtspuren, die bei seiner Bewegung zurückblieben.

Es ist seltsam, wie häufig ich, wenn ich Unterhaltung suche, nun auf Träume angewiesen bin. Ich bin ganz in Träume wie diesen vertieft, so wie ich früher fasziniert war, wenn ich einen Spielfilm sah. Die äußere Welt erfahre ich selten mit solcher Eindringlichkeit.

Obwohl der Traum kraftvoll war und eine Situation von großer Gefahr schilderte, übertrug er bis ins Erwachen hinein auch eine gewisse positive Grundstimmung, so, als seien die Tiefen sich meines Problems bewußt und versuchten, mir zu helfen, mir etwas aufzuzeigen. Das U-Boot ist blind und kann gleichzeitig sehen, so wie ich. Doch der Ozean ist ebenfalls blind, und das U-Boot durchfährt ihn auf der Suche nach einem Ziel und nach Kontakt. Einmal bin ich der Ozean; einmal bin ich das U-Boot. Ich bin auch U-Boot und Ozean zur gleichen Zeit. Der Traum ist ich und ist doch größer als ich.

Ich traf vor ungefähr einem Monat mit der Familie in Melbourne ein. Das ist der langerwartete Besuch bei meinen Verwandten und der langgefürchtete Versuch, als Blinder meine Eltern neu kennenzulernen. Meine Eltern sind wunderbar gewesen, sehr verständnisvoll und sachlich. Ich finde es immer noch besonders schwierig und schmerzlich, auf diese Weise von den Menschen, die man am meisten liebt, abgeschnitten zu sein, sozusagen von vorn beginnen zu müssen, ohne die Gesichter der eigenen Mutter und des eigenen Vaters.

Melbourne ist, wo meine Kindheit liegt. Hier habe ich immer das seltsame Gefühl, meiner Vergangenheit zu begegnen. Im Alter von vierundzwanzig Jahren ging ich von Australien zum Studium nach England. Jetzt bin ich zum vierten Mal wieder hier. Jeder Besuch bei meinen Eltern macht mir den Zusammenhang zwischen meinem Glauben an Gott und meiner Beziehung zu ihnen bewußt. Ich habe keinen Zweifel daran, daß meine lebenslange Liebesgeschichte mit Gott zumindest zu einem Teil Ausdruck meines lebenslangen Strebens danach ist, meinen Vater zu kennen und zu lieben und von ihm gekannt und geliebt zu werden.

# 6
# UM DIE BIEGUNG
## Herbst 1984

### *Vorlesungen ohne Notizen halten* — *19. August 1984*

Vier Jahre lang habe ich mich nun mit dem Problem herumgeschlagen, wie ich ohne Notizen in der Öffentlichkeit sprechen kann. Wenn ich, als ich noch sehen konnte, eine Vorlesung hielt, mußte ich nie vom Blatt ablesen, ausgenommen vielleicht, ich wollte eine dichte Kette logischer Beweise vortragen. Gewöhnlich benötigte ich nur eine Liste von Überschriften, die ich mit Stichworten zu einzelnen Abschnitten noch einmal gliederte. Wenn ich jedoch eine Vorlesung hielt, in der viele historische Daten oder eine Statistik vorkamen, dann griff ich natürlich auf einen ausformulierten Text zurück.

Nachdem ich mein Augenlicht verloren hatte, probierte ich verschiedene Methoden aus, um eine Lösung für dieses Problem zu finden. Ich experimentierte mit einer auf eine Mikrokassette gesprochenen Zusammenfassung, die ich wie einen Stichwortzettel benutzte. Wenn ich die Gedächtnisstütze allerdings erst zu einem späteren Zeitpunkt der Vorlesung brauchte, mußte ich die Kassette ablaufen lassen, bis ich das gewünschte Material fand, und das dauerte ein paar Sekunden. Die Stelle genau zu lokalisieren war sehr schwierig, und es war peinlich, sich vor Zuhörern die Blöße geben und eingestehen zu müssen, daß man den Faden verloren hatte.

Manchmal sprach ich eine kurze Zusammenfassung dessen, was sich sagen wollte, in Abschnitte gegliedert auf Band. Diese Zusammenfassung spielte ich meinen Zuhörern vor und baute dann die einzelnen Abschnitte beim Sprechen weiter aus. Das war nur zum Teil ein Erfolg. Manchmal hatten meine Zuhörer Schwierigkeiten zu verstehen, was aus dem Kassettenrecorder kam, und ich mußte es dann wiederholen, wodurch viel Zeit verlorenging. Mit dieser Methode war ich auch nicht flexibel, denn sie zwang mir eine unveränderliche Reihenfolge auf und forderte mir sehr mühselige Vorbereitungen ab, und diese Faktoren beeinträchtigten die Zwanglosigkeit meiner Vortragsweise und meine Möglichkeiten, auf die Erfordernisse des Augenblicks zu reagieren.

Ich versuchte, mir selber zu soufflieren, indem ich die ganze Vorlesung oder eine Zusammenfassung auf Band aufnahm und einen Kopfhörer benutzte. Eine Zeitlang habe ich tatsächlich versucht, gleichzeitig zu hören und zu sprechen, aber nach einigen wenigen katastrophalen Erfahrungen damit habe ich diese Methode aufgegeben. Ich versuchte, in Braille geschriebene Stichworte zu verwenden. Dies erforderte nicht nur mühselige Vorbereitungen, auch mein Braille war einfach nicht gut genug. Ich konnte das Blatt nicht schnell genug abtasten und die Stockung beheben, die entstand, wenn ich vergaß, was ich als nächstes sagen wollte.

Am Ende gewöhnte ich mir an, eine Synopse aufzuzeichnen und mir die Kassette bis unmittelbar vor Vorlesungsbeginn immer wieder anzuhören. Den Kassettenrecorder nahm ich zur Vorlesung mit, denn er gab mir ein Gefühl von Sicherheit, obwohl ich selten auf ihn zurückgreifen mußte.

Während eines Fortbildungsseminars für Lehrer in Canterbury im Frühjahr 1982 saß ich in meinem Zimmer und hörte mir fieberhaft diese Zusammenfassung an, als mich eine alte Freundin in den Hörsaal rief. Als sie begriff, was ich tat, schimpfte sie mich aus. «Vergiß diesen ganzen Quatsch», sagte sie. «Du vergißt es schon nicht. Komm einfach und sprich zu uns.» Das tat ich, und es war ein großer Erfolg.

Ich scheine jetzt eine Methode des vorausschauenden Denkens gefunden zu haben, ich mache mir klar, was ich sagen will. Das tut beim gewöhnlichen Sprechen jeder, sonst könnten wir keinen Satz zu Ende führen. Auf die eine oder andere Weise, und zwar ohne bewußte Anstrengung, kann ich jedoch noch weiter vorausdenken, und wenn ich jetzt spreche, sehe ich, wie die Textabschnitte aus den Tiefen meines Gedächtnisses aufsteigen. Es ist ein bißchen so, als läse ich sie von einem Scanner ab. Während ich spreche, teilt ein anderer Teil meines Gehirns das, was ich in den nächsten Minuten sagen will, in Absätze ein, und ein noch weiter entfernter Teil ruft alternative Argumentationsketten aus einer Art Materialbank auf. Mein Vortragsstil wirkt dadurch anscheinend klarer als früher, und die Hörer können mir offenbar leichter folgen.

Oft kann ich Querverweise zwischen dem Gesagten herstellen, das heißt, ich kann meine Zuhörer an einen Gesichtspunkt erinnern, den ich fünfzehn Minuten vorher unter 2 a) vorgetragen habe. Die Leute finden das überraschend, aber es ist nicht überraschend. Wenn ich mir das Material nicht in solche Abschnitte gegliedert hätte, könnte ich den Gedankengang überhaupt nicht entwickeln. Diese besondere Gewohnheit hat sich meiner Meinung nach herausgebildet, als ich mir die Arbeiten von Studenten vorlesen ließ. Manchmal ist einer meiner Vorleser ein wenig überrascht, wenn ich sage: «Geh doch nochmal zu dem zurück, was auf Seite drei unter 4 f) steht.» Ich habe keine besondere Mühe darauf verwendet, das zu lernen; es ist nur so unbequem, sich den gesamten Essay noch einmal vorlesen lassen zu müssen. Man tendiert dazu, sich unbewußt Notizen über die Struktur zu machen, auf die man, falls nötig, zurückgreifen kann. Natürlich funktioniert es oft auch nicht, entweder weil ich mich nicht genügend konzentriere, oder weil die Struktur dessen, was mir vorgelesen wird, zu unscharf ist. Es ist jedoch eine geistige Fähigkeit, die das Arbeiten mit Kassetten mir aufgezwungen hat.

Ein sehender Autor neigt dazu, seine Arbeit rückblickend in Abschnitte einzuteilen. Man sieht, wie der Text aus der Schreibmaschine kommt oder sich auf dem Bildschirm ausbreitet, und man denkt, jetzt ist es vielleicht angebracht, einen neuen Absatz anzufangen. Ein Mensch, der sich Bücher von Kassetten anhört, auf denen die Absätze der gedruckten Seite normalerweise nicht angegeben werden, teilt selber in Abschnitte ein und neigt, wenn er etwas schreibt, dazu, diese Einteilung schon für den gesamten Aufsatz vorwegzunehmen. Ich glaube, daß mir das auch beim Ordnen meines Materials hilft, wenn ich in der Öffentlichkeit spreche. Ein sehender Redner, der von einem getippten Manuskript abliest, konzentriert sich in der Hauptsache auf das, was er gesagt hat, das heißt, die Textpassagen fließen hinter ihm zusammen, während er vorwärts durch seine Rede ‹schwimmt›. Ein blinder Sprecher muß sich ganz auf das konzentrieren, was er im nächsten Augenblick oder in fünfzehn Minuten sagen will, denn sonst würde er die Richtung verlieren. Die Methode ist zwar für Fehler anfällig, scheint im großen und ganzen aber zu funktionieren.

### *Lizzie sehen* — *21. August 1984*

Heute nacht hatte ich einen lebhaften Traum in Farbe. Ich träumte, daß ich aus dem Bett gestiegen war und neben dem Bett kniete oder saß, vielleicht meine Pantoffeln oder etwas anderes suchte. Unser kleines Mädchen kam ins Zimmer getappt. Ich konnte sie in dem schwachen Licht ganz deutlich erkennen. Ich wußte in dem Traum, daß ich blind gewesen war, und jetzt konnte ich sie zum ersten Mal sehen. Voller Verwunderung schaute ich sie an und prägte mir jede Einzelheit ihres Gesichts ein, während sie strahlend dastand und die Hände nach mir ausstreckte. Es war wie eine Offenbarung. Ich dachte: «Das ist sie also. Das ist das Lächeln, von dem alle sprechen. Das sind diese leuchtenden braunen Augen.» Ich hatte das wunderbare Gefühl, daß wir einander neu begegneten; ich spürte, daß sie staunend begriff, daß irgend etwas anders an mir war, daß ich auf neue Weise auf sie reagierte. In vollkommenem Schweigen standen wir da, oder genauer, ich saß da, und sie stand neben mir. In diesem Augenblick gegenseitigen Entzückens schauten wir uns an. Dann verblaßte der Traum.

War das ein kleiner Traum oder ein großer? War es bloße Wunscherfüllung, oder war es ein Beispiel für das, was Jung den Archetypus des Kindgotts nennt, der Traum, den er von seinen Patienten berichtet, wenn ein neues Selbst im Entstehen begriffen ist. Das Kind, das mich in dieser Nacht besuchte, strahlte Gnade aus.

Heute morgen, als ich Thomas nach dem Baden abtrocknete, fragte er mich, mit welchem Handtuch ich Lizzie abgetrocknet hatte. Ich erwiderte, daß ich es nicht wüßte, und er fragte mich: «Mit dem weißen?» Ich sagte noch einmal, daß ich es nicht wüßte, und er fragte: «Würde Mami es wissen?»

Als ich «Ja» antwortete, wollte er wissen, warum Mami es wissen würde.

«Weil Mami Farben sehen kann.»

«Kannst du keine Farben sehen?»

«Nein.»

«Warum kannst du keine Farben sehen?»

«Weil ich überhaupt nichts sehen kann. Ich bin blind.»

«Oh.»

Die gedankliche Vorstellung, nicht sehen zu können, hat so viele Bestandteile. Das Kind setzt diese nicht zu einem umfassenden Begriff zusammen, ebensowenig wie ein Erwachsener. Viele Erwachsene können nicht sofort nachvollziehen, daß es sinnlos ist, einem Blinden zu sagen, daß etwas dort drüben ist. Die Wörter ‹hier› und ‹dort› müssen bei einem Blinden in anderer Weise benutzt werden. Man kann sagen, daß ein solcher Erwachsener die linguistischen Implikationen des Blindseins nicht verstanden hat. Ein Kind begreift vielleicht die farblichen Implikationen des Blindseins nicht. Ein Erwachsener ist vielleicht überrascht von dem Gedanken, daß ein Kind nicht begreift, daß ein Blinder keine Farben sehen kann, ein Blinder könnte aber auch überrascht davon sein, daß ein Sehender die verbalen Implikationen des Blindseins nicht verstanden hat.

Das war das erste Gespräch über Farben, das ich mit Thomas geführt habe, obwohl sich vor ungefähr einer Woche ein Vorfall ereignet hatte, der ihm die Mobilitätsprobleme eines Blinden veranschaulichte. Ich brauchte lange, bis ich mir die räumlichen Verhältnisse in unserem Haus in Melbourne eingeprägt hatte. Als ich aus dem Auto ausstieg, versuchte ich allein zur Vordertür des Hauses zu gehen. Ich bog zur linken Seite des Hauses ab anstatt zur rechten, und einer der anderen Erwachsenen rief mich zurück. «Da entlang, John.» Lachend sagte Thomas: «Er ist den falschen Weg gegangen. Er wäre ja zum Tor gelaufen.» Überrascht und amüsiert wiederholte er das mehrmals, während wir den Weg entlanggingen. Ich bin nicht sicher, ob er meinen Irrtum mit meinem Blindsein in Zusammenhang brachte, oder ob er nur dachte, ich hätte etwas Komisches getan.

### *Mr. Treloar* *11. September 1984*

Während meines Besuchs in Melbourne nutzte ich die Gelegenheit und fragte meine Mutter nach dem Grund für ihren christlichen Glauben. Ich selbst kam über meine Eltern zum Glauben, und auf der Seite meines Vaters reicht dieser Glaube nicht sehr weit zurück. Sein Vater war Unitarier gewesen, aber mein Vater, Jack Hull, hatte nach seiner Emigration nach Australien während des Ersten Weltkriegs, als er noch ein junger Mann war, nicht nur jegliche Verbindung zum kirchlichen Leben verloren, sondern war im Alter von Mitte zwanzig sogar aktiver Atheist geworden. Der unmittelbare persönliche Einfluß, der zu seiner späteren Konversion führte, war von der engagierten Christin (die er später heiratete) ausgegangen, die in der Ortschaft, in der mein Vater Maschinenführer in der Sägemühle war, zufällig die Einklassenschule leitete. Das war in den Dandenong Ranges, ungefähr dreißig oder vierzig Meilen nordöstlich von Melbourne.

Die Herkunft des Glaubens meiner Mutter war mir nie richtig klar gewesen. Ich wußte, daß sie in einer Stadt auf dem Lande im Nordwesten von Victoria in der Nähe der Grampian Mountains aufgewachsen war. Die Stadt hieß Stawell und war hauptsächlich wegen des dort stattfindenden Wettlaufs, dessen Sieger den *Stawell Gift* erhielt, bekannt. Mit meiner Mutter, meinem Vater, mit Marilyn und Imogen hatte ich im April 1980 Stawell noch einmal besucht. Meine Mutter hatte mir die Kirche der Kongregationalisten gezeigt, die sie als Kind besucht hatte. Ihr Vater Alf Huttley war gestorben, als ich selber noch ein Kind war, und ich kann mich an ihn nicht einmal erinnern. Er war ein Mann mit Unternehmungsgeist gewesen und hatte die erste Autowerkstatt in

Stawell eröffnet. Die Autos wurden auf dem Seeweg von England importiert. Er holte sie in Melbourne ab und fuhr sie dann nach Stawell. Alf und seine Frau Alice besuchten in Stawell die Kirche der Kongregationalisten, und Alf war Dirigent des Kirchenchors. Durch ihn bekam meine Mutter die Liebe zur Musik vermittelt. Als junges Mädchen war sie eine der Pianistinnen der Chorgesellschaft von Stawell gewesen, und sie brachte mir schon früh im Leben Werke wie den *Messias* von Händel und die *Cruxifixion* von Stainer nahe. Von ihren eigenen Eltern sagte meine Mutter jedoch nie etwas anderes, als daß sie ziemlich konventionelle Kirchgänger gewesen seien. Ich glaube nicht, daß sie ihren eigenen lebendigen und unabhängigen Glauben von ihnen erhalten haben konnte.

Ich habe nun erfahren, daß sie während ihres letzten Schuljahrs von der High School in Stawell an die High School in Melbourne wechselte, die zu dieser Zeit eine Gemeinschaftsschule war. Es ist merkwürdig, daß ich selber auch von der High School in Bendigo ins zweite Jahr der sechsstufigen High School in Melbourne gewechselt bin, viele Jahre später, zu der Zeit, als mein Vater sein erstes Amt in der Hauptstadt von Victoria antrat.

Nach Beendigung dieses Jahres an der High School in Melbourne absolvierte meine Mutter ein Jahr praktische Lehrerausbildung an einer Grundschule in Caulfield, einem anderen Vorort von Melbourne, in der gleichen Gegend, in der zufällig auch ich meine Laufbahn als Lehrer begann.

Während dieser beiden Jahre wohnte meine Mutter bei der Familie Treloar. Ich war Mildred Treloar bei zahlreichen Gelegenheiten begegnet, hatte sie als lebenslange Freundin meiner Mutter gekannt. Sie hatte fast ihr gesamtes Arbeitsleben als Missionarin der *Evangelical Protestants* in Indien verbracht und ist erst kürzlich gestorben. Ich hatte immer den Eindruck gehabt, daß Mildred, die eine robuste Person war, einen tiefen Einfluß auf die Weltsicht meiner Mutter ausgeübt hatte, aber ich hatte nie etwas über die Umstände erfahren, unter denen sie sich kennengelernt hatten. Anscheinend hatte meine Mutter während ihres zweijährigen Aufenthalts in Melbourne begonnen, gemeinsam mit Mildred, die ungefähr in ihrem Alter war, eine wöchentliche Bibelstunde zu besuchen. Zum ersten Mal in ihrem Leben begann sie, ernsthaft und mit Interesse und persönlicher Ergriffenheit die Bibel zu lesen. Im Verlauf mehrerer Monate, als die Seiten der Bibel lebendiger für sie wurden, erneuerte und vertiefte sich ihre persönliche Neigung. Auf diesen Abschnitt ihres Lebens blickt sie zurück, wenn sie sich die Herkunft ihres christlichen Glaubens erklärt.

Wie fand nun Mildred Treloar zu ihrem Glauben? Sie hatte ihn von ihrem Vater. Er hatte beabsichtigt, in ein Priesteramt bei einer der protestantischen Kirchen einzutreten, ich weiß nicht mehr, ob es die Methodistische oder die Kongregationalistische war, durfte aber seine Ausbildung nicht fortsetzen, weil er das Augenlicht verloren hatte. Das Merkwürdige ist, daß ich selber im Alter von neunzehn Jahren, als ich den Wunsch verspürt hatte, in ein Priesteramt bei der Methodistischen Kirche einzutreten, sehr unglücklich war, als ich erfuhr, daß die Kirchenführung wegen des schlechten Gesundheitszustands meiner Augen und der bereits über mir schwebenden Drohung zu erblinden Bedenken gegen meine Aufnahme hatte. Ich erinnere mich noch deutlich an einen der älteren, verantwortlichen Pfarrer, der mich in einem Vorstellungsgespräch befragte und mir darlegte, daß ich, wenn ich meine Sehkraft verlöre, eine Last für die Kirche werden würde und daß sie mich dann aus der kirchlichen Altersversorgung ausschließen müßte. Ich war von diesem Gespräch überrascht und ein wenig bestürzt, und ich bin nun verwirrt von dem Gedanken, daß sich ein ähnlicher Vorfall im Leben des jungen Mannes ereignet hat, der Mildred Treloars Vater werden sollte. Meine Mutter berichtete mir, daß sie sich noch ganz deutlich daran erinnert, wie sie als achtzehnjähriges Mädchen Mr. Treloar vorgelesen und sich dabei mit Mildred abgewechselt hat. Sie beschreibt ihn als einen Heiterkeit ausstrahlenden Christen und erinnert sich noch ziemlich genau an ein Gebet, das er am Ende seines Lebens sprach, ein Gebet über den christlichen siebten Himmel. Wenn er von der nächsten Welt sprach, war sein Gesicht vor Hoffnung und Freude wie verwandelt. Das muß ungefähr um das Jahr 1920 gewesen sein.

Es ist interessant zu denken, daß dieser alte, blinde Priester seinen Glauben über eine Zeitspanne von mehr als sechzig Jahren weitergetragen haben soll und daß er nun das Leben eines anderen blinden Mannes erleuchtet. Es ist merkwürdig, daß er seinen Glauben an seine Tochter weitergegeben hat, die ihn an ihre Freundin vom Lande weitergegeben hat, die ihn an einen atheistischen Sägewerker weitergegeben hat, der ihn mit ihr zusammen an seinen Sohn weitergegeben hat, der selber das Augenlicht verlieren und damit vielleicht den ganzen Kreislauf von neuem beginnen sollte. Ich würde gern erfahren, woher der alte Mr. Treloar seinen Glauben hatte, aber meine Mutter wußte es nicht oder konnte sich nicht erinnern. Im Grunde spielt es wohl auch keine Rolle. Der alte, blinde Mann ist mein Zeuge.

*Die U-Bahn* *19. September 1984*

Vergangenen Freitag hatte ich das Vergnügen, mit der Londoner U-Bahn zu fahren. Auf den glatten Kacheln geht es sich besser als auf den Fußwegen oben. Ich eignete mir eine bessere Technik zum Betreten und Verlassen der Rolltreppen an, was mich freute, und ich fand den Wind in den Tunneln sehr interessant. Wenn die Züge ein- und ausfahren, werden Luftströme über die Bahnsteige, die Treppen hinauf und durch die Tunnel geblasen, die von den Gerüchen von Zeitungen, von Metall und Öl erfüllt sind und sich mit den Düften von Zigarrenrauch, von Essen und der Kleidung der Menschen vermischen.

Hochinteressant war der Zug selbst. Zwischen den Stationen kann man sowieso nicht aus dem Fenster sehen, daher war ich nicht frustriert darüber, daß mir die Aussicht entging. Ich konnte die Unterschiede zwischen dem metallischen Klicken der Räder des Zugs, dem elektronischen Summen der Motoren, wenn der Zug Fahrt gewann, dem Zischen der sich automatisch öffnenden und schließenden Türen und dem Rauschen der Luft im Tunnel selbst gut hören. Beim Betreten eines Bahnsteigs ist das Geräusch des Windes ganz anders als beim Verlassen eines Bahnsteigs. Zu alledem kommen noch die Stimmen der Menschen, die Gespräche in den Abteilen, das Rascheln von Kleidern und die Schritte ein- und aussteigender Leute und alle Hintergrundgeräusche einer Station, die in den Wagen hereinfluten, wenn die Türen geöffnet werden. Dieses ganze Panorama wiederholt sich alle zwei oder drei Minuten, in den Abständen, die der Zug braucht, um von einer Station bis zur nächsten zu fahren. Es beginnt mit rascher Beschleunigung, immer schneller, bis wir die Höchstgeschwindigkeit erreichen. Später werden die Bremsen betätigt, und die Verlangsamung beginnt. Donnernd fahren wir schließlich in die neue Station ein, halten mit einem Ruck, und dann beginnt der ganze Prozeß von neuem. Mehr noch, die Geräusche umschließen mich ganz. Ich bin mitten in ihnen.

### *Zusammensein* — *20. September 1984*

Mir ist aufgefallen, daß die Intensität, mit der ich mein Blindsein empfinde, immer dann zunimmt, wenn ich mit Menschen zusammen bin, deren Leben ich teilen will. Zum Beispiel ist es mir, wenn ich arbeite, nicht sonderlich bewußt, daß ich blind bin. Das meiste von dem, was ich an der Universität tue, ist meinen Möglichkeiten angepaßt. Die Leute müssen sich nach meinem Zeitplan richten, kommen in mein Zimmer, gewöhnen sich an meine Geräte und an meine Arbeitsweise. Wir teilen Ansichten, nicht so sehr unser Leben als solches.

Mit der Familie ist es anders. An diesem Wochenende ist mir tief bewußt geworden, in welchem Maße sehende Kinder in einer visuellen Welt leben. Ihr Spielen, ihr Humor, ihre Verkleidungen und ihr Herumtollen, das alles findet im Kontext des Sehens statt. Aufgrund meines Andersseins im Vergleich dazu hat sich in mir das Gefühl entwickelt, daß ich nicht mit diesen sehenden Kindern zusammen bin.

Natürlich bin ich ein Objekt in ihrem Gesichtsfeld, aber die Welt der gemeinsamen Erfahrung, die Welt, die wir gemeinsam kennen, die Welt, der wir als füreinander Anwesende gegenüberstehen, sie ist durch das Blindsein fragmentiert.

Heute morgen bin ich um fünf Uhr vom Geräusch des Regens aufgewacht. Ich ging in mein Arbeitszimmer und preßte die Stirn an die Fensterscheibe. Im Haus herrschte vollkommene Stille, und die Straßen draußen wirkten verlassen. Ich stand reglos da, atmete kaum, konzentrierte mich ganz auf das Geräusch des Regens.

Zuerst bemerkte ich räumliche Unterschiede. Einige Geräusche kommen von der linken Seite des Fensters, andere von der rechten, und ich kann ihnen bis zur Hausecke und um sie herum nachgehen. Nun achte ich auf die höheren Töne, mit denen der Regen auf die Wand über dem Fenster und auf das Dach des Hauses prasselt. Unter mir fällt der Regen auf einen Zaun, auf Büsche und auf den Erdboden.

Dann sind da unterschiedliche Geschwindigkeiten. Ich höre ein langsames, gleichmäßiges Tropf-tropf-tropf und eine schnellere Kaskade vor dem Hintergrund des Trip-trap einzelner Tropfen, die auf dem Fenstersims auftreffen. Diese verändern ihre Geschwindigkeit, wenn der Regensturm stärker wird oder nachläßt, und einige Klangmuster überlagern andere, ein wenig wie in der Musik von Steve Reich.

Ich bemerke nun, daß es Unterschiede in der Intensität gibt. Hier schlägt der Regen mit voller Kraft auf einer Fläche auf, aber da ist eine geschützte Stelle. Da drüben ertönt ein tiefes Rauschen, das gar nicht wie Regen klingt, sondern wie gestautes Wasser, das aus einem verstopften Rohr oder etwas ähnlichem überläuft.

Unterschiedliche Tonhöhen werden erkennbar. Da ist das hohe, trommelnde Stakkato, mit dem die Tropfen auf Metall fallen, und da das tiefere, dumpfere Aufschlagen auf Ziegelsteinen oder Beton, und ich bemerke, daß der angeschlagene Ton sich sogar von einem Fenstersims zum anderen ein wenig unterscheidet. Da sind die Unterschiede im Tempo, mit dem das Wasser sich bewegt: es zischt, gurgelt, stürzt in einem Furor herab, kommt und geht. Da sind die Unterschiede im Klangvolumen. Auf dem Fenstersims ist es sehr laut. Die Glasscheiben vor meiner Stirn vibrieren. Der Klang wird Schicht um Schicht schwächer, entschwindet in eine undeutliche Ferne, wo der Regen auf die in der Nähe des Hauses stehenden Bäume fällt. Ich frage mich, bis zu welcher Entfernung ich ihn immer noch fallen höre. Kann ich ihn auf den Häusern auf der gegenüberliegenden Straßenseite immer noch ausmachen? Auf dem Nachbarhaus höre ich ihn zweifellos.

Dies setzt sich zu einer komplexen Struktur zusammen. Je aufmerksamer ich zuhöre, desto besser kann ich unterscheiden, einen Klangbaustein auf den anderen setzen, regelmäßige und unregelmäßige Rhythmen erkennen, eine Dimension nach der anderen erschließen. Vollkommene Stille ist dafür notwendig. Schon das leise Geräusch meines Atems genügt, um einige der flüchtigsten Einzelheiten zu verwischen. Es erinnert mich an das Geräusch in der Londoner U-Bahn, das auf ähnliche Weise in viele Texturen, Schichten und Formen, so viele Positionen und Ebenen gegliedert war.

Trifft es zu, daß Blinde in ihrem Körper leben und nicht in der Welt? Ich nehme meinen Körper wahr wie ich den Regen wahrnehme. Mein Körper ist auf ähnliche Weise aus vielen Strukturen, vielen Regelmäßigkeiten und Unregelmäßigkeiten zusammengesetzt, dehnt sich von dort unten bis hier oben im Raum aus. Diese Dimensionen und Einzelheiten schälen sich immer deutlicher heraus, wenn ich meine Aufmerksamkeit auf sie konzentriere. Dieses Verstehen hat keine Parallele in der visuellen Wahrnehmung. Ich stelle mir meinen Körper nicht mehr so vor, als existierte er, wie man es nennt, in einer «menschlichen Gestalt», ich begreife ihn nun als eine solche Anordnung von Empfindsamkeiten, als bewußten Raum, vergleichbar den Strukturen des fallenden Regens. Die Wasserstrukturen hüllen mich mit Myriaden von Wahrnehmungströpfchen ein, und mein eigener Körper stellt sich mir auf gleiche Weise dar. Da ist ein Kernbereich, dessen ich mir kaum bewußt bin und den ich mal stärker und mal schwächer spüre. An den Extremitäten verlieren sich die Wahrnehmungen ins Unbewußte. Mein Körper und der Regen gehen ineinander über und werden zu einem audiotaktilen, dreidimensionalen Universum, in dem meine Wahrnehmung sich bewegt und das von ihr bis zu den Rändern ausgemessen wird. Das ist ein deutlicher Unterschied zu der einspurigen Linie fortlaufenden Sprechens, aus der meine Gedanken gebildet sind. Diese im Sprechen ausgedrückten Gedankenschritte haben gar keine räumliche Ausdehnung, sondern kommen auf mich zu wie die Waggons eines Güterzugs. Einer nach dem anderen kommen sie aus dem Dunkel, fahren im Flutlicht des Wissens vorüber und verschwinden in die Erinnerung. Diese Linie fortlaufender Gedanken verläuft mitten in der dreidimensionalen Wirklichkeit der durch den Regen und meinen Körper geschaffenen Bewußtseinsstrukturen, ein wenig wie die Achse eines Brummkreisels. Es könnte jedoch auch anders sein. Wenn der Regen aufhören und ich reglos hier stehenbleiben würde, würde Stille sein. Mein Wissen von der Welt würde erneut an den Grenzen meiner Haut enden. Wenn ich vom Nacken abwärts gelähmt wäre, würde dieses Gebiet noch einmal verkürzt werden. Wie lange könnte dieser Prozeß so weitergehen? An welchem Punkt werde ich zu einer einzigen Linie von Gedankenausdruck, die kein Umfeld des Fühlens und der Wahrnehmung mehr hat? Was passiert mit den Spuren, wenn es keinen Unterboden mehr gibt, der die Linie trägt? Was passiert mit dem Kreisel, wenn nur noch die Achse da ist? Woher kommen Gedanken? Wovon hängen sie ab? In wieviele Welten bin ich hineingegeben? Was ist Blindsein?

### *«Kannst du nur sprechen?»* — *22. September 1984*

Thomas' Verhalten mir gegenüber besteht gegenwärtig zu großen Teilen darin, daß er die verschiedenartigen Folgen erforscht, die das Blindsein für unsere Beziehung hat. Die meisten davon versteht er, aber er muß sie in unterschiedlichen Situationen überprüfen.

Heute saß er auf meinen Knien am Tisch und malte ein Dinosaurier-Malbuch aus. Er fragte, ob ich auch etwas ausmalen wolle. Ich sagte, ich könne das im Grunde nicht tun, weil ich die Umrisse nicht sähe. Er bemerkte: «Aber ich kann ausmalen, weil ich die Umrisse sehe, weil ich nicht blind bin.»

Ich bestätigte das. Er malte ein paar Augenblicke weiter aus und sah dann zu mir hoch. Ich spürte, wie er den Kopf herumdrehte. «Kannst du nur sprechen?»

Darüber mußte ich lachen, und ich sagte: «Ich kann sprechen, und ich kann zuhören.»

«Ja!» sagte er strahlend.

«Und ich kann kitzeln.»

Er bestätigte es.

«Und ich kann schreien, hör mal.» Ich stieß einen brüllenden Schrei aus.

Das machte ihm Spaß, und er wollte, daß ich immer wieder schrie, was ich tat. Er stimmte mit ein.

Ich faßte das Gespräch zusammen, indem ich sagte: «Also, ich kann zwar nicht sehen, aber ich kann sprechen und zuhören und kitzeln und schreien.»

Darauf folgte eine Pause, während der er die Situation zu überdenken schien. Dann machte er einen Vorschlag. «Guck mal, Daddy. Du kannst doch so ausmalen.» Er steckte mir ein Stück Kreide zwischen die Finger, hielt meine Hand und führte sie rückwärts und vorwärts über das Papier. Ich schlug vor, daß er mich, wenn er mein Handgelenk hielt, im Kreis herum führen könne. Ich machte mit der Kreide rasche Kreisbewegungen und hatte in kurzer Zeit fast den gesamten Dinosaurier ausgemalt. Dies gefiel ihm sehr gut, und mir auch, und wir wiederholten es mehrere Male.

Lizzie, die achtzehn Monate jünger ist, ist die Signifikanz des Blindseins noch völlig unklar. Heute morgen bat ich sie, ein Taschentuch in den Papierkorb zu werfen. Sie rannte damit durchs Zimmer und rief mir zu: «In den? Soll ich es hier rein werfen?» Thomas ist bereits so weit, daß er weiß, daß er zu mir kommen und mich holen und meine Hand an den Rand des Papierkorbs führen müßte.

## *Sind Kanada und Australien Orte?* *28. September 1984*

Wenn ich auf die letzten Monate zurückblicke, in denen ich nach Kanada und Australien gereist bin, habe ich keinen sehr deutlichen Eindruck davon, an beiden Orten gewesen zu sein. Zwar hatten die Menschen, mit denen ich sprach, an dem einen Ort einen kanadischen und an dem anderen Ort einen australischen Akzent, aber das könnte ebensogut in meinem Büro in Birmingham passieren. In meinem Gedächtnis lagert ein Verzeichnis von Fotografien der Skyline von Melbourne, aber bei meiner Rückkehr war dieses Verzeichnis nicht auf den neuesten Stand gebracht. Mit dem Auto machte ich eine Tour an der Ostseite des Lake Ontario, dort, wo der St. Lawrence beginnt, in dem «Tausend Inseln» genannten Gebiet. Ich erinnere mich an verschiedene Bemerkungen meiner Mitreisenden im Auto. Dann war da der Moment, wo wir anhielten, um ein Eis zu essen und ich über den kiesbedeckten Autoparkplatz ging. In welchem Sinn kann ich jedoch sagen, daß diese Reisen meine Erfahrung vergrößert haben?

Was ein sehender Reisender ohne Kamera verglichen mit einem sehenden Reisenden mit Kamera ist, das bin ich verglichen mit einem sehenden Reisenden. Der sehende Reisende mit der Kamera häuft visuelle Erinnerungen an, so daß seine gegenwärtigen Erlebnisse verlängert, wiedererinnert, mit anderen geteilt und nochmals genossen werden können. Wenn ich, der blinde Reisende, der im Auto sitzt, über meinen sehenden Mitreisenden nachdenke, dann ist er für mich wie jemand, der eine Kamera hat. Unaufhörlich speichert er die erinnernswerten Dinge, die er sieht, Skylines, Wasserfälle, Sonnenuntergänge, Inseln und Brücken, im Verzeichnis seines Gedächtnisses, so daß er in ihnen leben, von ihnen sprechen, sie mit anderen Orten, die er besucht hat, vergleichen, Querverbindungen zwischen ihnen herstellen und immer wieder auf sie zurückkommen kann. Er wird darüber sprechen, wo er gewesen ist, welche Eindrücke er gehabt hat. Der sehende Reisende mit der Kamera sagt zu seinem Freund: «Oh, aber du wirst nichts haben, womit du dich erinnern kannst.» Das Gleiche würde auch ein Sehender zu einem Blinden sagen (wenn es ihm überhaupt einfiele, sich zu fragen, wie dessen Erfahrung beschaffen ist). Daher kommt es, daß meine Kenntnisse, wenn ich an die Orte zurückdenke, die ich in den vergangenen vier Jahren besucht habe, nicht in einem Umfang bereichert wurden, der mit der Mühe, dorthin zu kommen, vergleichbar wäre. Ich habe sehr viel über diese Orte erfahren, wovon ich den Großteil allerdings auch hier hätte erfahren können, wenn ich mir die Mühe gemacht hätte. Wenn ich mit Menschen in ihren Häusern in Houston über die Sicherheitsprobleme in amerikanischen Großstädten sprach, habe ich im Geiste verschiedene Eindrücke vom Leben in Amerika gespeichert, aber sie summieren sich schwerlich zu einem Besuch in Houston. Mit Menschen in ihrer Heimatstadt zu sprechen beinhaltet eine gewisse Unmittelbarkeit insofern, als die Anekdoten frischer sind und man ihre alltäglichen Gespräche mitanhört. Was aber sind Houston, Ottawa und Melbourne für mich?

So wie Blinde Menschen kennenlernen, indem sie nämlich Erinnerungen um den Namen der Person herum anlagern, genauso ist es mit Städten. Um das Stichwort ‹Ottawa› herum assoziiere ich meine Erinnerungen an alle Menschen, mit denen ich sprach, an das Essen, das ich aß, an die Betten, in denen ich schlief, an die Hände, die ich in Ottawa schüttelte. Das bedeutet Ottawa für mich: diese Ansammlung von Erinnerungen an menschliche Begegnungen, ganz anders als das, was die Namen von Städten im Geist sehender Menschen wachrufen. Für einen Sehenden ruft ‹Sydney› ein Bild der Harbour Bridge wach, ‹Paris› den Eiffelturm und ›New York› das Empire State Building. Weniger dramatisch und symbolisch ausgedrückt: Der Name einer Stadt ruft bei einem Sehenden die Bilder dieser bestimmten Stadt wach. Ein Blinder hat entweder gar keine solchen Bilder, oder aber er projiziert in seiner Vorstellung Bilder davon, wie die Stadt seiner Meinung nach aussieht. Wir lernen jedoch weder von unseren Bildern noch aus unseren Erinnerungen, sondern einzig aus unseren Wahrnehmungen.

Aus alledem folgt für das Erleben eines erst kürzlich erblindeten Erwachsenen das seltsame Gefühl, daß er aufgehört hat, Erfahrungen zu akkumulieren. Früher schien er ständig am Rand eines Erfahrungsspektrums zu stehen, das sich kontinuierlich erweiterte. Es war wie das Anlegen eines aus Mosaiksteinen zusammengesetzten Gehwegs. Er konnte jederzeit am Rand innehalten und auf das Muster zurückschauen. Wenn ich heute zurückschaue, habe ich das Gefühl, das Anlegen des Mosaiks endete im Sommer 1980. Seitdem bin ich durch eine weglose Ödnis mit nur sehr wenigen geordneten und verarbeiteten Erlebnissen gewandert, die die Lücke zwischen dem, wo ich heute bin, und dem letzten Stein des Mosaiks, das ich weit hinter mir sehe, schließen könnten. Wenn man auf einer von vielen Häusern oder Bäumen gesäumten Straße entlangfährt, hat man ein bestimmtes Gefühl der Geschwindigkeit und des Durchmessens der Entfernung und der Zeit. Wenn man die Reise durch die weglose Ödnis antritt, durch den Raum oder durch die Wüste, durch eine Welt ohne Eigenschaften, verliert man dieses Gefühl. Riesige Räume erscheinen klein; manchmal erscheinen kleine Räume riesig. Da der Wechsel von Tag und Nacht fehlt und man den Rhythmus der Jahreszeiten nicht mehr anschaulich miterlebt, wird das noch verstärkt. Die Tage werden zwar kälter, aber nicht kürzer; es ist nicht die Rede davon, ob die Herbstblätter in diesem Jahr schöner und bemerkenswerter sind als in dem herrlichen Herbst vor ein paar Jahren. Das Erleben hat seine Merkzeichen verloren.

Wie sich ein blinder Erwachsener an vergangene Erlebnisse erinnert, hat Ähnlichkeit damit, wie sich alle Erwachsenen an ihre Kindheitserlebnisse erinnern. Wenn sich Erwachsene an ihre Kindheit erinnern wollen, suchen viele nach visuellen Bildern der Art, die sie heute aufnehmen würden, wenn sie an jenen Orten wären. Sie denken zum Beispiel an das Aussehen von Möbeln oder die Einrichtung von Räumen, an die Anlage des Gartens oder die Ladenzeile in der Nähe des Hauses. Entscheidend ist aber, daß die Dinge für das kleine Kind nicht so aussehen und darum auch nicht in einer Form gespeichert werden konnten, die der Erwachsene sich im Vergleich mit erst kürzlich gespeicherten Bildern vergegenwärtigen oder wiedererkennen kann. Hier und dort, unterhalb und oberhalb des zufälligen visuellen Auslösers liegt etwas Tieferes, das körperliche Erinnerung genannt werden kann. Das ist nicht so sehr eine Erinnerung daran, wie die Dinge ausgesehen, sondern vielmehr daran, wie sie sich angefühlt haben. Die lebendigsten derartigen Erinnerungen gehen nicht auf ein bestimmtes Ereignis zurück, sondern auf ein regelmäßiges Geschehen. Von den Augenblicken der Empathie, die ein Erwachsener einem

Kinde gegenüber aufbringt, das das Gleiche erlebt, sind sie nur schwer zu unterscheiden.

So ist es mit den Erinnerungen eines blinden Erwachsenen. Sie konzentrieren sich auf das, was sein Körper erlebt oder erlitten hat. Das ist ein deutlicher Unterschied zur visuellen Erinnerung, weil der Körper nicht fühlt, was das Auge sieht.

Meine Erinnerungen an Melbourne bestehen daher aus den zahllosen Autofahrten von einem Ort zum anderen und aus den unterschiedlichen Materialstrukturen des einen Sicherheitsgurts und des anderen Sitzpolsters. Bei der und der Stadt denke ich an das Unbehagen, als ich im kalten Wind stand, bei einer anderen daran, daß ich stundenlang steif auf einem Stuhl saß, bei wieder einer anderen an die wohltuend glatten kühlen Fliesen im Badezimmer. Meine Erinnerung ist wie die Erinnerung einer Schlange. Mein Körper kann sich den schmalen kleinen Streifen am Boden, über den ich hinweggeglitten bin, ins Gedächtnis rufen, und diese Erinnerung setzt sich aus winzigen Einzelheiten zusammen, so winzigen, daß sie sogar vom Standpunkt der Katze und des Hundes irrelevant wären. Hier steigt der Fußweg ein wenig an, da ist eine Kerbe in der Bordsteinkante, auf diesen einen Telefonmast ist eine Metallplatte aufgeschraubt, dieser andere aber ist glatt.

Diese Strecke, wie die Spur eine Schlange, ist das, was ich von meinem Weg von Zuhause zum Büro kenne. Es entspricht nicht genau dem Gehen von einem Ort zu einem anderen Ort durch dazwischenliegende Orte. Wenn ich versuche, mir meinen Weg bildlich vorzustellen, dann antizipiere ich die Empfindungen, die mein Körper zu unterschiedlichen Zeiten (zum Beispiel an bestimmten Stationen) haben wird. Hier wird er von einem Gegenstand geführt, der links von mir steht, wenn ich vorübergehe, später wird es ein Gegenstand zu meiner Rechten sein. Was mehr als sechzig Zentimeter oder einen Meter zu beiden Seiten dieser Spur von mir entfernt liegt, bedeutet mir nichts. Es ist nur Teil meiner Erfahrung, wenn es mich als Verkehrslärm oder als Gesang der Vögel erreicht. Mein Ort teilt sich mir durch die Sohlen meiner Füße und durch die Spitze meines Stocks mit.

Ich kann nun über die Bedeutung der gesamten Erfahrung in Australien nachdenken. Ich bin im Tunnel um eine Kurve gegangen. Bis jetzt war noch Licht an seinem Ende. Zwar habe ich mich von diesem Licht fortbewegt, immer tiefer von ihm fort; dennoch ist das Licht immer dagewesen, hinter mir. Es ist ein immer kleiner werdender winziger Punkt gewesen, aber seine Anwesenheit gab Orientierung und Führung. Zumindest war da ein Anhaltspunkt in der Vergangenheit, von dem ich mich entfernte. Es ist wie ein heller Stern gewesen, von dem mein Raumschiff sich immer weiter wegbewegt hat, doch das weiß ich nur dank des Sterns, der einen Punkt fixiert, von dem meine Position immer weiter entfernt ist.

Wenn ich zu der Metapher des Tunnels zurückkehre, so bin ich um eine Kurve gebogen. Der winzige Lichtpunkt scheint verschwunden zu sein.

Das Licht am Ende des Tunnels bestand aus meinen Erinnerungen an die fünfundvierzig Jahre meines Lebens als Sehender. Sie scheinen in zwei Teile zu zerfallen. Vierundzwanzig Jahre (1935–59) habe ich in Australien verbracht. Einundzwanzig Jahre (1959–80) habe ich dann in England verbracht, vierzehn davon in Birmingham. Der Teil des Lichts, den meine Jahre in Birmingham repräsentierten, wurde ganz allmählich von Erinnerungen aus den Jahren meines Blindseins überlagert. Wenn ich nun im Auto durch die Straßen von Birmingham fahre, dann erkenne ich auf den mir vertrauten Routen oft an den Fahrbewegungen des Autos auf gerader Strecke und beim Abbiegen, wo ich bin. Ich bin wie ein auf dem Rücksitz schlafender Hund, der ein oder zwei Straßen von zu Hause entfernt aufwacht. In seinem Körper kennt er diese vertrauten, letzten Bewegungen und Rucke des Autos. Diese Erinnerungen haben in einem gewissen Umfang den Platz der visuellen Erinnerungen an die Straßen eingenommen. Natürlich kann ich mich in Birmingham viel besser orientieren, als es mir in jeder anderen Stadt möglich wäre, denn hier werden so viele meiner Erfahrungen als Blinder von Erinnerungen aus der Zeit, wo ich noch sehen konnte, ergänzt. So sehe ich zum Beispiel in meiner

Vorstellung noch immer den Glockenturm der Universität, Big Joe. Das hilft mir, meine Umgebung räumlich auszufüllen und zu wissen, wo ich bin. Die ersten vierundzwanzig Jahre meines Lebens bestehen jedoch ganz aus Licht. Abgesehen von dem Besuch in Melbourne im Jahre 1980, als ich noch etwas sehen konnte, hatte ich keine Möglichkeit, mich dadurch neu zu orientieren, daß diese visuelle Schicht allmählich von Erinnerungen als Blinder überlagert wurde. Zwischen mir und jener Vergangenheit als Sehender hat sich nun eine Art Schutzmauer aufgebaut. Wenn ich heute an Australien denke, dann tauchen nicht nur Bilder von golden glänzenden Stränden, sich wiegenden Eukalyptuswäldern und ausgedörrten Berghängen mit ihren Felsvorsprüngen auf, sondern auch die in meinem Körper gespeicherten Erinnerungen an holpernde Autofahrten, keuchendes Gehen von einem Zimmer zum andern, die Berührung der Geländer im Zoo von Melbourne und den Duft des Buschs.

Teile meiner einundzwanzig Jahre Englanderfahrung als Sehender sind noch hell erleuchtet. Das Licht scheint offenbar auf alle die Orte, die ich als Blinder noch nicht wieder besucht habe. Jedes Mal, wenn ich nun noch einmal an einem dieser Orte bin, wird mir schmerzlich bewußt, daß ich keine neuen visuellen Bilder aufnehmen, die vorhandenen Erinnerungen nicht auffrischen, Veränderungen nicht gedanklich festhalten und nicht mehr herausfinden kann, was hinter dieser Wegbiegung liegt, wohin zu gehen ich früher keine Zeit hatte. Statt dessen muß ich jetzt ganz von vorn anfangen, wobei mir zwar die visuellen Erinnerungen bis zu einem gewissen Umfang helfen, dennoch aber muß ich die Stadt als Teil einer anderen Welt neu kennenlernen. Mein gesamter visueller Wissensschatz versinkt also in die Vergangenheit, wird weniger nützlich, weniger bedeutsam für mich, weniger genau. Die bestürzende Erkenntnis, die ich während des Besuchs in Melbourne gewonnen habe, nämlich wie fern diese visuelle Vergangenheit bereits ist, bezeichne ich als Biegung um eine Kurve im Tunnel. Wenn das Verschwinden des letzten Lichtfleckens mir sagt, daß ich mich auf neue Weise im Raum orientieren muß, dann sagt es mir auch, daß ich mich auf neue Weise in meinem Leben orientieren muß. Ich befinde mich jetzt in blinder Zeit, nicht in sehender Zeit.

Worin besteht die Bedeutung des Blindseins? Es ist seltsam, daß ich vier Jahre nach der Registrierung und zwei Jahre nach meiner völligen Erblindung immer noch diese Frage zu ergründen versuche.

# 7
# STÄRKER ALS GEFÜHLE
## Winter 1984

*Dein Bild auf der anderen Seite* 13. Oktober 1984

Gestern abend sprachen Marilyn und ich darüber, ob meine Gefühle für Thomas und Elizabeth anders wären, wenn ich sie jemals hätte sehen können. Wird die Tatsache, daß ich sie nie gesehen habe, meine Beziehung zu ihnen ständig beeinträchtigen? Ist es wichtig, daß sie ganz zu meinem zweiten Leben, meinem blinden Leben, gehören?

Imogen verbindet beide Leben wie eine Brücke. Sie war sieben, als ich mein Augenlicht verlor; nun ist sie elf. Kann es nicht aber sein, daß Imogen in meiner Vorstellung als Siebenjährige festgeschrieben ist und daß Marilyn ewig jung und schön bleibt?

Wenn man das Blindsein als Reise in einen dunklen Tunnel erlebt, dann ist das von Bedeutung. Die sich entfernenden Gesichter von Imogen und Marilyn bilden eine Art konstantes Licht am anderen Ende, hinter mir. Dadurch habe ich einen Bezugspunkt, von dem aus ich meine fortwährende Weiterreise durch den Tunnel beurteilen kann. In gewisser Weise zeigt er mir auch überdeutlich, wieviel Zeit ich bereits in dem Tunnel verbracht habe, indem er einen Orientierungspunkt bietet, der mir das unaufhaltsame Zurückweichen des Lichts klar macht. Es ist, als seien sich die Reisenden während des ersten Teils einer Fahrt durch den Weltraum noch der Geschwindigkeit bewußt, mit der sie sich von der weiterhin sichtbaren Erde entfernen, in der schwarzen Weite des Raums aber haben sie kein vergleichbares Gefühl für die Geschwindigkeit oder die Zeit mehr. Solange es ein immer kleiner werdendes Bild gibt, solange weiß man zumindest, daß man sich davon entfernt.

Das hierbei eine Rolle spielende Moment der Festschreibung, nämlich daß man sich die Person weiter so denkt, wie sie vor Jahren war, macht andererseits die Zeit weniger real. Man glaubt, in seinen Beziehungen nicht vorangekommen zu sein. Das zeitlose, festgeschriebene Bild des Nicht-Vorankommens einerseits und das sich vertiefende Gefühl der Entfernung, der Eindruck, daß man ständig weiterreist, immer weiter weg, geraten in Widerspruch. Dieser Widerspruch hilft mir, die merkwürdige Bitterkeit und Verwirrung zu verstehen, die mich in Gegenwart mir lieber Menschen erfaßt, die ich einmal sah, nun aber nicht mehr sehen kann. Das würde auch meinen Schmerz während des Besuchs bei meinen australischen Verwandten, insbesondere bei meinen Eltern, im Sommer erklären.

Das ist ein gutes Beispiel für das, was die Psychologen «kognitive Dissonanz» nennen. Unbehagen stellt sich ein, weil man weiß, daß man zwei einander ausschließenden Auffassungen oder Vorstellungen anhängt. Zum einen glaube ich zu wissen, wie du aussiehst. Wenn ich jetzt mit dir spreche, steht mir dein Bild geistig vor Augen. Daher hat sich, obwohl ich blind bin, nichts verändert. Ich habe mich nicht verändert. Du hast dich nicht verändert. Ich kann weiterhin, vermittelt durch dieses visuelle Bild, das ich in meinem Gedächtnis trage, eine Beziehung zu dir herstellen. Zum anderen weiß ich, daß vor dieser visuellen Erinnerung, die zwischen uns und meinem aktuellen jetzigen Leben vermittelt, ein tiefer, schwarzer Strom der Zeit liegt, der die Ufer meines Bewußtseins überflutet, der immer breiter und stärker wird und uns voneinander fortträgt. Dein Bild ist dort, auf der anderen Seite, es entfernt sich immer mehr und ist nun völlig unerreichbar. Ich habe mich verändert. Du hast dich verändert. Alles ist verändert. Diese beiden Vorstellungen geraten in Konflikt.

Das mit diesem Widerspruch verbundene Unbehagen kann dir Unwohlsein bereiten, es kann aber auch sehr schmerzhaft werden. Lindern kann man es auf unterschiedliche Weise. Ich kann deinem Bild, das auf der anderen Seite des Bodens hell erstrahlt, den Rücken zukehren wollen. Nun kann ich versuchen, meine Beziehung zu dir auf dieser Seite, auf der wir uns jetzt befinden, auf einer völlig neuen Grundlage wiederaufzubauen. Oder aber es reizt mich, an der Vergangenheit festzuhalten, in der Betrachtung deines Bilds, wie ich es im Gedächtnis trage, zu schwelgen und es immer vor Augen zu haben, so daß ich, wenn ich mit dir spreche, bewußt immer über dieses geliebte Bild mit dir Verbindung aufnehme. Im ersten Falle versuche ich, die Vergangenheit zu zerstören. Im zweiten lebe ich in der Vergangenheit.

In der Beziehung zu Thomas und Lizzie bemerke ich diesen besonderen Widerspruch nicht. Ich bin vielmehr als Vater marginalisiert. Meine Interaktion mit ihnen ist nun eng begrenzt, und ich bin nicht der Vater, der ich gern sein würde. Dennoch erlebe ich, wenn ich mit ihnen zusammen bin, nicht dieses seltsame Gefühl schockhafter Verblüffung, das ich manchmal bei Imogen und Marilyn und insbesondere bei meinen Eltern habe. Thomas und Lizzie sind ganz und gar Kinder meines Blindseins. Sie haben darin einen ständigen Platz, und daher ist meine Beziehung zu ihnen nicht durch visuelle Erinnerungen aus der Vergangenheit beeinträchtigt. Sie entwickelt sich ausschließlich im Rahmen nicht-visueller Begegnungen. Erlebe ich also mit Thomas und Lizzie das, was Alfred Schutz das «gemeinsame Altwerden» nennt? Erleben wir gemeinsam einen Reifungsprozeß? Sind wir wirklich zusammen, leben in dieser Zeit und diesem Raum? Die Antwort lautet ja. Die Basis dafür ist vielleicht schmal, aber die Gemeinsamkeit ist da. Bei Imogen und Marilyn bin ich da nicht so sicher.

Im Zusammensein mit einer geliebten Frau besteht die Erfahrung des gemeinsamen Altwerdens im wesentlichen darin, daß man das Werk der Zeit miterlebt. Im Falle eines Kindes, das zu einem jungen Erwachsenen wird, besteht sie vielleicht darin, daß man diesen Prozeß des Heranwachsens miterlebt. Ich möchte wissen, wie sich das kindliche Gesicht und die kindliche Gestalt in die einer jungen Frau verwandeln. Wäre es bei einem Sohn anders?

In meine Beziehung zu den kleineren Kindern spielt eine Rollenentfremdung (der Verlust der Vaterfunktion) hinein, in meiner Beziehung zu Imogen und Marilyn kommt jedoch ein kognitiver Widerspruch (der Zusammenhang von Vergangenheit und Gegenwart) zum Tragen.

Das hat auch Folgen für meine Beziehung zu mir selbst. Dank der Erinnerung an Fotografien und an mein Bild im Spiegel wußte ich, wie ich aussah. Seltsamerweise sind viele der Fotografien, an die ich mich lebhaft erinnere, nicht neueren Datums, sondern vor vielen Jahren aufgenommen. Daher weiß ich, daß meine Erinnerungen an mich selbst bereits überholt sind, und das Seltsame dabei ist, daß ich sie nicht auffrischen kann. Das bedeutet, daß ich auch eine kognitive Dissonanz wahrnehme, wenn ich an mich denke. Auf der einen Seite weiß ich, daß ich die und die Person mit bestimmten Zügen bin. Auf der anderen Seite kenne ich mich als jemanden, der vermutlich nicht mehr so aussieht, und ich kann das Werk der Zeit auf meinem Gesicht nicht beobachten. Wie kann ich dann aber mit mir selber alt werden?

Ich bin von meinem eigenen Schatten getrennt worden, wie in den Cartoons. Ein zitterndes Selbstbildnis bleibt zurück, während das wirkliche Ich bei einer plötzlichen Explosion, die mich in zwei Bilder zerteilt hat, fortgeblasen wurde. Jedes zeigt einen anderen Gesichtsausdruck und eine andere Körperhaltung und tut andere Dinge. Ich habe eine zweifache Beziehung zu mir selbst.

Sollte ich mein altes Aussehen als Sehender ganz vergessen? Sollte ich nun versuchen, mich allein mit Hilfe nicht-visueller Daten neu kennenzulernen? Offensichtlich ist das unvermeidlich. Was wird dann aus jenen fünfundvierzig Jahren, in denen ich ein sehendes Ich war?

Daß es mir so weh tat, nach Australien zurückzukehren, hat wohl zum Teil daran gelegen. Ich war ja mit den ersten vierundzwanzig Jahren, mit der Kindheit und Jugend jenes sehenden Ichs konfrontiert, von dem ich nun, da ich in andere Tiefen der Erkenntnis meines gegenwärtigen Ichs eingetaucht bin, abgeschnitten bin.

### *Sich verlaufen* — *8. November 1984*

Ich glaube, es ist David Scott Blackhall, der in seiner Autobiographie *The Way I See Things* schreibt, wie er sich darüber ärgerte, wenn Leute seine Frage, wo er sich befände, nicht beantworteten und statt dessen ihn hartnäckig fragten, wohin er denn gehen wolle. Diese Erfahrung habe ich auch gemacht.

Als ich neulich abends nach Hause ging, mußte ich von meiner Route abweichen, weil auf einem Gehweg irgend etwas gebaut wurde. Aus Versehen bog ich in eine Seitenstraße ein, und ungefähr an der nächsten Kreuzung, als mir klar wurde, daß ich irgendwo einen Fehler gemacht hatte, wußte ich nicht mehr genau, wo ich war. Am Straßenrand reparierten ein paar junge Männer ein dort abgestelltes Auto. «Entschuldigung», sagte ich. «Können Sie mir bitte sagen, wo ich bin? Wie heißt diese Straße?»

Der junge Mann erwiderte: «Wo wollen Sie denn hin?»

Mit einem wie ich hoffte gutmütig klingenden Lachen sagte ich: «Machen Sie sich darüber keine Sorgen, bitte sagen Sie mir nur, welche Straße das ist.»

«Das hier ist die Alton Road. Sie gehen doch normalerweise durch die Bournbrook Road, stimmt's? Das ist die nächste Querstraße.»

Ich dankte ihm und erklärte, daß ich nun noch wissen müßte, wo genau in der Alton Road ich war, damit ich zur Bournbrook Road zurückgehen konnte. «Auf welcher *Seite* der Alton Road bin ich? Wenn ich mich so drehe, schaue ich da zur Bristol Road, oder liegt die entgegengesetzt?»

«Sie wohnen ganz hinten in der Bournbrook Road, nicht? Wenn Sie an der nächsten links abbiegen, kommen Sie genau hin.»

Aber in welche Richtung ist <links>? Meint er, daß ich die Straße überqueren muß, oder soll ich auf dieser Seite bleiben? An diesem Punkt beginnt für den Blinden und den Sehenden das wechselseitige Mißverstehen.

Wenn sich ein Sehender verläuft, interessiert ihn nicht, wo er ist, sondern nur, wohin er will. Wenn man ihm sagt, daß das Gebäude, das er sucht, in einer bestimmten Richtung liegt, findet er sich wieder zurecht. Wenn sich ein Sehender verläuft, dann heißt das, daß er nicht weiß, wo das Gebäude ist, das er sucht. Er verläuft sich nie so, daß er nicht mehr weiß, in welcher Straße er gerade ist; an der nächsten Kreuzung schaut er einfach auf das Straßenschild. Er hat sich nur in der Richtung geirrt, nicht in seinem Standort. Ein Blinder, der sich verirrt hat, kennt weder seine Richtung noch seinen Standort. Er muß aber seinen Standort wissen, um seine Richtung wiederzufinden. Das ist ein so tiefes Verlorensein, daß es sich die meisten sehenden Menschen nur schwer vorstellen können.

### *Taxis* — *10. November 1984*

Sehende helfen mir oft, Taxis anzuhalten. Unweigerlich muß ich häufig miterleben, daß mein neuer Freund mich nicht nur über die Straße zum Taxi geleitet, sondern dem Taxifahrer auch noch Anweisungen gibt. Wenn wir gemeinsam zum Taxistand gehen, fragt mich mein Begleiter, wohin ich fahren will. Wenn er mich dann ins Taxi gesetzt und darauf geachtet hat, daß ich mir auch nicht den Kopf anschlage, gibt er meine Auskünfte an den Taxifahrer weiter.

Der Sehende sorgt sich um mich. Er kümmert sich um mich. Die Fürsorglichkeit gibt ihm das Gefühl, daß er ein Erwachsener ist und ich ein Kind bin. Wenn Sie ein Kind in ein Taxi setzen würden, würden Sie versuchen, aus dem Kind herauszubekommen, wo es wohnt oder wo es hinfahren will. Sie würden es nicht dem Kind überlassen, mit dem Taxifahrer zu verhandeln. Sie würden sich vergewissern, daß der Taxifahrer diese Information aufgenommen und richtig verstanden hat, bevor Sie es zulassen würden, daß das Kind aus Ihrer Obhut verschwindet und fortgefahren wird. So ist es zwischen einem Sehenden und einem Blinden.

### *«Kaust du?»* — *11. Dezember 1984*

Thomas interessiert sich sehr dafür, woher ich Dinge weiß und wo mein Wissen aufhört und aus welchen Einzelheiten es besteht. Heute morgen sagte ich beim Frühstück: «Jetzt ißt du dein Frühstück auf. Das ist brav.»

Er sagte: «Woher weißt du das?»

«Ich kann hören, wie du kaust, und ich kann es fühlen.» Ich hatte die Hand ausgestreckt und auf seinen Rücken gelegt und spürte, wie sein Körper beim Essen vibrierte.

Er rückte ein Stück weiter weg und aß leiser und fragte: «Kannst du mich immer noch hören? Kaue ich jetzt auch noch?»

«Ja, ich kann dich immer noch hören.»

Noch leiser kauend stellte er die Frage noch einmal.

«Nein», antwortete ich. «Jetzt kann ich dich nicht mehr hören. Kaust du noch?»

«Ja», antwortete er frohlockend und biß heftig noch einmal ab.

Er hatte die Grenze entdeckt.

Als er oben angezogen wurde und ich mit ihm im Zimmer war, sagte er zu Marilyn: «Wenn ich viel älter bin, vielleicht ungefähr zehn, sind Daddys Augen dann wieder gesund?»

Marilyn erwiderte: «Nein, Thomas, dann sind sie nicht gesund.»

«Werden sie nach ganz, ganz langer Zeit wieder gesund?»

«Nein, Liebling, sie werden nie wieder gesund.»

«Oh.»

## *Das Krankenhaus* — *13. Dezember 1984*

Ich war zehn Tage im Krankenhaus. Ich lag in einem kleinen, nur mit zwei Betten belegten Zimmer gleich neben dem eigentlichen Krankensaal, in dem ungefähr zwanzig Betten standen. Der Tagesraum, in dem das Telefon war, lag am anderen Ende der Station. Wenn ich zum Telefon wollte, mußte ich durch den Gang in der Mitte der Station laufen, zwischen zwei Bettenreihen hindurch.

Als ich diese Reise zum ersten Mal antrat, war es ein Alptraum. Noch nie zuvor habe ich etwas erlebt, was mich so an Spießrutenlaufen erinnert hätte. Ich war eine Sensation. Mit meinem weißen Stock zog ich alle Blicke auf mich. Alle Gespräche verstummten. Jeder Patient der Abteilung rief mir gute Ratschläge zu. «Ein Stück nach links! Ein Stück nach rechts! Paß auf, Mann! Jetzt hast du's, Mann! Geradeaus kommst du genau hin. Paß auf, der Wagen! Weiter geht's! Nicht so hastig!» Ich war völlig verwirrt von dem Geschrei und konnte mich nicht mehr konzentrieren.

Als ich am Ende des Saals angekommen war, blieb ich stehen und bat einen der Männer, die mich so freundlich angefeuert hatten, mir eine Telefonnummer vorzulesen, die auf einem Stück Papier stand. Ein junger Mann kam herüber und las sie mir vor. Ich wiederholte sie, dankte ihm und ging weiter. Ich hörte, wie ein älterer Mann zu dem jungen sagte: «Geh ihm doch mal nach und paß auf, daß er klarkommt.» Einen Augenblick später tappende Schritte hinter mir, und eine Hand legte sich auf meinen Arm. Ich drehte mich um und sagte unverblümt, aber mit einem Lächeln: «Was wollen Sie?»

Der junge Mann lachte und erwiderte leicht beschämt: «Ich bin Ihnen nur nachgegangen, damit Sie sich nicht, äh, an der Tür stoßen.»

«Ich danke Ihnen vielmals, aber mit dieser Hilfe haben Sie dafür gesorgt, daß ich die Telefonnummer vergessen habe.»

Darüber mußte er lachen, und ich zog das Stück Papier aus der Tasche. «Wie war sie nochmal?»

Er las sie mir vor, und ich machte mich wieder auf den Weg. Von hinten rief er mir zu: «Ein kleines Stück nach links, Vorsicht, jetzt kommen Sie hin, nun geradeaus.»

Mich umwendend sagte ich: «Pst – sonst vergesse ich sie wieder!»

«Tut mir leid!» rief er, als ich die Tür zum Tagesraum fand, hineinging und meinen Anruf machte.

Die Rückreise war genauso schlimm. Wieder ließ es sich keiner der Anwesenden nehmen, mir zu helfen. Die Luft war dick von Rufen wie «Ein Stück nach links, ein Stück nach rechts, ein Stück zurück!» Ich war nicht imstande, diese Rufe zu überhören und drehte mich von links nach rechts wie Prince Philip in einer Ausstellung, dankte diesem und jenem Mann, sagte guten Tag und auf Wiedersehen und versicherte ihnen, daß ich zurechtkam, und bei alledem war es fast unmöglich, mich zu konzentrieren; nun war ich wirklich in Gefahr, in einen Wagen hineinzulaufen. Als ich wieder in meinem kleinen Zimmer angekommen war, waren meine Hände schweißnaß, und mein Herz hämmerte vor Aufregung; ich war völlig erschöpft. Die Anstrengung und die Verlegenheit hatten meine ganze Kraft aufgebraucht.

Von da an telefonierte ich nur noch spätabends, wenn alle schliefen. Es war ganz einfach, durch den Gang zu gehen, wenn ich ab und zu die Stange eines Betts berührte, um mich zu vergewissern, daß ich geradeaus ging. Ich hatte nie die geringsten Schwierigkeiten, das Telefon zu finden, und ich bin nie an irgend etwas angestoßen, vorausgesetzt, alle Männer schliefen. Es sind diese Hilfsangebote, die mich wirklich behindern.

## *Ist die Zeit des Trauerns vorüber?* *30. Januar 1985*

Im November des vergangenen Jahres befand ich mich abends auf dem Heimweg. Ich stand an der Ampel in der Bristol Road und wartete auf den Piepton. Plötzlich empfand ich ganz stark den Kontrast zwischen dem Anblick, den ich bot, und meinem Selbstgefühl. Alle diese Leute, die da in ihren Autos vorbeirasten, dachten sicherlich: «Ach Gott! Da steht ja ein Blinder. Hoffentlich tritt er nicht gerade vor mir auf die Straße. Möchte wissen, ob er das schafft. Ich sollte vielleicht langsamer fahren oder nachsehen, ob er Hilfe braucht. Möchte wissen, warum er keinen Hund hat.»

Innerlich war ich jedoch heiter, fühlte mich kompetent und in einer Situation, die ich, wie ich wußte, bewältigen konnte. Der aus allen Richtungen auf mich eindringende Verkehrslärm war schwer und üppig, die Begleitmusik der auf den Bürgersteigen gehenden Menschen, auf dieser Straßenseite lauter, auf der gegenüberliegenden leiser, und die anderen Echos und Klangprofile, dies alles setzte sich zu der akustischen Gestalt zusammen, die ich Bristol Road nenne. In wenigen Augenblicken würde sich das Verkehrsgeräusch verändern. Anstelle des jetzt abwechselnd sich nähernden und sich entfernenden Rauschens würde auf beiden Seiten das Brummen leerlaufender Motoren zu hören sein. Dazwischen würde es einen Streifen Stille geben. Ich würde mich nach vorn beugen, meinen weißen Stock in voller Länge vor mich halten und damit flott erst auf der einen und dann auf der anderen Seite neben mir auf den Boden aufschlagen und dadurch meine Absicht, die Straße zu überqueren, ankündigen (falls überhaupt jemand daran gezweifelt haben sollte), und dann würde ich mit festem Schritt in diesen Streifen Stille hinaustreten. Ich würde rasch über die Straße gehen, mit meinem Stock die Kante des Bordsteins auf der anderen Seite berühren und dann auf den Gehweg treten, mich kurz umdrehen und den imaginären Fahrern zuwinken, bevor ich an den Pfählen des Eisenzauns wieder zum Stehen kommen würde. Die Lücke hinter mir würde sich inzwischen geschlossen haben, und von beiden Seiten heranrollend würde ein Donnern den Ort überziehen, den ich gerade durchschritten hatte. Ich hatte es, wieder einmal, geschafft.

Als ich dort stand und auf den Piepton wartete, kam es mir jedoch plötzlich in den Sinn, daß das, was für mich eine ganz normale, von Leben erfüllte und informative Umgebung war, die mir alles mitteilte, was ich für ein sicheres Überqueren der Straße wissen mußte, für einen Motorisierten ganz anders aussehen mußte. Der Gedanke, «Sie denken, ich bin blind, bin ich aber nicht!» schoß mir durch den Kopf. Ich wollte aber denken: «Sie denken, ich bin unbeholfen und hilflos und weiß nicht, wo ich wirklich bin, und mache vielleicht etwas Dummes und für mich und sie Gefährliches. Aber ich bin vermutlich genauso sicher wie der durchschnittliche sehende Fußgänger beim Überqueren der Straße.»

Wenn ich heute zurückblicke, glaube ich, daß ich bei dieser Gelegenheit zum ersten Mal als Blinder in meiner eigenen Welt, in der ich mich ziemlich gefahrlos und leicht bewegen konnte, das Gefühl von Gelassenheit und Vertrauen hatte. Nun, wo ein befriedigendes Weihnachten hinter mir liegt, spüre ich noch deutlicher als zuvor, daß die Australienreise im vergangenen Sommer ein Wendepunkt, wenn nicht sogar ein Durchbruch in meinem Trauern über den Verlust des Sehens war. Manchmal überfallen mich noch immer bittere Gefühle von Kummer und Verlust, insbesondere in Gegenwart der Kinder, insgesamt aber bin ich gefaßter. Das Leben ist erträglich geworden, ich bin mehr oder weniger Herr meiner Lage und meiner Arbeit und meiner damit verbundenen Gefühle. Ich darf wohl behaupten, daß viele dieser Gefühle wiederkehren werden und daß ich von Zeit zu Zeit wieder in Trauer verfallen werde. Dennoch ist die Hauptperiode des Trauerns vorüber.

Es hat viereinhalb Jahre gedauert, bis ich an diesem Punkt angekommen bin. In der Radiosendung «In Touch» sprach neulich eine Frau über das Trauern nach ihrer Erblindung. Mit einem entschuldigenden Lachen sagte sie, daß sie volle vierzehn Tage dazu gebraucht hätte. Ich staune darüber, daß sich einige Menschen so schnell, so energisch umstellen können. Für mich ist es wie ein langer, langsamer, sich hinziehender Tod gewesen.

### *Ein Gefühl, stärker als Gefühle* — *3. Februar 1985*

Solange ich die Initiative ergreifen kann, geht es mir offenbar gut. Die Kinder bekamen zu Weihnachten einen großen Baukasten geschenkt. Die Muttern und Bolzen waren dick wie die Finger von Erwachsenen. Die Plastikbauteile waren zwischen zwanzig und vierzig Zentimetern lang. Es war ein primitives, kindliches Spielzeug, mit dem ein Blinder leicht umgehen kann. Lego hingegen ist zu klein und kompliziert.

Vor ein paar Wochen hatten Thomas und ich einmal viel Spaß, als wir an einem Samstagvormittag mit diesem Baukasten spielten. Wir bauten ein Weltraumgeschütz und dann einen hohen Stuhl für den Teddy. Er hatte Räder und alles. So befriedigend wie dieses Mal hatten wir noch nie zusammen gespielt. Ich tat etwas, und wir taten es gemeinsam. Sonst bin ich die meiste Zeit über nur dabei, wenn etwas getan wird. Und auch wenn wir etwas zusammen machen, dann sind das zwar gleichzeitige, aber individuelle Handlungen, wie beim Essen, das wir zur gleichen Zeit, aber jeder für sich einnehmen. Der Spaß am Spielen mit dem Baukasten bestand darin, daß es wechselseitig war.

Heute war es ganz anders. Eine langjährige und von der ganzen Familie geliebte Freundin kam mit nachträglichen Weihnachtsgeschenken. Eines davon war eine ganze Serie von kleinen Plastikröhrchen aus Schaumgummi, die sich, wenn man sie in warmes Wasser legte, in Tierformen verwandelten. Den Kindern gefielen sie sehr. Schreie des Entzückens ertönten aus dem Badezimmer, wann immer sich ein neues Tier zum Leben rundete.

Dann folgten einige große Mobiles, eines davon ein Clown. Man mußte ihm verschiedene Ringe, Reifen und sich bewegende Tiere über die Hände und Füße hängen.

Als ich am nächsten Morgen aufwachte, fühlte ich mich isoliert und war müde. Am Vormittag kam ein kleiner Junge zu Thomas und Lizzie zum Spielen. Eine solche Situation ist immer recht schwierig, denn ich weiß nie genau, was sie gerade machen. Ich kann den Reaktionen und Gegenreaktionen nicht folgen. Es ist schwer zu sagen, was der eine, der im Augenblick nicht schreit, gerade macht. Ich legte eine Platte auf und ging ins Wohnzimmer und hörte sie mir über die dortigen Lautsprecher an. Ich mußte aufstehen und mich an die Wand lehnen, um wach zu bleiben. Wogen von Müdigkeit zogen über mich hinweg, und am Ende ging ich nach oben und legte mich hin. Für etwa eine Dreiviertelstunde schaltete ich vollkommen ab.

Zum Essen rief ich alle Kinder zusammen, und danach fragte Thomas, ob wir mit dem Clownmobile spielen wollten. Ich hatte das flaue Gefühl, daß das sehr schwierig sein würde, wollte es aber unbedingt probieren. Ich ließ es zu, daß er mich ins Wohnzimmer führte und mir, als ich mich setzte, das Mobile in die Hand drückte. Es war ein Gewirr aus Formen und Fäden. Nach einigen Erläuterungen entdeckte ich etwas, was der spitze Hut des Clowns gewesen sein mußte. Er stand anscheinend auf einem Bein und hielt das andere in die Luft. Er läuft, sagte Thomas. Ich hielt den Clown senkrecht, während Thomas ihn mit den übrigen Teilen des Mobiles dekorierte.

In diesem Moment zogen nicht nur Wogen, sondern regelrechte Spasmen von Müdigkeit durch mein Hirn. Ich fühlte mich immer isolierter. Marilyn, die gerade ins Zimmer kam, war ziemlich beunruhigt, als sie mich sah, und drängte mich, ins Büro zu gehen. Eher zögernd befolgte ich ihren Rat und machte mich schweren Herzens auf den Weg. Mich zurückzuziehen, ob innerlich oder äußerlich, war meine einzige Schutzmöglichkeit.

Als ich zur Arbeit ging, war ich immer noch angeschlagen, und als ich mich in meinen bequemen Bürostuhl fallenließ, versank ich sofort wie betäubt, wie benommen in einen anfallsartigen Schlaf, aus dem ich ungefähr drei Stunden später erwachte.

Der Zustand zu Hause hatte große Ähnlichkeit mit einem, der unter dem Einfluß von Betäubungsmitteln entsteht. Während ich mit dem Mobile spielte, fühlte ich mich so, wie wenn man vor einer Operation gerade die Narkose bekommen hat. Man beginnt zu spüren, wie der Schlaf einen übermannt. Das, was ich spürte, war zwar nicht so übermächtig, denn sonst wäre ich umgefallen. Grundsätzlich war es aber das Gleiche.

Offenbar ist das der Schutz vor einer unerträglichen Situation. Ich höre, wie die Kinder und alle anderen auch vor Entzücken jauchzen und wie sie reden, und es ist, als machte sich das Wissen, das ich habe, über das Wissen, das ich nicht habe, lustig, während das Schmerzliche dieses Kontrasts mich dazu bringt, daß ich überhaupt nichts mehr wissen will.

Der Besuch der alten Freundin trug sicher auch noch dazu bei. Sie spielte so glücklich und mit so viel Phantasie mit den Kindern. Sie zeigte ihnen Einzelheiten, machte Oh und Ah, wenn etwas ausgepackt wurde und setzte sich hin und schaute sich das Pop-up-Buch an. Dieser bunte Wechsel spielerischer Betätigungen machte mir meine eigenen Schwierigkeiten beim Spielen mit den Kindern und den Mangel an Geschicklichkeit und Variationsmöglichkeiten, der mein Spielen mit ihnen erschwert hat, schärfer bewußt. Die kleinen Einzelheiten in den Gesten von Kindern habe ich immer besonders geliebt.

Merkwürdig ist, daß ich meine Reaktion nicht als Emotion bezeichnen würde. So ist auch die mit dem Blindsein verbundene Depression, wie ich bereits gelernt habe, kein Gefühl. In der Situation, die ich beschreibe, bin ich im eigentlichen Sinne nicht traurig, und ganz bestimmt empfinde ich keine Bitterkeit. Wenn ich an meine Beziehung zu Imogen denke, als sie zwei oder drei Jahre alt war und wir stundenlang zusammen spielten, und wenn ich das mit meinen jetzigen Gewohnheiten beim Spielen mit Thomas und Lizzie vergleiche, dann habe ich allerdings eine Emotion. Schwer zu sagen, was diese Emotion ist. Wird man vielleicht manchmal von einem so starken und so tiefen Gefühl überwältigt, daß man keinen Namen dafür findet? Können wir vielleicht nur unsere schwächeren Emotionen benennen? Blendet uns eine Emotion wie das Licht, wenn sie zu stark wird? Am ehesten werde ich dem gerecht, wenn ich sage, daß es ein schneidendes Gefühl des Verlust ist. Damit verbunden ist die Sehnsucht nach einer Beziehung, nach einer Erfahrung und vielleicht ein wenig Panik bei dem Gedanken, daß dies alles nun an mir vorübergeht und daß diese goldenen Jahre des kindlichen Spiels nicht zurückgewonnen werden können.

Dann kommt es mir so vor, als hätte ich Imogen, meine Tochter aus erster Ehe, auf eine Art verloren und verlöre nun diese jetzigen Kinder auf eine andere Art.

In dieser Situation ist mir jedoch überhaupt nicht nach Weinen zumute, und ich verspüre weder Zorn noch Selbstmitleid oder Pathos. Es ist vielmehr so, als hätte eine Absicht den Platz des Gefühls eingenommen. Die Absicht ist, mich zurückzuziehen. Das Gefühlsleben wird nicht mehr als Inhalt erfahren (zum Beispiel als eine Emotion, die einen identifizierbaren Inhalt aus Zorn, Traurigkeit und so weiter hat), sondern als eine Art dumpfes Zurückschrecken. Ich suche Schutz im Schlaf, oder der Schlaf will von mir Besitz ergreifen.

Sobald ich nicht mehr mit den Kindern zusammen bin und mich diesen Gefühlen überlassen kann, nehme ich eine bestimmte Trostlosigkeit wahr, hauptsächlich jedoch eine Unfähigkeit, ein Unvermögen zu denken oder zu handeln, eine Verwirrung oder ein Abdriften, begleitet von körperlichem Wohlbehagen, wenn der Schlaf mich übermannt.

Es dauert anscheinend mehrere Stunden, bis ein solcher Zustand überwunden ist. Manchmal geht es mir besser, wenn die Kinder gebadet haben und zu Bett gegangen sind. Oder aber ich bin im Büro und denke noch gar nicht ans Heimgehen, und ich fühle mich wohler, so als sei eine Last von mir genommen. Manchmal kommt der Wendepunkt noch früher, wenn ich weiß, daß die regelmäßige abendliche Routine, das Baden und Ausziehen, das Zubettgehritual begonnen hat. Daran beteilige ich mich ziemlich häufig und mit Erfolg. Es ist, als wüßte ich, daß die Zeit des Spielens nun vorüber ist und eine Reihe von Tätigkeiten begonnen hat, die ich ausführen kann. Erst jetzt, wo ich mich hinsetze und darüber nachdenke, bemerke ich die offensichtliche Gleichförmigkeit dieser Abläufe.

### *Eine Geheimtür* — *5. Februar 1985*

Als ich an einem Wochenende im Büro arbeiten wollte, fiel ich, als stünde ich unter dem Einfluß von Medikamenten, deprimiert in einen Tiefschlaf. Ich hatte einen lebhaften Traum über das Büro. Das Zimmer war hell erleuchtet. Ich bemerkte, daß ich die Bürotür nicht geschlossen hatte. Leute gingen im Korridor hin und her, und mir fiel ein, daß sie ja gesehen haben konnten, wie ich hier im Sessel sitzend schlief. Das alles war Bestandteil des Traums. Vielleicht war ich halbwach? Dort stand ein Kleiderschrank mit einer Lampe darin. Ich tastete nach der Lampe, suchte den Schalter. Als das Licht an war, leuchtete es so hell, daß jede Einzelheit in dem Kleiderschrank hervortrat. Die an Haken hängenden Kleider kontrastierten in allen Einzelheiten leuchtend mit der hellen, cremefarbenen Wand. Als ich mich im Zimmer umschaute, schien das Licht nur auf einzelne Stellen zu scheinen und machte mich auf Einzelheiten aufmerksam, die ich vorher noch nie wahrgenommen hatte. Was war das? Eine Tür. Eine Innentür, die vielleicht zum Büro nebenan führte. Es ist eine altmodische, gestrichene Holztür mit geschnitzten rechteckigen Füllungen und mit einem runden Türknauf wie in Wohnhäusern. Es ist ein dunkles Schokoladenbraun, das sie von der cremeweißen Wand abhebt. Staunend betrachte ich diese Tür, frage mich, wie es möglich ist, daß ich sie nie bemerkt hatte, wo ich doch schon dieses ganze Zimmer abgetastet hatte und jeden Winkel und jeden Spalt darin zu kennen glaubte. Dann erwachte ich.

Beim Erwachen fand ich diesen Traum seltsam und sehr bewegend. Aber ich wußte nicht, warum. Sein Thema ist die Privatsphäre und der Verlust der Privatsphäre, sind abgegrenzte Gebiete, zu denen drei Türen gehören: die eine offen, die zweite, durch die ich bis zur Hälfte gehen kann (die Schranktür) und die Geheimtür. Der Traum handelt von den Zusammenhängen zwischen verschiedenen Innenräumen. Diese Innenräume sind auf unterschiedliche Weise mit der Welt verbunden, und der Traum beschreibt die verschiedenen Frustrationen und Möglichkeiten, die das Blindsein, der notwendige Kommunikationsweg zwischen meinem Innern und der Welt, mit sich bringt. Diese geheimnisvolle, fest verschlossene und vordem unbemerkte Tür stellt eine seltsame Hoffnung dar. Ein vertrauter Ort birgt immer mehr in sich, als du weißt. In der Situation, die du am innigsten liebst, gibt es, wenn du nur genau hinschaust, oft eine weitere Tür.

## *Ein Körper ohne Welt und eine Welt ohne Körper*

*5. Februar 1985*

Nach seinem Verkehrsunfall verbrachte Clive Inman sechs Monate im Krankenhaus und weitere sechs Monate mit physiotherapeutischer Behandlung. Er kann nun wieder gehen und Auto fahren, aber er hat vom Hals abwärts, einen oder zwei Finger ausgenommen, im ganzen Körper kein Wärme- und Kälteempfinden mehr. Neulich erzählte er mir, daß er, erst wenn er merkt, daß er schwitzt, weiß, daß es heiß ist. Wenn es ihn schüttelt, dann weiß er, daß es kalt sein muß. Ich sagte ihm, daß seine Hände auch naß oder klamm waren, wenn ich vermutete, daß er nervös war; woher konnte er wissen, ob er nervös oder ob es heiß war? Clive erwiderte, daß seine Psyche ihn informiere, wenn er nervös sei, daß seine Psyche ihn aber nicht informiere, wenn sein Körper heiß sei. Er gab mir jedoch insofern recht, daß es durchaus passieren konnte, daß er beim Bemerken der schweißnassen Hände dachte: «Meine Güte! Ich *muß* jetzt nervös sein.»

Ich fragte Clive, ob er denn nicht das Gefühl habe, nicht mehr in dem Teil seines Körpers zu leben, der unterhalb des Nackens war. Er bestätigte mir, daß er oft das seltsame Gefühl hatte, von seinem eigenen Körper abgetrennt zu sein.

Clives Situation ist das Gegenstück zu meiner. Als Blinder

neige ich dazu, in erster Linie meinen Körper wahrzunehmen, mich in ihm eingeschlossen und von der Welt abgeschnitten zu fühlen. Er ist im Gegensatz dazu von seinem Körper abgeschnitten. Sein Geist ist hellwach, und er weiß, was er seinen Körper in der Welt tun lassen will, nur tut es sein Körper eben nicht. Mein Körper tut ganz genau das, was ich ihn in der Welt tun lassen will, aber er hat keine Welt, in der er das tun kann. Im Anfangsstadium der Physiotherapie konnte Clive nicht gehen, aber er wußte genau, wohin er gehen wollte. Ich kann sehr gut gehen, aber ich weiß nicht, wohin ich gehen soll. Ich habe keine Welt, in der ich gehen kann; er hat keinen Körper, mit dem er gehen kann.

*Schnee* *16. Februar 1985*

Viele Sehende äußern Besorgnis darüber, wie ich wohl bei Schnee zurechtkomme. Es stimmt, daß Schnee für einen Blinden ein gewichtiges Problem darstellt. Es gibt ein Sprichwort: Schnee ist der Nebel eines Blinden.

Den meisten Sehenden fällt es schwer, nachzuvollziehen, worin die Schwierigkeit für mich besteht. Häufig äußern sie die Vermutung, daß ich ‹rutsche und schlittere›. Mit anderen Worten, sie schreiben mir die gleiche Schwierigkeit zu, mit der auch sie bei Schnee zu kämpfen haben; sie setzen voraus, daß, wenn sie schon rutschen und schlittern, ich noch mehr rutschen und schlittern muß.

Meine Schwierigkeit ist nicht der unsichere Stand, sondern die Mobilität. Nicht meine Schritte werden im Schnee unsicher, sondern ich werde unsicher, wo ich gehe. Das Informationsdefizit macht mir im Schnee zu schaffen. Alle meine vertrauten Anhaltspunkte und Markierungen, die unterschiedlichen Abstufungen in der Textur von Gras, Kies, Asphalt und Beton sind ausgelöscht. Wenn der Schnee so hoch liegt, daß er die Bordsteinkanten zudeckt, dann habe ich ein ernstes Problem, denn ich kann eine Häuserreihe nicht von der nächsten oder die Straße nicht vom Gehweg unterscheiden. Ich erkläre den Leuten, daß ich gute, feste Stiefel habe, ich bin noch niemals ausgerutscht und stehe vollkommen sicher auf den Beinen. Das Problem, erkläre ich, besteht darin, daß ich meinen Weg nicht erkenne.

Sehende finden es schwierig nachzuvollziehen, daß für einen Blinden der Körper selbst zum Sinnesorgan geworden ist. Wenn man den weißen Stock und die Umgebungsgeräusche mal beiseite läßt, so endet das, was der Körper von seiner Umgebung weiß, an seinen eigenen Grenzen. Für den Körper ist das eine so merkwürdige Position, eine so seltsame Realität des In-der-Welt-Seins, daß Sehende sie kaum begreifen können.

## *Wie sehen Zahlen aus?* — *25. Februar 1985*

Heute konnte ich mich nicht daran erinnern, in welche Richtung die arabische Ziffer drei zeigt. Ich mußte sie nacheinander mit dem Finger in die Luft malen, eins, zwei, drei. Jetzt weiß ich es wieder. Sie zeigt nach links. Wenn sie nach rechts zeigt, hat sie Ähnlichkeit mit dem Buchstaben E. Marilyn war bei mir und war überrascht, als sie hörte, daß ein so tief verwurzeltes Bild partiell vergessen werden kann.

Ich mußte sie auch fragen, ob sich das Wort für die Kante an einer Tischdecke oder an einem Brett ‹border› oder ‹boarder› schreibt. Ich glaube, die Verwirrung rührte von dem Wort Brett, ‹board›, her, um das herum eine Kante, ‹border›, verläuft. Hieran wird deutlich, in welchem Umfang die Fähigkeit, orthographisch richtig zu schreiben, von visuellen Bildern abhängt.

## *Büfettgespräche* — *8. März 1985*

Als ich noch sehen konnte, habe ich oft im Büfett im Staff House etwas getrunken und dazu ein Sandwich gegessen. Auch wenn ich ohne Begleitung hinging, blieb ich selten lange allein. Ich traf jemanden, den ich kannte oder zu kennen meinte oder zu kennen vorgab. Dann mußte ich nur leicht nicken oder andeutungsweise lächeln, und schon wechselte ich ein paar Worte mit irgend jemandem.

Alles das hat sich geändert. Ich muß nun warten, bis jemand auf mich zukommt, oder ich muß die Stimme eines mir bekannten Menschen erkennen. An einem überfüllten Büfett ist das nicht einfach. Die Menschen, deren Stimmen ich so gut kenne, daß ich sie auch in dieser Situation wiedererkenne, sind zudem ja die, die ich nun wirklich sehr gut kenne und nicht die flüchtigen Bekannten, die ich in früheren Tagen hier getroffen hatte. Ich kann mich Fremden nicht mehr selber vorstellen, denn das Blindsein hat mir die Stufen, die dazu hinführen, verstellt, die kleinen Gesten des Erkennens, die halb fragenden, zögernden Annäherungen.

In letzter Zeit gehe ich oft in das Büfett, stehe dort und trinke mein Glas und frage mich, ob mich irgendwer anreden wird. Oft tut das niemand. Das Seltsame dabei ist, daß, wenn ich mich zum Gehen wende, während der acht oder zehn Schritte vom Büfett zur Tür des Raums plötzlich die unterschiedlichsten Leute auf mich zukommen. Dann werden Hände ausgestreckt und besorgt klingende Stimmen wollen wissen, ob es mir gut geht, und ziemlich oft stelle ich fest, daß Leute darunter sind, die mich kennen. Vielleicht hatten sie mich im Büfett nicht bemerkt. Vielleicht waren sie in Gespräche vertieft. Vielleicht hatten sie gedacht, ich möchte allein etwas trinken. Die Ironie dabei ist, daß ich nun mit Hilfsangeboten bestürmt werde, die ich nicht benötige, wohingegen ich vorher, als ich jedes Angebot eines gesellschaftlichen Kontakts mit Freuden angenommen hätte, mir selbst überlassen blieb.

Eine der Schwierigkeiten besteht darin, daß die Leute im Büfett im Staff House einander in der Regel nicht namentlich kennen. Man kann häufig dort hingehen und ein halbes Dutzend Leute treffen, die man kennt oder auf dem Campus gesehen hat, aber nicht einen, dessen Namen man weiß. Für mich ist das Kennen der Namen die Grundlage gesellschaftlicher Mobilität. Ich halte mich bei meiner Reise an den Ellbogen und an den Namen der Leute fest.

Als ich noch sehen konnte, hatte ich außerdem von vielleicht zehn Gesprächen, die ich in diesem Büfett führte, sieben oder acht selber angeknüpft. Die meiner Persönlichkeit aufgezwungene Veränderung geht also tiefer, als es der Fall gewesen wäre, wenn ich ein schüchterner und zurückhaltender Mensch gewesen wäre. Was kann ich dagegen tun? Ich muß die traurige Schlußfolgerung ziehen, daß es wenig Sinn hat, nur mal so ins Büfett zu gehen und dort etwas trinken zu wollen. Ich darf nur in Begleitung hingehen. Ich muß, indem ich vorher reihum alle meine Freunde anrufe, dafür sorgen, daß ich immer jemanden treffe, der mich erwartet. Ich weiß, was als nächstes passieren wird: Ich werde reihum alle anrufen, aber niemand wird mich anrufen. Und warum nicht? Weil es nicht üblich ist, vorher reihum anzurufen, sondern weil man einfach im Büfett vorbeischaut, etwas trinkt und hofft, daß jemand da ist, den man kennt. Außerdem werden die Leute denken, daß ich mir helfen lassen will, zum Büfett hinzukommen. Man wird mir anbieten, mich in meinem Zimmer abzuholen und hinzuführen. Es ist so schwierig, den Leuten klarzumachen, daß mein Problem nicht physische Mobilität ist. Sorge bereitet mir meine soziale Mobilität.

### *Ein Tier der Nacht* — *10. März 1985*

Meine Bemühungen, die Auswirkungen meines Blindseins auf mein Leben zu ergründen, haben eine neue Wendung genommen. Gestern hatte ich einen sehr glücklichen Tag mit der Familie. Imogen war für das Wochenende hier, und nach dem Frühstück spielten alle Kinder «Mensch ärgere dich nicht» mit mir. Mitten am Vormittag trafen einige Besucher ein und blieben zum Mittagessen. Am Nachmittag fuhren Marilyn und ich mit den Kindern im Auto zu einem Spielplatz. Ich schob sie auf der Schaukel an und drehte die Drehscheibe, auf der sie saßen. Als wir gegen vier Uhr nach Hause kamen, spürte ich, daß ich ziemlich verspannt war. Zur Badezeit, eine Stunde später, hatte die Spannung sich verstärkt, und während des Abendessens, zwischen sechs und halb sieben, war mir klar, daß ich nicht mehr lange durchhalten konnte. Marilyn, die bemerkte, daß ich mich in mich kehrte, machte den Vorschlag, ich sollte doch versuchen, oben etwas zu arbeiten. Ich war nicht müde, aber halb acht war ich bereits fest eingeschlafen und wachte erst drei Stunden später auf. Im Haus war es still, die Kinder waren im

Bett, und mir ging es viel besser. Was war an dem Tag schiefgegangen? Warum war ich nach so glücklichen Stunden in diesen Zustand geraten?

Die Spannung tritt nicht notwendig immer im Zusammenhang mit einer Depression auf, obwohl sie durch eine Depression ausgelöst werden kann. Sie führt zu einer Empfindungs- und Antriebslosigkeit, zu einer Art katatonischem Zustand. Es dauert auch länger, aus dieser Situation wieder herauszukommen, wenn sie mit einer Depression verbunden ist.

Was gestern geschah, hat anscheinend mit Glück oder Depression nichts zu tun. Es ist ein kognitiver Zustand.

Der Schlaf spielt auch eine unterschiedliche Rolle. Wenn die Spannung gemeinsam mit einer Depression auftritt, werde ich von einem Verlangen, vielleicht einem dringenden Bedürfnis zu schlafen überwältigt. Tagsüber war ich diesmal gar nicht müde, und als ich gegen sieben Uhr abends in mein Arbeitszimmer ging, hatte ich die Absicht zu arbeiten, nicht zu schlafen. Ich stellte fest, daß ich nichts arbeiten konnte, weil ich ein paar Fakten brauchte, die ich nur im Büro bekommen konnte. Ich konnte nicht weiter auf Mikrokassetten diktieren, womit ich begonnen hatte, und schließlich legte ich mich hin und schlief ein, weil mir die Arbeit ausgegangen war. Schlafen ist ein sehr angenehmer Ersatz für Arbeiten, aber ich war nicht von unbezwingbarer Müdigkeit überschwemmt gewesen.

Obwohl es immer noch das Klügste ist, wenn ich die Initiative ergreife und so Empfindungen von Passivität und Nichtexistenz, die Depression nach sich ziehen, abwehre, bleibt dennoch eine seltsame kognitive oder psychologische Erschöpfung, die mich trotz aller Freude übermannt. Woher kommt das?

Lärm ist vielleicht ein Grund. Es ist nur natürlich, daß ich lärmempfindlich geworden bin. Und es war zweifelsohne ein lauter Tag. Zwei der älteren Kinder veranstalteten oben eine Disco. Zwei der kleineren Jungen amüsierten sich in meinem Arbeitszimmer mit einem aufregenden «He-Man»-Spiel. Unten lief das Radio, und mehrere kleinere Kinder jagten überall umher. Obwohl schwer bedrängte Erwachsene ihr Möglichstes taten und aufräumen wollten, war im ganzen

Haus immer mehr Spielzeug verstreut, so daß ich schließlich keinen Schritt gehen konnte, wenn ich nicht vorher den Boden unter mir freigemacht hatte, wie bei einem heiligen Ritual. Das alles gibt mir das Gefühl, bombardiert zu werden; ich kann nicht antworten, obwohl die Umgebung nach mir ruft. Dadurch fühle ich mich isoliert.

In der Arbeit kann ich das Bombardement zumindest in einem gewissen Umfang steuern, indem ich mir einen vorhersehbaren Tagesablauf schaffe. Ich habe sozusagen die Hand am Hahn und kann mehr oder weniger nach meinen Wünschen den Fluß verstärken oder abschwächen. Ich kann das Gespräch beenden. Sogar wenn ich in einem Seminar oder einer Komiteesitzung feststecke, weiß ich, daß sie in ungefähr einer Stunde vorüber ist. Zu Hause ist das nicht so.

Dem durchschnittlichen Erwachsenen würde es unter solchen Umständen sicher ähnlich gehen. Die Kinder strengen Marilyn wirklich an und würden jeden anstrengen. Soweit ich von mir sprechen kann, erlebe ich das jedoch nicht ganz so. Bevor ich blind wurde, hat es mir nicht so viel ausgemacht. Heute ist das ganz anders. Das Zurückschrecken, die Erstarrung geht tiefer, und das seltsame Gefühl stellt sich ein, daß man immer unwirklicher wird.

Kann es sein, daß ich eine Art Tier der Nacht geworden bin? Wenn ein solches Geschöpf gezwungen ist, aufzubleiben und den ganzen Tag lang in Gesellschaft zu sein, im hellen Tageslicht, mit den Tagestieren, fühlt es sich so gehetzt, daß es sich nach der Stille und dem Schweigen eines Zufluchtsorts sehnt, an dem es sich erholen kann. In meinem Fall trägt die Metapher nicht, denn für mich gibt es ja keine besondere Zeit der Nacht.

Ist daran doch mehr als bloße Metaphorik? Werde ich zu einem Geschöpf der Nacht? Bin ich nicht Träumen nahe? Verbindet mich das Blindsein nicht mit der Finsternis? Wenn die Sonne ein Symbol des Bewußtseins ist, dann repräsentiert der Mond die magischen Quellen unseres tieferen Lebens. Ich bin nicht nur von der physikalischen Sonne abgeschnitten, sondern kann auch Bewußtsein nur in kleinen Dosen ertragen, wenn es nicht häufig in die geheimnisvollen Energien seines Widerparts eintaucht.

## 8
## IMMER NOCH SEHEN KÖNNEN
## Frühjahr 1985

*Die Bedeutung schwarzer Ganzheit* *11. März 1985*

Der Gleichmut in vielen Autobiographien blinder Menschen, die ich gelesen habe, hat mich überrascht. Ein herausragendes Beispiel ist die Autobiographie des verwundeten Kriegshelden Sir Michael Ansell, dessen Buch den passenden Titel *Soldier On* trägt. Sir Michael Ansell verlor sein Augenlicht infolge eines unglücklichen Mißverständnisses beim überstürzten Rückzug des Britischen Expeditionskorps vor den vorrückenden deutschen Truppen im Jahre 1944. Er und seine Kameraden hatten in einer Scheune Schutz gesucht, als sie von einer Mannschaft britischer Soldaten angegriffen wurden, die sie für Deutsche hielten. Der Rest des Buchs berichtet vom Wirken dieses bemerkenswerten Mannes auf dem Gebiet des britischen Springreitsports, von seiner Arbeit zur Etablierung der «Horse of the Year Show» und als Trainer der britischen Olympiamannschaft im Reitsport. Sogar als er seine erste Frau verlor, die an Krebs starb, und dann auch seine zweite Frau verlor, die bei einem Autounfall getötet wurde, wird die Erzählung in der gleichen, vollkommen sachlichen Weise fortgesetzt. Das ganze Buch enthält nicht eine Spur von Selbstmitleid oder gar Selbstanalyse.

Ich kann kein gleichmütiges oder sachliches Buch schreiben; ich muß auf meine eigene Weise schreiben, muß versuchen zu verstehen, was mit mir geschieht. Dazu gehört auch, daß ich mich bemühe, das Blindsein als solches und mein eigenes Blindsein zu verstehen. Wenn ich verstehen will, dann geht es mir um eine Bedeutung. Mit diesem Satz spreche ich bereits ein Bekenntnis aus. Ich bin bereits der Überzeugung, daß ein in sich stimmiges Leben einem in Bruchstücke zerfallenen Leben vorzuziehen und daß eine volle Bedeutung besser als eine partielle Bedeutung ist. Natürlich wird die Suche nach voller Bedeutung und nach vollständiger Integration niemals abgeschlossen sein. Es wird niemals ein fertiges Produkt geben. Dennoch bleibt das Suchen lohnenswert. Je umfassender ich annehmen, verinnerlichen und miteinander in Einklang bringen kann, was ich erlebe, desto gesünder werde ich sein.

Wenn ich davon spreche, verstehen zu wollen, geht es mir um Vertrauen *bei der Suche* nach Verstehen. Deshalb kann es für mich kein gleichmütiges Resignieren vor einem unerforschlichen Schicksal, kein Zähne-Zusammenbeißen, kein Mich-Abfinden mit einem bedeutungslosen Schicksal geben, wie tapfer das auch immer sein mag.

In diesem Sinne wäre es meiner Meinung nach auch keine christliche Tat, sich mit dem Blindsein einfach abzufinden oder so weitermachen zu wollen, als wäre nichts geschehen, oder mit Tapferkeit dagegen anzukämpfen, obwohl ich vor den prachtvollen Blinden, die so reagiert haben, nur die tiefste Achtung empfinden kann. Mein Bedürfnis nach innerer Übereinstimmung, ein Bedürfnis, das in meinem Falle zum Christentum geführt hat, treibt mich dazu, meinem Erleben auf den Grund zu gehen, mit ihm zu ringen, es Schicht um Schicht freizulegen, eine Bedeutung in ihm zu suchen und diese Bedeutung in einen Zusammenhang mit den anderen Bereichen oder Aspekten des Lebens zu stellen.

Mit dieser Haltung will ich nicht andeuten, daß ich etwa nach einer besonderen, dem Blindsein an sich innewohnenden Bedeutung suche, so als wäre «das Blindsein aus einem bestimmten Grund geschickt» worden oder als wäre ich an der Antwort auf die Frage «Warum ist mir das passiert?» interessiert. Da die Bedeutung, die ich suche, in sich schlüssig sein wird, wird sie in der Ganzheit zu finden sein. Das Blindsein ist ein Teil meines Lebens, und ich muß versuchen, seine Besonderheiten zu verstehen, damit ich in diesen Teil Vertrauen haben kann. Ich darf jedoch niemals vergessen, daß das Blindsein nur ein Teil ist. Vor allem muß ich versuchen, den Mut aufzubringen, insgesamt Vertrauen zu haben, das heißt als Mensch, in dessen Leben dies ein Aspekt unter anderen ist. Wenn ich den Gedanken noch weiterführe, dann ist mein Leben nur Teil eines noch größeren Ganzen, und wenn ich mich in Übereinstimmung mit diesem größeren Ganzen befinde, werde ich selbst wiederum auch ein Ganzes sein, aber auf einer allgemeineren Ebene. Das ist ein Aspekt dessen, was das Verbundensein mit Gott für mich bedeutet.

Eine Gefahr, der man ausgesetzt ist, wenn man eine Bedeutung ins Zentrum des eigenen Lebens rückt, ist die Reduzierung. Nur zu gern baut man dann eine Maschine zur Herstellung von Bedeutungen auf, die wie eine Maschine zur Herstellung von Würstchen funktioniert, so daß unabhängig davon, welche Erfahrungen man an dem einen Ende eingibt, am anderen Ende stets exakt die gleichen Würstchen oder Bedeutungen herauskommen. Was damit nicht übereinstimmt, wird ausgeschieden, nur das Homogene bleibt erhalten. Das Ergebnis ist zwar eine starke, aber starre Identität.

Ich hingegen suche eine starke Identität, die auf Einschließung, nicht auf Ausschließung beruht. Das Christentum muß ein ökumenischer Glaube werden, keine Stammessekte.

Das bedeutet, daß ich das Blindsein nicht einfach nur hinzunehmen habe, daß ich es aber auch nicht zurückweisen darf. Ich muß es integrieren. Ich muß versuchen, das Blindsein mit dem Sehen, das Bewußtsein mit dem Unbewußten, Gott mit dem Teufel, das Leben der Menschheit mit dem Kosmos, die Kräfte der Schöpfung mit den Kräften der Zerstörung in einen Zusammenhang zu stellen. Der Gleichmütige leugnet tapfer diese Antithesen, aber ein Mensch, der den christlichen Glauben verstehen will, muß versuchen, über diese Unterschiede hinauszugehen und sie zu vereinen.

## *Immer noch sehen können* — *25. März 1985*

Ich habe immer noch das Gefühl, daß ich sehen kann. Im rechten Auge, dem zuletzt erblindeten, habe ich immer noch ein Maculaempfinden, und ich kann meine Augen auch noch von einer Seite zur anderen bewegen. Oft bewege ich sie automatisch in die Richtung, aus der Klänge kommen. In gewissem Sinn weiß ich also noch, wie man sieht. Ich habe sogar das Gefühl, daß ich Ausschau halte, forschend durch die Schwärze starre, falls doch etwas in Sicht kommen sollte.

Ob ich das auch mit dem linken Auge, das seit ungefähr dreißig Jahren vollkommen blind ist, bewußt tue, weiß ich nicht genau. Manchmal mache ich ein Experiment, schließe ein Auge und versuche mir vorzustellen, was ich mit dem anderen anfangen könnte. Wenn jedoch beide Augen vollkommen blind sind, dann ist es äußert schwierig, festzustellen, ob ich wirklich dieses Auge beobachte und nicht das andere. Ein wenig hilft mir dabei, daß im rechten Auge noch eine innere Lichtempfindlichkeit da ist, obwohl ich nicht sagen kann, ob sie nicht vielmehr im Gehirn und nicht in der Retina ihren Sitz hat, und ich weiß darüber nicht genug, um zu entscheiden, welche der beiden Möglichkeiten wahrscheinlicher ist. Von Zeit zu Zeit erscheint im rechten Auge oder bei dem, was ich zu sehen meine, wenn ich auf das achte, was ich für das rechte Auge halte, ein runder, fächerförmig verlaufender rosafarbener oder hellorangener Lichtfleck. Langsam umkreist er das «Gesichtsfeld», und dann wird sein Zentrum wieder dunkel, und das kleine Schauspiel verblaßt zu den Rändern hin und verschwindet. Es ist ganz interessant, das zu «beobachten».

Vielleicht hört man mit einem schon lange erblindeten Auge auf zu sehen, sieht aber mit einem erst vor kurzem erblindeten Auge weiter. Vielleicht ist das Auge abgeschaltet, aber das Gehirn noch bereit, Stimuli zu empfangen.

## *Sehen und Finsternis, Klang und Stille* — *1. Mai 1985*

Was entspricht im visuellen Bereich dem Unterschied zwischen Klang und Stille? Es kann nicht der Unterschied zwischen dem Sehen und dem Schließen der Augen sein, weil man die Augen immer öffnen und dann wieder sehen kann. Es liegt in deiner Macht, wieder nach dem Gegenstand deiner sinnlichen Wahrnehmung zu greifen, aber wenn Stille herrscht, hat das Ohr nicht die Macht, wieder nach dem Klang zu greifen. Auch wenn du die Augen geschlossen hast, weißt du, daß das, was du gesehen hast, noch da ist.

Steht der Klang zur Stille in der gleichen Beziehung wie der Tag zur Nacht? Ganz gewiß nicht, denn Tag und Nacht sind vorhersehbar, und sogar nachts sieht man ein wenig. Entspricht der Zusammenhang zwischen Klang und Stille dem zwischen Sehen und Blindsein? Ist das Blindsein, verglichen mit dem Sehen, dasselbe wie die Stille, verglichen mit dem Klang? Das ist eindeutig falsch. Das Blindsein ist gegenüber dem Sehen wie das Taubsein gegenüber dem Klang. Blindsein ist ein innerer Zustand. Man weiß, daß die Außenwelt noch da ist und gesehen werden kann. Man hat lediglich die Fähigkeit, sie zu sehen, verloren. Wenn es still ist, ist jedoch die Außenwelt, die Welt der Klänge, nicht mehr da. Sie ist verstummt. Wenn es still ist, hört man noch, aber man kann schwerlich behaupten, daß man, wenn man blind ist, noch sieht. Es kommt nur selten vor, daß du schaust und nichts siehst, wohingegen du oft zuhörst, aber gar nichts oder nur wenig vernimmst. Immer wenn du schaust, ist deine Netzhaut mit ihrer ganzen Fläche von dem beansprucht, was es zu sehen gibt, aber wenn du zuhörst, ist nicht der ganze Raum deines Hörens von dem beansprucht, was es zu hören gibt. In vollkommener Dunkelheit ist das Sehvermögen nutzlos. Aber wir würden nicht sagen, daß das Hörvermögen in vollkommener Stille nutzlos ist. Es ist nur so, daß es im Augenblick nichts zu hören gibt.

Es hat den Anschein, daß es keine genaue visuelle Parallele zu dem Gegensatz von Klang und Stille gibt. Das Hörbare kommt und geht anders als das Sehbare. Klänge haben die Qualität einer Zuwendung. Man kann Klänge nie besitzen, man kann nie so über sie verfügen, wie man vom Sehen Gebrauch macht. Das böse Auge hat Macht über die Welt, aber von einem bösen Ohr hat noch niemand gehört. Die Fähigkeit, die Augen zu schließen, versinnbildlicht die Macht, die man über das Sehbare hat, die Macht zur Ausschließung. Das

Hören, ob nun von Klängen oder von Stille, ist immer ein Empfangen. Du kannst wegsehen, aber du kannst nicht weghören. Du kannst das Gehör nicht abwenden, wie du den Blick abwenden kannst. Du kannst vortäuschen, nicht zu hören, so wie du vortäuschen kannst, nicht zu sehen, aber du kannst die Ohren nicht abwenden.

Der Klang und die Stille rufen den Menschen von außen an. Er nimmt den Klang jedoch in seinem Innern wahr. Dinge, die man sieht, werden objektiv wahrgenommen.

Die Dichotomie von Klang und Stille ist daher ein sehr wirkungsvolles Medium des Transzendenten. Sie verweist auf das, über das wir keine Macht haben, das kommt oder nicht kommt, das geheimnisvoll beginnt und ebenso geheimnisvoll endet, für das wir immer offen sind, aber aufmerksam bleiben müssen. Wohl darum galt es zu allen Zeiten als frevelhaft, Gott anzuschauen, aber als zulässig, Gott zu hören. Klänge sind transzendent.

## *Gott wird gehört, aber nicht gesehen* — *3. Mai 1985*

Eine mit dem Erleben von Klang und Stille vergleichbare Situation ist vielleicht, wenn man beim Fahren auf der Autobahn plötzlich in eine Nebelbank gerät. Ohne daß du das beeinflussen oder vorhersagen kannst, wird dir die sichtbare Welt plötzlich genommen, nur um auf der anderen Seite wiederzuerscheinen. Der Unterschied ist aber, daß Nebel das Sehen behindert, wohingegen die Stille das Hören nicht behindert. Stille ist eine Abwesenheit. Den Tönen wohnt daher die Abwesenheit als ihr Gegenstück inne, wohingegen das für Bilder nicht zutrifft. Töne führen uns immer in die Anwesenheit des Nichts.

Vielleicht sprechen die Religionen aus diesem Grunde davon, daß man Gott nicht sehen kann, nur selten, wenn überhaupt aber davon, daß man ihn/sie nicht hören kann. Wenn wir sagen, daß das Göttliche unsichtbar ist, meinen wir damit, daß wir keine Macht darüber haben. Zu sagen, daß das Göttliche unhörbar ist, hieße jedoch zu behaupten, daß es keine Macht über uns hat.

Gestern ging ich mit meiner ältesten Tochter zum Lunch aus. Während wir aßen, fing ich an, mich merkwürdig fern zu fühlen. Die Kellner richteten kein einziges Wort an mich. Alles wurde mit Imogen besprochen, und ich fand es am einfachsten, wenn ich meine Bestellungen über sie an die Kellner weitergab. Ich hätte das nicht zulassen dürfen, weil es mich noch weiter entfernte. Daß ich nicht neben Imogen, sondern ihr gegenüber saß, verstärkte noch das Gefühl, sie sei gar nicht da, und führte mich noch tiefer in die Abstraktion und Isolation. Ein- oder zweimal begann ein Anflug von Panik durch mein Hirn zu flackern, und als wir zu Hause angekommen waren, war ich völlig erschöpft.

Ich war nicht müde, sondern hatte nur den Wunsch, mich unter einer Decke auszustrecken. Ich wollte es warm haben und vergessen. Ich fühlte mich außerordentlich wohl. Ich fragte mich ständig, wie es wohl sein mochte, unter einer Decke aus Schnee zu liegen. Ich habe gelesen, daß Menschen, die von Schneestürmen eingeschlossen wurden, feststellen, daß sie, wenn sie der Versuchung nachgeben und sich hinlegen und ausruhen, das oft als wohltuend empfinden, nur wachen sie nicht mehr auf. Ich fragte mich, wie es sein würde, wenn das jetzt mir passierte.

Als ich nach ein paar Stunden aufwachte, kam mir der Gedanke, daß mein gestriges Erlebnis im Grunde keine Depression war, denn ich war recht zufrieden, zumindest körperlich. Mein Körper fühlte sich entspannt an. Hatte ich mir gewünscht zu sterben? Sterben Menschen unter solchen Umständen im Schlaf? Kann sich die Psyche einfach vom Leben lossagen? Kann der Geist einfach nicht zurückkehren? Kann man schon dadurch, daß man es will, Selbstmord begehen?

Erlebnisse wie dieses haben mich gelehrt, daß die tiefsten Gefühle über das Fühlen hinausgehen. Man ist von dem Gefühl betäubt; man durchlebt das Gefühl nicht. Im Rückblick wird mir nun klar, daß eine tiefe Melancholie von mir Besitz ergriffen hatte, die aus der Verkümmerung meiner reichen Beziehung zu einem innig geliebten Kind herrührte. Gestern aber nahm ich nur meinen Wunsch zu fliehen wahr.

Ich ging mit einem Freund zum Mittagessen ins Staff House. Als wir durch die Tür ins Foyer traten, war ich sofort von Menschen umringt, die mit Sätzen wie «Wir haben eine Überraschung für dich. Weißt du, wer das ist?» auf mich einschrien. Eine andere Stimme fragte durch den Lärm: «Erkennst du meine Stimme nicht, John?» Ich hatte keine Ahnung, wie viele Personen es waren, möglicherweise vier oder fünf, vielleicht aber auch sieben oder acht. Inmitten der verschiedenen Stimmen hörte ich jemand, den ich kannte, und begrüßte ihn mit seinem Namen. Ein anderer fragte mich, ob ich immer noch nicht wüßte, wer er sei, also wandte ich mich ihm zu. Mit einem Lachen sagte ich: «Nein, tut mir schrecklich leid, alter Junge. Ich fürchte, ich habe keine Ahnung, wer du bist. Soweit ich weiß, bin ich dir noch nie zuvor begegnet. Wenn es dir nichts ausmacht, gehe ich jetzt mit meinem Freund an die Bar, um etwas zu trinken.» Damit begann ich mich durch sie hindurchzudrängen. Auf meine Erwiderung folgte johlendes Gelächter, das, wie ich glaube, freundlich gemeint war.

Die Stimme sprach, nun eindringlicher, weiter: «Nein, nein. Mach schon, John. Du kennst mich. Du mußt meine Stimme kennen, ganz bestimmt. Wir waren zusammen auf Konferenzen.» Wieder antwortete ich munter und mit einem Lächeln: «Es tut mir wirklich leid. Es muß ein Schlag für dich sein, aber ich fürchte, wenn wir uns in der Vergangenheit mal kennengelernt haben sollten, hast du keinen ganz tiefen Eindruck auf mich gemacht. Mir ist klar, daß es traurig für dich sein muß, nicht wiedererkannt zu werden, aber so ist es nun mal. Du hast keine Spur in meinem Gedächtnis hinterlassen. Leb wohl, wer immer du bist.» Mit diesen Worten schritt ich wieder auf die Bar zu. Von neuem ertönte reihum schallendes Gelächter und Johlen. Darauf packte mich der fragliche Mann oder jemand anders an der Schulter und sagte: «Totale Mattscheibe.» Da begriff ich, schüttelte ihm herzlich die Hand und gedachte kurz der alten Zeiten, indem ich sagte, wie schön es sei, ihn wiederzusehen.

In der Stille danach fragte ich meinen Begleiter: «Glaubst du, daß sie sich vorgenommen hatten, diese dummen Spielchen mit mir zu spielen, oder war das ein spontaner Einfall?» «Oh nein», erwiderte mein Freund, «das war geplant. Ich bin vor dir durch die Tür gegangen und hab gehört, wie einer von ihnen zu einem anderen gesagt hat: ‹Mal sehen, ob er deine Stimme erkennt.›»

Das erlebe ich von Zeit zu Zeit immer wieder. Ich weiß nicht recht, was ich davon halten soll. Gelegentlich spielen Leute am Telefon solche Spiele miteinander, aber da ist es etwas anderes. Die beiden Parteien am Ende der Leitung sind einander, was das Sehen angeht, ebenbürtig. Ich reagiere unterschiedlich darauf, und ich glaube, die Methode des freundlichen Spotts ist recht wirkungsvoll. Ich möchte nicht die Gefühle von Menschen verletzen und unverblümt sagen: «Nein. Ich spiele keine dummen Spiele. Wenn Sie mit mir sprechen wollen, müssen Sie mir sagen, wer Sie sind». Das erscheint mir zu grob. Was soll ich also tun? Soll ich dastehen und mir immer lächerlicher vorkommen, wenn ich einen Namen nach dem anderen hersage, während mein Fragesteller mit wachsender Ungeduld «Nein. Nein. Nein. Rate noch einmal.» sagt?

Ich habe mich noch nie so eindeutig als Mittelpunkt eines Blindekuhspiels gefühlt wie in dem Foyer von Staff House.

## *«Er wird der Bananenmann!»* *7. Juni 1985*

Als ich Lizzie gestern abend ins Bett brachte, war sie ganz ausgelassen. Neckend sagte sie: «Du kannst nicht sehen! Du kannst nicht sehen!»

«Warum kann ich nicht sehen?»

«Weil du ein Blinder bist.»

«Was ist das, ein Blinder?» fragte ich.

Lachend erwiderte sie: «Das ist ein großer, starker Mann, und er wird der Bananenmann!» Die letzte Bemerkung stieß sie mit einem Schrei des Entzückens aus.

Hat sie bloß herumgealbert? Weiß sie, was Blindsein ist, oder nicht? Sieht sie einen Zusammenhang zwischen dem

Blindsein und Daddys anderen Eigenschaften? Wenn ich sie auf den Schultern die Treppe hinuntertrage, tue ich so, als wäre ich der Bananenmann. Oder teilt sie mir nur mit, daß ich ein wichtigtuerischer alter Narr bin und daß wir beide sehr gut wissen, was ein Blinder ist?

# 9
# ALS BLINDER AUFWACHEN
## Sommer 1985

*Unter Blinden* *17. Juni 1985*

Vor einigen Tagen besuchte ich abends die Jahresversammlung eines Blindenverbands. Zum ersten Mal nahm ich an einer Zusammenkunft teil, auf der auch andere Blinde anwesend waren. Abgesehen von gelegentlichen Gesprächen mit John Lorimer, dem blinden Braillespezialisten, der zum Lehrkörper unserer Fakultät gehört, habe ich fast nie Kontakt mit anderen Blinden, obwohl es inzwischen fünf Jahre her ist, daß ich selbst blind geworden bin.

Es war merkwürdig und auf seltsame Weise recht tröstlich, mich in einer Situation zu befinden, in der die kleinen Eigentümlichkeiten, mit denen Blinde auf die Welt reagieren, von einer sozialen Gruppe akzeptiert wurden. Die Versammlung begann zum Beispiel damit, daß die Namen aller Teilnehmer angesagt wurden. So verfährt man manchmal auch in Gruppen Sehender, wenn eine Diskussion stattfinden soll, aber zu Beginn einer geschäftlichen Besprechung habe ich das noch nie erlebt. Das sich an den offiziellen Teil des Treffens anschließende Zusammensein war ein regelrechter Tumult. Alle Anwesenden riefen laut die Namen der Menschen, mit denen sie sprechen wollten, und dann kämpfte man sich einfach durch die Menge bis zu dem, der einen gerufen hatte.

Zwei oder drei ältere blinde Männer berichteten mir, daß die Umstellung nach dem Erblinden desto länger dauert, je älter der Betroffene ist. Für jemanden in meinem Alter wäre fünf Jahre eine kurze Zeitspanne. Mir wurde versichert, daß ich vielleicht zehn oder fünfzehn Jahre brauchen würde, bis ich mich ganz umgestellt haben würde.

Marilyn fragte mich neulich, ob ich an dem Tage einen bestimmten Kollegen getroffen hatte. Ich wußte, daß ich mit ihm gesprochen hatte, konnte mich merkwürdigerweise aber nicht daran erinnern, ob ich mit ihm zusammengetroffen war oder nicht. Hatten wir uns gegenübergestanden oder nur telefoniert?

Wenn ich zum Telefonieren den Schreibtischapparat und nicht meine Kopfhörer benutze, dann ist die Stimme meines Anrufers so deutlich im Zimmer zu hören, daß es fast so klingt, als säße er neben mir. Mein Kollege und ich haben eine Telefonverbindung zwischen unseren Zimmern, und häufig reden wir mehrmals am Tag über bestimmte Probleme. Ich kann mich jedoch nicht daran erinnern, daß ich als Sehender jemals so im Zweifel war, ob ich einem Menschen begegnet war oder nicht. Das liegt wohl daran, daß sich ein Sehender nicht nur daran erinnert, was sein Gesprächspartner gesagt hat, sondern auch daran, wie er zu der Zeit ausgesehen hat. Daher verbinden sich mit den Worten entweder der Gesichtsausdruck oder die Körperhaltung des Sprechenden oder der Anblick des Straßenverkehrs, wenn man etwa beim Telefonieren am Fenster stand. Wenn diese Hintergrundinformation entfällt, dann verringert sich der Unterschied zwischen der direkten Begegnung und dem Telefongespräch. Natürlich bleiben auch für einen Blinden noch beträchtliche Unterschiede bestehen, aber daß ich so unsicher war, zeigt doch, daß er ziemlich klein geworden ist. Wenn schon ein etwas zerstreuter Mensch am Ende eines arbeitsreichen Tages einen Augenblick lang überlegen muß, in welchem Zusammenhang er kurz mit einem anderen Menschen zusammengewesen ist, dann ist es eher verständlich, daß ein Blinder hier häufiger unsicher sein wird. Aber auch der zerstreuteste Mensch würde ein Telefongespräch nicht mit einer persönlichen Begegnung verwechseln. Er würde sich höchstens fragen, ob das gestern war oder heute – «das» wäre immer entweder eine Begegnung oder ein Telefonat.

Aus diesem kurzen Moment der Unsicherheit erfahren wir viel über das Blindsein. Als ich zögerte und Marilyn erklärte, daß ich versuchte, mir darüber klar zu werden, ob wir uns getroffen hatten oder nicht, seufzte sie und sagte: «Oje, wie sonderbar! Nach all den Jahren kann ich mir immer noch nicht richtig vorstellen, wie du die Welt erleben mußt.»

### *Einsame Partys* — *23. Juni 1985*

Sehen kann man viele Dinge gleichzeitig. Tatsächlich besteht ja das Gesichtsfeld aus vielen hunderten, vielleicht tausenden kleinen Segmenten, die zu einer Totalität zusammengesetzt werden. Man schaut vielleicht besonders aufmerksam auf ein bestimmtes Element, aber die einzelnen Teile dessen, was man sieht, konkurrieren nicht unmittelbar miteinander. Sie sind nebeneinander im Raum ausgebreitet. Bei Tönen jedoch kann ein Teil des akustischen Felds das übrige wirklich zerstören. Im visuellen Bereich entspricht dem am ehesten, wenn man geblendet wird. Ein heller Lichtstrahl löscht alles andere aus. Bei Tönen geschieht das jedoch viel rascher.

Wenn jemand in der Kaffeebar die Jukebox anstellt, dann überdeckt der Klang buchstäblich die Stimmen meiner Freunde. Es ist, als wäre ich allein. Sie verschwinden. Nur die Jukebox existiert. Ihr Lärmen spült die übrige Wirklichkeit fort. Es ist, als würde man malen und immer mehr Wasserfarben übereinanderstreichen, bis alle Unterschiede verwischt wären und nur ein gleichmäßig grauer Schmutzfleck übrigbliebe.

Wohl aus diesem Grund finde ich lärmende Partys und insbesondere Discos so einsam. Die Leute müssen mir auf die Schulter klopfen, um mich auf sie aufmerksam zu machen. Es ist, als hätte man Kopfhörer auf und könnte sie nicht absetzen.

### *Wie ist es, irgendwo zu sein?* — *3. Juli 1985*

Marilyn fragte mich, was ich während des Tages gemacht hatte, und einen Augenblick lang konnte ich mich nicht erinnern, wo ich am Vormittag gewesen war. Ich hatte mit zwei

Kollegen gesprochen, aber wo? Plötzlich kam mir die Erleuchtung, daß ich den Vormittag im Newman College verbracht hatte.

Das war nicht vergleichbar mit dem Erlebnis eines sehenden, nur ein wenig zerstreuten Menschen, dem für einen Augenblick entfallen ist, was er tagsüber gemacht hat. Ich wußte, ich war irgendwo gewesen und hatte mit bestimmten Menschen Verschiedenes gemacht, aber wo? Ich konnte die Gespräche, die ich geführt hatte, in keinen Kontext einordnen. Es gab keinen Hintergrund, keine Merkmale, mit deren Hilfe ich den Ort hätte identifizieren können. Normalerweise sind die Erinnerungen an Menschen, mit denen du im Verlauf des Tages gesprochen hast, in bestimmten Strukturen gespeichert, in die auch das Umfeld eingeht. Du weißt, daß du mit der Person gesprochen hast, und du weißt, daß sie in einem Armlehnstuhl vor einem Bücherregal saß oder sich ans Fensterbrett lehnte und daß du durch das Fenster in den Garten sehen konntest und so weiter. Ich wußte, daß ich mit diesen Menschen in einem unüblichen Kontext gesprochen hatte, denn ich konnte meine Gespräche nicht wie üblich in einen Zusammenhang mit dem Bürostuhl und meinen auf dem Tisch ruhenden Ellbogen stellen.

Es war diese seltsame Leere, die mich beunruhigte. Das erinnert mich an einen Vorfall von neulich, als ich für einen Augenblick nicht mehr wußte, ob ich auch bei Michael gewesen war, als ich mich mit ihm unterhielt. Was jemand sagt, verbindet sich normalerweise mit dem Gesichtsausdruck und mit der Körperhaltung und mit der Kleidung dieses Mannes oder dieser Frau. Der Körper wiederum hebt sich von einem Hintergrund ab.

Es war also im Newman College. Aber was bedeutet mir das? Was bedeutet die konkrete materielle Präsenz der Collegegebäude? Ich habe bei diesen Leuten in einem Gebäude unterrichtet, das, wie sie mir sagten, das «Newman College» war. Ich hätte überall sonst sein können. Wir gingen Treppen hinauf und hinab und durch Korridore. Wir ließen uns in einem Zimmer nieder, das mir als Arbeitszimmer des Rektors beschrieben wurde. Das alles hätte jedoch überall stattfinden können. Blinde erleben Institutionen ziemlich abstrakt.

Vor einigen Monaten ging mir zum ersten Mal auf, welche Einsichten und welches tiefe Wissen man durch das Berühren von Dingen gewinnt. Neuerdings beginne ich nicht nur dieses tiefe, durch Anfassen vermittelte Wissen zu erfahren, sondern auch die damit verbundene Lust. Ich war zu Besuch bei einem Freund, dessen Frau Nachbildungen von Eulen sammelt. Er legte mir eine kleine, ungefähr zehn Zentimeter hohe Steineule in die Hand. Die Figur war gedrungen und sehr schön rauh. Sie lag angenehm schwer in meiner Hand. Dann war da noch eine geschnitzte, hölzerne Eule aus Afrika. Ich bewunderte die Schlichtheit der Details, die Wärme und Glätte des Holzes, die Art und Weise, wie der ganze Gegenstand in der Hand Platz hatte.

Ich entwickle die Kunst, mit den Händen zu schauen. Es gefällt mir, einen schönen Gegenstand in die Hand zu nehmen und ihn noch einmal in die Hand zu nehmen und ihn immer länger in der Hand zu halten und mich dabei mit jedem seiner Aspekte vertraut zu machen. In einer multikulturellen Ausstellung durfte ich neulich eine glatte, polierte Perlenschnur und eine aus Steingut gemachte südamerikanische Wasserkanne anfassen. Wenn man den Deckel der Kanne drehte, erklang ein hübscher kratzender Ton, und Tausende kleine, dumpf klirrende Echos ertönten, wenn man mit den Fingernägeln über den dicken runden Bauch der Kanne fuhr.

Ich beginne, an unterschiedlichen Materialstrukturen Gefallen zu finden. Eine meiner Lehrerfreundinnen benutzt eine schwere Samttasche, wenn sie etwas vor ihren Kindern verstecken will. Sie müssen den Gegenstand durch die Tasche erfühlen. Es gefällt mir, wie die Fasern sich biegen und zurückschnellen, wenn man mit den Händen über die Tasche streicht. Das ist ein wunderschöner Kontrast zu der glatten, klaren Kantigkeit des metallenen Rings, an dem man die Tasche aufklappt.

Ich bin überrascht, daß es ungefähr fünf Jahre gedauert hat, bis ich Erfahrungen dieser Art schätzen gelernt habe. Gewicht, Struktur, Form und Temperatur von Gegenständen und die Geräusche, die sie machen, danach suche ich jetzt.

## *«Du bist blind, und ich bin nicht sehr stark»* *14. Juli 1985*

Neulich rief ich während des Frühstücks Marilyn, die mit einer Million anderer Dinge beschäftigt war, zu: «Hast du den Tee schon gemacht, Liebling?»

«Ja», rief sie aus der Küche zurück. «Er steht vor dir auf dem Tisch.»

Lizzie fragte dazwischen: «Warum hast du Mami nach dem Tee gefragt?»

Thomas sagte: «Weil er Mami fragen mußte.»

Lizzie sagte wieder: «Weil du nicht sehen kannst und ich sehen kann.»

Ich betrachte das als gutes Zeichen dafür, daß Lizzie mein auch sonst ungewöhnliches Benehmen immer besser interpretieren kann.

Als ich mit Thomas vorn unter dem Vordach stand und er die Stufen hinunter zum Auto schaute, das auf der Straße geparkt war, fragte Thomas: «Warum parken wir das Auto nicht im Haus?»

«Es wäre ganz schön schwer, das die Treppe hinaufzutragen», erwiderte ich.

«Warum?» fragte er.

«Hast du schon mal versucht, es anzuheben?»

«Nein.»

«Es ist ziemlich schwer. Aber egal», sagte ich weiter, «wir könnten es zumindest versuchen. Du könntest das eine Ende nehmen, und ich das andere.»

«Weißt du», sagte er in ernstem, aber zweifelndem Ton, «das wäre schwierig. Du bist blind, und ich bin nicht sehr stark.»

«Wir könnten Lizzie dazuholen», schlug ich vor.

«Sie ist auch nicht sehr stark», sagte er nachdenklich.

«Und was ist mit Mami?» fragte ich.

«Na ja . . .», er klang ganz unsicher.

«Wir müssen einsehen», sagte ich munter, «die ganze Familie ist nicht sehr stark.»

Er hatte anscheinend keine Lust, dem weiter nachzugehen und wechselte das Thema.

### *«Jesus wird dich gesund machen»* *15. Juli 1985*

Am Freitag ging ich zum New Street Bahnhof, um eine Freundin abzuholen. Als ich durch die Bahnhofshalle ging, sprach mich ein geschwätziger Ire an, der mich zu einer geeigneten Stelle eskortierte, an der ich von meinem Gast gesehen werden konnte, wenn sie durch die Schranke kam. Nachdem er mich an Ort und Stelle postiert hatte, fragte er, ob ich etwas dagegen hätte, wenn er mir ein paar persönliche Fragen stellte. Ich sagte, er solle nur anfangen, und er wollte wissen, ob ich wirklich blind sei. Ich bestätigte es, und ohne weitere Umschweife erklärte er: «Jesus wird dich gesund machen.» Darauf antwortete ich mit stark religiösen Worten, versicherte ihm, daß er keine Furcht zu haben brauchte, Jesus hätte mich bereits geheilt, hätte mir seine Gegenwart und seine Führung geschenkt, und daß ich, obwohl mein äußerliches Sehen hinfällig geworden war, hoffte, daß meine innere Vision mit jedem Tag stärker werden würde. Als ich das Gespräch auf sein Leben lenkte, fand ich heraus, daß er Pentekostalist war, und wir sprachen eine Weile darüber.

Die Ankunft meines Zuges wurde durchgesagt, und mein Freund erzählte mir, daß er eine kleine Tochter hatte, die bei einem Verkehrsunfall mit Fahrerflucht verletzt worden war. Sie lag in einem Krankenhaus, er mußte sie besuchen fahren, aber er hatte kein Geld, um ihr ein Geschenk mitbringen zu können. Würde ich so freundlich sein und ihm helfen, damit er ihr eine Traube kaufen konnte? Ich gab ihm die erbetene Summe, und wir schieden mit wechselseitigen Lobpreisungen des Herrn.

### *Macht das Blindsein leistungsfähiger?* *16. Juli 1985*

Marilyn erzählte mir, daß eine feinfühlige Freundin sie gefragt hatte, ob mein Blindsein, durch das es mir möglich war, mich stärker zu konzentrieren, für die Kreativität verantwortlich sei, die ich, wie sie glaubte, in den vergangenen Monaten entwickelt hatte.

Vielleicht ist da etwas dran. Das Blindsein ist wie ein riesiger Staubsauger, der sich über dein Leben herabsenkt und beinahe alles wegsaugt. Deine Erinnerungen an Früheres, deine Interessen, deine Wahrnehmung der Zeit und wie du sie verbringst, der Ort, sogar die Welt, alles wird herausgesaugt. Dein Bewußtsein wird leergeräumt, und es ist an dir, es wieder zu füllen, was auch erfordert, ein neues Zeitgefühl, eine neue Wahrnehmung des Körpers im Raum und so weiter zu entwickeln. In einer solchen Situation ist es wahrscheinlich, daß die Prioritäten neu gesetzt und dabei drastisch verändert werden. Was meine sogenannte Kreativität während dieser Monate angeht, ganz gleich, ob das überhaupt stimmt, so muß daran erinnert werden, daß ich von 1968 bis ungefähr 1983 vollkommen von meinen Pflichten als Lehrer und Betreuer von Studenten und von meiner Arbeit in Universitätsgremien ausgefüllt war. Nicht weniger wichtig als mein Erblinden ist die Tatsache, daß ich seit ungefähr 1983 auf natürliche Weise, indem ich einfach nicht für eine Wiederwahl kandidierte, die Mehrzahl meiner Positionen in Universitätsgremien, so im Court, im Council und im Senat der Universität, im Forschungsrat, im Fakultätsbeirat, in der Pädagogischen Grundsatzkommission und in vielen weniger wichtigen Ausschüssen aufgegeben habe. Gut möglich, daß ich, wäre ich von diesen Pflichten entbunden worden und hätte mein Augenlicht zurückerhalten, in der Forschung und bei Publikationen dann ebenso kreativ gewesen wäre wie ich es in diesen letzten Monaten vielleicht wirklich war.

Die ersten drei oder vier Jahre nach meiner Erblindung verbrachte ich ausschließlich damit, mir neue Methoden zur Vermittlung des Lehrstoffs zu erarbeiten. Erst mit Beginn des akademischen Jahres 1984/85 gewann ich wieder Selbstvertrauen. Die Zeit, die ich dafür gebraucht habe, Notizen auf Kassetten zu sprechen, damit ich die Lehre mit neugeordnetem Material fortführen konnte, stand nun für eigenes Schreiben zur Verfügung.

Auch wenn ich alle diese Umstellungen berücksichtige, glaube ich trotzdem, daß mit dem Blindsein etwas Reinigendes verbunden ist. Man muß sich sein Leben neu schaffen, oder man wird zerstört. Ich hatte insofern Glück, als mein Leben einen ganz starken, zentralen Kern hatte. Ich hatte einen Job, ein geborgenes Familienleben, eine Institution, die mich akzeptierte und mir half, und viele Freunde.

### *Bewegungen* *19. Juli 1985*

Wenn andere Dinge sich bewegen, merke ich das an den Geräuschen, die sie machen. Autos zischen vorüber, Füße tappen irgendwo, Blätter rascheln. Eine schweigende Natur aber ist bewegungslos. Daher ziehen für mich die Wolken nicht am Himmel dahin, fährt die Welt nicht vor dem Autofenster oder dem Zugfenster vorbei. Die Landschaft macht kein Geräusch, wenn der Zug durch sie hindurchfährt. Die Hügel und Felder schweigen.

Wenn sich die Bewegungen anderer Körper durch Geräusche mitteilen, dann teilen sich die Bewegungen meines eigenen Körpers dadurch mit, daß er zu vibrieren beginnt oder daß ich die Neigung des Wagens spüre, wenn wir mit hoher Geschwindigkeit um eine Kurve biegen. Wenn wir beschleunigen, werde ich in den Sitz gedrückt, und wenn wir abbremsen, nach vorn geschoben.

Das bedeutet aber, daß das Wissen, das ich von den Bewegungen meines eigenen Körpers und von den Bewegungen anderer Dinge habe, nicht symmetrisch ist. Außengeräusche und Körperempfindungen liefern Anhaltspunkte. Das ist bei einem Sehenden nicht der Fall, denn er kann durch eben diese Fähigkeit des Sehens erfahren, ob sich andere Dinge bewegen und ob er selbst sich auch bewegt. Daß der Zug abfährt, erkennt man dadurch, daß man aus dem Fenster schaut. Als Sehender erkennt man das, indem man eine sich verändernde Beziehung zwischen dem eigenen Körper und der Welt wahrnimmt. Daß ein Blinder Bewegung auf andere Art und Weise erlebt, zeigt, daß die normale Beziehung zwischen dem Körper und der Welt beschädigt worden ist.

Wenn sie im Freien unterwegs ist, dann sieht die Sehende eine potentiell erreichbare Welt. Sie weiß, daß sie, indem sie eine bestimmte Menge Arbeit (zum Beispiel Gehen) verrichtet, diese potentielle in eine tatsächliche Erreichbarkeit überführen kann. Eine meßbare, vorhersagbare Quantität Gehen bringt ihr das antizipierte Objekt näher. Das Gehen der Sehenden ist daher zielgerichtet. Ihr Ziel ist es, an einen bestimmten Punkt zu gelangen, den sie bereits ins Auge gefaßt hat. Das wird daran deutlich, daß Sehende schnell entmutigt sind, wenn Objekte, auf die sie zugehen, wie zum Beispiel eine Hügelkette in der Ferne, scheinbar noch nicht näher gerückt sind, auch wenn sie bereits viel Arbeit verrichtet haben.

Für einen Blinden besteht das Problem beim Gehen darin, daß er keine potentiell erreichbare Welt, sondern nur eine tatsächlich erreichbare Zone hat, die durch die Berührung seiner Füße mit dem Boden entsteht. Er weiß nicht, ob eine Straßenbiegung in Sicht ist oder ob vor ihm eine Hügelkette liegt. Dem Blinden fehlt also der Ansporn zur Ausführung einer zielgerichteten Handlung, die etwas, das potentiell greifbar ist, in etwas überführt, das aktuell verwirklicht wird.

Daraus folgt, daß ein Blinder beim Gehen hauptsächlich auf seinen eigenen Körper achtet. Da sind Auf- und Abwärtsbewegungen, einzeln nacheinander gesetzte Schritte. Da ist natürlich das Vergnügen, den Wind im Gesicht zu spüren, der Gesang der Vögel und die Gerüche, aber alles das könnte man auch erleben, wenn man den Fuß nicht bewegt. Ist die Strecke ihm vertraut, dann ist das für einen Blinden besser. Aus der Erinnerung weiß er, daß eine begrenzte Menge Arbeit ihn zu einem bestimmten Punkt bringen wird. Weil die Strecke ihm vertraut ist, kann ein Blinder beim Gehen einschätzen, wieviel Arbeit er verrichten muß, um zu diesem Punkt zu gelangen. Eine neue Strecke, von der er nichts weiß, kann bald ziemlich sinnlos werden.

Wenn ich auf mir fremden Wegen, begleitet von einem Freund, durch die Straßen der Stadt gehe, stelle ich häufig Fragen wie diese: «Kannst du es noch sehen? Ist es ein langer

Häuserblock? Wie weit ist es von hier aus deiner Meinung nach noch?» Ich muß meinem Körper beim Gehen offenbar bestimmte Ziele setzen, denn sonst würde ich mich nur lustlos dahinschleppen. Es geht so langsam vorwärts; das, woran wir jetzt vorübergehen, war vor einem Augenblick auch nicht weit entfernt. Ein Blinder kann rasch das Gefühl haben, daß er viel Arbeit leistet, aber nur wenig vorankommt.

Nur wenn die Strecke auf dem Gehweg durch Abwechslungen gegliedert ist, durch den Geruch einer Bäckerei oder die Melodie eines Straßenmusikers, dann entsteht das Gefühl, ein Gebiet durchschritten und sich Dingen genähert zu haben und an ihnen vorübergegangen zu sein.

### *Aufwachen und blind werden* — *8. August 1985*

Vor ein paar Minuten bin ich heute am Samstagnachmittag auf meinem Bürostuhl eingeschlafen. Ich träumte, daß mein Kollege Michael an meine Tür klopfte und mir sagte, daß er Schluß mache und nach Hause gehe. Er schloß die Tür und ging weg. Dann geschah etwas Unglaubliches. Mein Zimmer war von Licht überflutet. Ungläubig starrte ich die Wände an und sah die Bücherreihen, Aktenordner und beschrifteten Kartons, die in hellen Farben und mit verblüffend schlichten Linien, Formen und Farben deutlich und hübsch hervortraten. Ich traute meinen Augen nicht. Das ganze Zimmer strotzte vor Gegenständen. Aus Furcht, daß es verschwinden könnte, wagte ich nicht zu zwinkern. Ich kam auf die Beine, voller Angst, daß eine Veränderung meiner Position mir plötzlich vor Augen führen würde, daß ich nur träumte. Ich stolperte zur Tür und dachte, als ich die Hand zum Türknauf ausstreckte, wie bemerkenswert es war, daß ich das tun konnte. An der Tür stehend, blickte ich ins Zimmer zurück, das ich nun aus einer anderen Perspektive sah. Da stand der Schreibtisch mit all den Sachen darauf, so neu und hell und klar, als sei es der Schöpfungstag selbst. In den Korridor hinausstolpernd, rief ich: «Mike! Mike!» Meine Stimme kam nicht heraus. Sie war erstickt. Ich merkte, daß, obwohl ich aus voller Kehle schreien wollte, nicht mehr als ein Flüstern herauskam. Im Korridor war es dunkel, aber ich konnte immer noch sehen. Als ich zum Fahrstuhl eilte, schwang ich die Hände von einer Seite zur anderen, als ob ich meinen Stock schwenkte. Ich glaube nicht, daß ich den Stock tatsächlich vom Haken neben der Tür genommen hatte. Der Gedanke ging mir durch den Kopf: «Ich brauche das jetzt nicht zu tun. Ich kann ja jetzt sehen. Aber wie schwer wird es sein, diese Gewohnheit, die Hände von einer Seite zur anderen zu schwingen, abzulegen.» Ich fragte mich, was um alle Welt mit meinen Augen passiert sein konnte, daß so etwas möglich war.

Die Stufen rannte ich nun hinauf und durchs Foyer zum Fahrstuhl. Michael ging mit seiner Frau und seiner Familie gerade hinein. Nein, genauer, sie hatten ihn bereits betreten, und die Türen gingen zu. Ich hetzte vorwärts. Die Fahrstuhltüren schlossen sich. Mir war, als würde ich ohnmächtig. Ich hämmerte gegen die Metalltüren, während ich durch das kleine Fenster sah, wie der Fahrstuhl abwärts fuhr. Wieder schrie ich auf, aber es kam nur ein gedämpftes heiseres Flüstern heraus. Der Fahrstuhl verschwand, und während ich noch oben stand, begann die Vision zu verblassen. Der Kontrast zwischen den blauen Metalltüren und den braunen Pfosten zu beiden Seiten begann zu verschwimmen, er begann zu zerfließen und verschwand. Nebelschwaden und Dunkelheit wurden angeschwemmt. Ich war wieder bei Bewußtsein. Und da saß ich, auf meinem Stuhl, und begriff mit einem Schock, daß ich geträumt hatte.

In dem Traum spielt das Wissen, blind zu sein, eine Rolle, denn ich bin der blinde Mensch, der in dem Traum das Augenlicht zurückerhält und es dann wieder verliert. Merkwürdig daran ist, daß zwar das Wiedererlangen des Augenlichts Teil der Traumerzählung ist, ich den Verlust des Augenlichts aber nicht träume. Ich träume nicht, daß ich blind werde. Ich wache nur auf. Als ich neben den geschlossenen Fahrstuhltüren stehe, träume ich nicht, daß ich blind werde. Nur die Vision wird vom zurückkehrenden Bewußtsein fortgespült. Der Traum endet, weil ich aufwache. Meiner geträumten Furcht, daß ich blind werden könnte, wenn ich mich bewege, entspricht die Furcht, mich in meinem Stuhl zu bewegen und den Traum zu unterbrechen und dadurch zu früh aufzuwachen.

Die Simultaneität des Aufwachens und Erblindens beeindruckt mich. Ich stand neben den Fahrstuhltüren. Die kleine beleuchtete Fahrstuhlkabine glitt abwärts und gewährte einen flüchtigen Blick auf Michael und seine Familie. Dann begann sie zu verblassen, während ich in einem Augenblick der Panik und Verzweiflung merkte, daß ich aufwachte und gleichzeitig erblindete. Ich öffnete die Augen, und in meinem Geist wurde es schwarz. Jedes Mal, wenn ich wieder zu Bewußtsein komme, werde ich aufs neue blind.

Ich kann mich an keinen Traum erinnern, der mir einen derartig tiefen Realitätsschock versetzt hätte. Das liegt zum Teil daran, daß der Traum an die aktuellen Umstände, unter denen ich einschlief, anknüpfte. Alles war so natürlich, so überzeugend, da war eine derart reibungslose Kontinuität der Ereignisse. Daß das alles wie in der Wirklichkeit war, überwältigte mich, und die Rückkehr von der Traumrealität in die aktuelle Wirklichkeit betäubte meinen Geist, als hätte man mir einen Schlag versetzt. Es war nicht nur die neuerliche Einsicht, daß ich blind bin, sondern das merkwürdige Gefühl, von einer Realität in eine andere übergegangen zu sein, als ob mein Denken entgleist sei. Ich hatte einen Realitätsschock erlebt. Um mich herum schwamm alles. Die deutliche Verschiedenheit der gesehenen Gegenstände wurde nun von der Wahrnehmung meines Körpers und meiner Kleidung auf dem Stuhl, der glatten Kante des Schreibtischs, an dem ich saß, und von dem Wissen abgelöst, daß alles, was ich wußte, an der Reichweite meiner Finger endete. Alles andere war wieder verschwunden. Ich fühlte mich betrogen, war einen Augenblick lang unsicher, ob das vielleicht auch nur eine Traumepisode war und ebenfalls verblassen würde, wenn ich nur ganz still dasaß.

## *Fünfter Jahrestag: Stationen der Reise* *11. August 1985*

Aus Anlaß des fünften Jahrestages meiner letzten Augenoperation möchte ich berichten, in welchen Stationen diese Reise verlaufen ist.

Zuerst gab es eine Periode der Hoffnung, die ein Jahr oder

achtzehn Monate dauerte. Sie wurde durch ein Nachlassen meiner Sehkraft im Sommer 1981 beendet, obwohl ich mich noch im Sommer 1982, als ich wieder ein paar Lichter, Farben und Formen sah, eines gelegentlichen neuen Aufflackerns von Hoffnung nicht erwehren konnte.

Darauf folgte eine Periode, in der ich daran ging, die Probleme zu überwinden. Sie begann ungefähr im Sommer 1981, als visuelle Arbeit unmöglich wurde, und dauerte etwa bis zum Sommer 1984. Erst Ostern 1985 gewann ich die Überzeugung, daß ich keine weiteren Hilfsmittel mehr benötigte. 1982 und 1983 widmete ich mich mit großer Energie der Schaffung eines funktionierenden Bürosystems. In dieser Zeit war das Blindsein eine Herausforderung.

Das dritte Stadium begann irgendwann im Jahre 1983, wahrscheinlich gegen Jahresende, und dauerte ungefähr ein Jahr. Das war die Zeit, in der ich tief verzweifelt war. Das waren die Jahre, in denen mein Schlaf von schrecklichen Träumen heimgesucht und mein waches Leben von dem Bewußtsein erdrückt wurde, daß ich unaufhaltsam immer tiefer in das Blindsein hineingetragen wurde.

Die vierte und noch andauernde Periode hat im Herbst 1984 begonnen, das heißt, nach der Erholung von der Reise nach Australien, während der das Blindsein mich verschlungen hatte. Im Oktober 1984 begann ich, mein Buch über Erwachsenenbildung in der Theologie zu schreiben, und im März 1985 schloß ich es ab.

Vor Kummer über mein Blindsein tut mir nun nicht mehr fast ständig das Gehirn weh. Im Zustand meines Denkens hat eine merkwürdige Veränderung stattgefunden. Mein Denken hat sich offenbar nach innen gewendet und sucht bei sich selbst neue Kraftquellen. Da es auf Stimulierung durch die äußere Welt weitgehend verzichten muß, muß es seine Funktionen und Prioritäten neu bestimmen. Ich fühle mich jetzt klarer, wacher und intellektuell neugieriger als je zuvor in meinem Leben. Ich stelle fest, daß ich häufiger Beziehungen anknüpfe, daß mein Gedächtnis besser funktioniert, daß ich häufiger Zusammenhänge zwischen den verschiedenen Dingen, die ich im Verlauf der Jahre gelesen habe und lernen mußte, erkenne. Manchmal komme ich abends nach Hause und habe das Gefühl, daß mein Kopf vor neuen Ideen und neuen Horizonten fast zerspringen will.

Ich habe auch weiter ein tiefes Bedürfnis nach dieser Art Nahrung. Schon ein einziger Tag ohne Arbeit, ohne die Möglichkeit, etwas Neues zu erfahren, kann von neuem ein Gefühl von Not und Leiden heraufbeschwören. Ich fühle mich immer noch wie ein Mensch an einer künstlichen Niere, aber zunehmend auch wie ein Mensch, dem es gelungen ist, zu überleben.

# 10
# VERLORENE KINDER
# Herbst 1985

*In eine Geburtstagswelt eintreten* *1. September 1985*

Während der Feier zu Thomas' fünftem Geburtstag kam ein Kind zu mir und setzte sich auf meine Knie. Zuerst dachte ich, es sei Lizzie, aber mit der Zeit bekam ich immer mehr Zweifel. Ich erreichte das Stadium, in dem ich «Wie heißt du?» hätte fragen müssen, um Klarheit zu haben. Das widerstrebte mir, falls es wirklich Lizzie war. Sie würde dann wissen, daß ich sie nicht erkannt hatte. Das war eine verwirrende und sogar erschreckende Situation.

Wenn ein Kind ein Geburtstagsgeschenk auspackt, wird das von allen bewundert. Es käme mir dumm vor, in diese bewundernden Rufe einzustimmen, denn jeder wüßte ja, daß ich nur so tue. Ich probierte es damit, daß ich Thomas auf meine Knie setzte, damit ich wenigstens ahnen konnte, was für einen Gegenstand er da hatte. Aber das ist schwierig, denn ich komme ihm mit meinen Händen in die Quere, kriege andererseits aber nichts mit, wenn ich den Gegenstand nicht anfassen kann. Und wenn man einen Gegenstand nur ein- oder zweimal angefaßt hat, verschlägt es einem nur selten vor Überraschung und Freude den Atem. Um etwas durch Berührung kennenzulernen braucht man Zeit. So lange bleibt das Kind sowieso nicht auf den Knien sitzen, es springt auf, um noch mehr Geschenke zu holen und sie herumzuzeigen. In einer solchen Situation wird man sich unweigerlich schaudernd des eigenen Ausgeschlossenseins bewußt.

Nachdem alle Kinder gegangen waren, kam Thomas mit einem neuen, aus Spielkarten bestehenden Zahlenpuzzle zu mir gelaufen. Er wollte, daß ich es mit ihm zusammensetzte. Ich versuchte ihm begreiflich zu machen, daß ich ihm keine große Hilfe sein konnte, und er zog ein anderes Puzzle aus der Tasche. Dieses zweite steckt in einem Kästchen aus durchsichtigem Plastik und ist eines der Puzzles, bei dem man kleine silberne Kügelchen herumrollen muß, bis sie in kleinen Löchern liegen. Ganz geknickt versuchte ich ihm beizubringen, daß dieses Puzzle für mich noch schwieriger war. Unverdrossen brachte er mir ein Brettspiel. Wir machten es auf. Verzagt stellte ich fest, daß sich alle Spielmarken genau glichen. Sie mußten unterschiedliche Farben haben, fühlten sich aber ganz gleich an. Das Brett war vollkommen glatt. Ich schlug vor, daß Mami ihm später helfen würde. Ich wollte mitteilen, wie herrlich ich alle diese Geschenke fände, aber es war harte Arbeit. In der Nacht schlief ich ein wie ein erschöpftes Gespenst.

Am Morgen machte ich einen neuen Anlauf. Als Thomas gegen sieben hereingerannt kam, sagte ich ihm, er sollte alle Sachen holen, die er zu seinem Geburtstag geschenkt bekommen hatte, sie heraufbringen und sie auf dem Bett ausbreiten, und ich wollte sie mir mit ihm gemeinsam anschauen. Er freute sich, und das ging sehr gut. Als ich die Dinge nacheinander in der Stille auf dem Bett verteilte, begriff ich anhand seiner Beschreibungen, was für Spielsachen oder Spiele das waren. Ich hatte Zeit, die Sachen gründlich abzutasten, alles mögliche an ihnen zu entdecken und herauszufinden, ob ich mit ihm gemeinsam damit spielen konnte. Ohne den gesellschaftlichen Zwang, sofort Bewunderung äußern zu müssen, konnte ich das sehr genießen. Ich war ein kleines Stück in seine Geburtstagswelt eingetreten.

## *Daddy führen* — *6. September 1985*

Zwei- oder dreimal habe ich Thomas in dieser Woche auf seinem Schulweg begleitet. Vielleicht sollte ich besser sagen, daß er mich begleitet hat, denn er ist inzwischen schon ganz geschickt darin, mich zu führen. Er geht auf der Straßenseite und hält meine Hand, und ich benutze den Stock, um nicht an die Vorgartenzäune anzustoßen. Er ist alt genug, um nicht auf die Straße zu laufen, und wenn ich dicht neben den Wänden und Zäunen bleibe, kann ich gleichzeitig dafür sorgen, daß er auf dem Gehweg bleibt. Er weiß jetzt, wie er ein bißchen an meiner Hand ziehen muß, wenn er sieht, daß ich gegen eine Hecke oder einen Laternenpfahl laufen könnte. Dabei ist er aber noch unzuverlässig, und wenn ich mit dem Stock nicht aufpasse, renne ich manchmal voll an einen Mast, weil er seine Augen gerade irgendwo anders hat.

Ich habe mir auch eine sehr zufriedenstellende Methode ausgedacht, wie ich mich am Schultor von ihm verabschieden kann. Wenn er über den Schulhof davonläuft, ruft er «bye» zu mir zurück. Ich reagiere darauf, indem ich auch «bye» rufe, und wir rufen uns abwechselnd diese «byes» zu, die immer leiser werden, je weiter er wegläuft, bis seine letzten «byes» schließlich vom allgemeinen Hintergrundgeräusch des Schulhofs verschluckt werden. Wenn ich mich, nachdem ich mit aller Kraft gewunken habe, zum Gehen wende, höre ich einen letzten, schon ganz schwachen Ruf, «bye». Dieses Spiel umgeht das abrupte und bestürzende Verschwinden, das ein Blinder normalerweise erlebt, wenn er sich von jemandem verabschiedet. Durch diese einander antwortenden Rufe entsteht ein Zwischenstadium, in dem jemand allmählich weggehen kann, und das ist beinahe so gut wie wenn man einander winken sieht.

Lizzie ist auch daran interessiert, mich zu führen, und manchmal entsteht sogar ein harmloser Wettstreit um dieses Vorrecht. Oft habe ich Thomas an der einen und Lizzie an der anderen Hand. Mir macht das viel Spaß, aber es ist dann schwierig, auch noch den Stock zu benutzen. Mir geht es gut dabei, vorausgesetzt, sie haben nicht beschlossen, links und rechts an einem Laternenpfahl vorbeizugehen. Daddy in der Mitte kriegt ihn dann ab. Lizzie ist sehr stolz auf ihre Fähigkeit und ruft Marilyn zu: «Guck mal! Ich führe Daddy. Ich bring Daddy hin. Ich bring ihn hin.»

## *Mensch, ärgere dich nicht* — *7. September 1985*

Das Mensch-ärgere-dich-nicht-Spiel für Blinde ist eine große Hilfe. Den ganzen Tag lang bis vier Uhr nachmittags habe ich vergnügt mit den Kindern gespielt. Nach dem

Mensch-ärgere-dich-nicht spielten wir auf einem ebenfalls für Blinde eingerichteten, für Sehende aber genauso verwendbarem Brett «Reversi», und danach haben Thomas und ich uns ein paar alte Goon Show Kassetten angehört, und das war rundherum gut. Dann haben wir ein Kartenspiel namens «Flohmarkt» und noch verschiedene andere Brettspiele gespielt.

Auch wenn wir kein speziell für Blinde adaptiertes Spiel spielen, finde ich das jetzt nicht mehr so störend wie früher. Ich bin anscheinend häufiger schon zufrieden, wenn ich einfach dabeisitze und gesagt bekomme, was ich tun soll, vielleicht die Würfel zu schütteln oder einen begeisterten Kommentar abzugeben, was für die Kinder offenbar eine vollkommen ausreichende Form der Beteiligung ist. In Wahrheit habe ich häufig nur eine vage oder gar keine Vorstellung von den Spielregeln, und manchmal weiß ich nicht genau, welches Spiel wir eigentlich spielen.

### *Gabriel* — *8. September 1985*

Gabriel ist noch nicht einmal einen Monat alt, und das Zusammensein mit ihm macht mir viel Freude. Ich mag es, wie er riecht und wie er in raschen kleinen Stößen atmet, wenn ich seinen Namen rufe. Ich spüre gern, wie sein Kopf herumfährt, wenn Marilyn ins Zimmer kommt, und wie er ihn dann zurückdreht und wieder mich anschaut. Mir gefällt, wie es sich anfühlt, wenn er in meinen Armen einschläft, die Veränderung im Klang und im Rhythmus seines Atmens. Gern halte ich seine winzigen Händchen und lege meine Hand auf die Wärme seines Kopfs. Es macht mir Freude, danach zu tasten, ob sein Haar wächst, und es macht mir Freude, seine kleine Nase zu berühren. Gern halte ich einen seiner Füße, und mir gefällt, wie es sich anfühlt, wenn ich ihn über meine Schulter gelegt halte. Das alles ist durch mein Blindsein viel weniger beeinträchtigt als es bei Thomas oder Lizzie der Fall war. Manchmal empfinde ich einen Moment lang Bedauern, wenn jemand sagt: «Er lächelt dich an», oder «Was für ein kluges, aufgewecktes Baby Sie haben!» Vorausgesetzt, solche

Gedanken schieben sich nicht zu häufig in den Vordergrund, habe ich viel häufiger echte und ungetrübte Freude an diesem Baby. Er hat den richtigen Namen.

## *Verlorene Kinder* — *3. Oktober 1985*

Letzte Nacht träumte ich, daß die Familie und ich in einem auf einer Klippe errichteten Supermarkt oder Warenhaus einkauften. Eine riesige Woge schlug krachend über dem Warenhaus zusammen und trennte uns voneinander. Ich lief zu dem überfluteten Geschäft zurück und suchte die Kinder. Überall lagen Trümmer, durchweichte Stoffballen, Waren und tote Körper. Marilyn, Gabriel und Imogen waren auf der oberen Etage des Geschäfts und in Sicherheit. Nur Thomas und Elizabeth waren nicht da. Sie waren unten gewesen, unterhalb des Bereichs, bis zu dem das Wasser vorgedrungen war. In wachsender Verzweiflung suchte ich überall nach ihnen, fand sie aber nicht. Ich kam zurück und sagte Marilyn, daß keine Spur von ihnen zu sehen war. Wir alle waren tief bekümmert und suchten weiter alles ab, aber es war hoffnungslos. Sie waren einfach verschwunden. Wir stellten eine kleine Gedenktafel für sie auf. Es gab eine lange Diskussion darüber, was wir sagen sollten. Sollten wir einfach sagen, daß die See sie genommen hatte? Nun befinde ich mich selbst unten am Klippenrand, suche sie immer noch. Die Klippe ist stark zerklüftet und steil und besteht aus einer Unmenge von dünnen Schichten Ton oder Schiefer. Durch den Aufprall der Welle scheinen sie sich gelockert zu haben, und während ich am Rand der Klippe herumrutsche, unter der die wilde See tobt, brechen große Stücke Ton unter dem Gewicht meiner Füße oder Fingerspitzen weg und fallen hinab. Ich taste mit den Händen auf dem Boden herum und prüfe, ob meine Füße Halt haben und frage mich, ob nicht die ganze Klippe zerbröseln und abbrechen wird. Als ich mich ausstrecke und versuche, mich irgendwo festzuhalten, rutschen große Steinsbrocken, die wie Geröll oder Schutt knirschen, unter mir weg. Weiter oben kriechen andere Leute herum. Endlich gelingt es mir irgendwie, weiter nach oben auf die Klippenwand zu klettern, dorthin, wo die Welle und der Sturm sie weniger zerstört haben und sie noch einigermaßen fest steht. So entkomme ich, aber von Thomas oder Lizzie immer noch keine Spur.

Dieser Traum war anscheinend ungeheuer lang. Ich erwachte erst nach und nach. Ich weiß nicht einmal genau, an welcher Stelle der Traum endete und die alptraumartige Phantasie begann. Traum und Realität waren nicht klar voneinander getrennt, und der Traum überspülte mein erwachendes Bewußtsein mit Furcht.

Früher in diesem Sommer war eine Gruppe von Schulkindern von den Felsen in Cornwall gespült worden. Dieser Unglücksfall hatte sich mir tief eingeprägt, ebenso der Traum, den eine meiner Kolleginnen mir neulich erzählte und in dem ihre Kinder auf den Felsen ertrunken waren. Mein Traum handelt vor allem von dem Verlust familiärer Bindungen, der eine Folge des Blindseins ist. Thomas und Lizzie, die gerade erst zu begreifen beginnen, was Blindsein ist, ertrinken darin. Imogen wurde vor dem Schock geboren, und Gabriel danach. Der Traum deutet auch an, daß überall um mich herum Fragmente meines alten Lebens, meines bewußten Lebens als Sehender, wegbrechen und in eine alles verschlingende Welt der Blindheit hinabstürzen.

## *Die Wildgänse* *13. Oktober 1985*

Wir gingen zu einer Party, um die Ordinierung eines unserer Priester zu feiern. Eine Gesangsgruppe, die «Wildgänse» hieß, war zur Teilnahme an dem Fest aus Glasgow gekommen. Zweimal im Verlaufe des Abends stellte sich dieser Chor aus vielleicht einem Dutzend junger Leute auf der Treppe auf und sang afrikanische Freiheitslieder. Ich stand dicht neben ihnen und hatte Thomas auf den Schultern. Thomas bewegte sich zum Takt der Musik hin und her und klatschte mit den Händen. Die Musik war kraftvoll und erregend. Ich war in Hochstimmung und fühlte mich beschenkt. Durch den Lärm des Händeklatschens und Singens hindurch schrie mir Thomas ins Ohr: «Was singen sie in ihren Liedern?»

«Sie singen von der Freiheit», erwiderte ich. Er lachte vor Freude, und ich lachte auch.

Später am Abend sagte jemand zu mir: «John, es macht dir vielleicht Freude zu hören, daß diese jungen Leute regelrecht strahlen, sie lächeln, und sie haben Sachen in so leuchtenden Farben an! Einige tragen Rot und Orange, einige sind angezogen wie Harlekins, die Kleider sind aus großen Rechtecken in wechselnden Farben zusammengesetzt, und sie sehen alle so glücklich aus!»

Ich war froh über diese Information, denn ich hatte sie mir alle in Schottenmustern und mit weißen Blusen und viel Spitze vorgestellt. Ich glaube nicht, daß es mir je gelingen wird, ganz ohne bildhafte Vorstellungen auszukommen, und da die immer so realistisch wie möglich sein sollten, bin ich über jede zusätzliche Information froh.

Am meisten bewegte mich jedoch die Musik. Ich denke nicht, daß mein Vergnügen an dem lauten Gesang noch größer gewesen sein würde, wenn ich die Sänger hätte sehen können oder mir jemand ihr Aussehen schon zu einem früheren Zeitpunkt beschrieben hätte. Ich glaube nicht, daß mein Gefühl, beschenkt worden zu sein, geschmälert wurde, weil das visuelle Element fehlte. Ich war nur ein wenig irritiert darüber, daß einige Leute anscheinend dachten, daß ich mich nicht uneingeschränkt an alledem freuen könnte.

Wenn man immer tiefer in das Blindsein hineingeht, dann werden die Dinge, die man einst für selbstverständlich hielt und die man, als sie verschwanden, zunächst betrauerte und für die man später die unterschiedlichsten Kompensationen zu finden versuchte, am Ende bedeutungslos. Irgendwie scheint es gar nicht mehr wichtig, wie Menschen aussehen oder wie Städte aussehen. Man kann die Zuverlässigkeit solcher Berichte nicht mehr aus erster Hand überprüfen, sie verlieren ihre persönliche Bedeutung und treten an den Rand des Bewußtseins. Für die eigene Lebensführung werden sie irrelevant. Man beginnt mit anderen Interessen, anderen Werten zu leben. Man beginnt in einer anderen Welt zu leben.

Ich denke, daß ich vielleicht zu verstehen beginne, was Blindsein ist.

Marilyn und ich waren zur Hochzeit eines Freunds eingeladen. Sie fand in einer Dorfkirche statt, die man wegen ihrer malerischen Schönheit ausgewählt hatte. Beim Hinausgehen sagte die Mutter des Bräutigams zu mir: «Wie bedauerlich, daß Sie die Kirche nicht sehen können! Sie ist so wunderschön. So eine reizende kleine Kirche. Wie bedauerlich, daß Sie sie nicht sehen können.» Ich lächelte unbestimmt, und wir gingen nach draußen. Die Glocken läuteten. Jemand anders trat auf uns zu und sagte, wie schön die Zeremonie gewesen sei. Noch einmal sagte die Mutter des Bräutigams: «Aber wie bedauerlich, daß John die Kirche nicht sehen konnte!» Nachdem die Fotos, mit der hübschen kleinen Kirche als Hintergrund, gemacht worden waren, stand ich schon wieder neben der Mutter des Bräutigams, dieses Mal mit Marilyn. Zum dritten Mal wurden die gleichen Bemerkungen gemacht. «Wie bedauerlich, daß John die hübsche Kirche nicht sehen konnte.» Marilyn und ich setzten uns lachend darüber hinweg und wechselten das Thema.

Dieser Vorfall bringt mich zum Nachdenken über die Psychologie sehender Menschen. Unsere wohlmeinende Gastgeberin, die die Kirche ausgewählt hatte, weil sie so hübsch aussah, war ein wenig enttäuscht darüber, daß sie, was mich anging, eben keine gute Gastgeberin sein konnte. Die Begründung dafür, daß die Zeremonie an diesem Ort stattfand, war für mich wertlos. Man hatte ja diese Kirche ausgewählt, um den Gästen einen angenehmen Anblick zu bieten. Dieses Vergnügen konnte ich nicht empfinden. Darum war es schade. Das Bedauerliche daran, um ganz genau zu sein, war nicht so sehr, daß ich die Kirche nicht sehen konnte, sondern daß man sich, was mich betraf, die ganze Mühe umsonst gemacht hatte. Es war bedauerlich, sich für nichts und wieder nichts die ganze Arbeit gemacht und alle diese Vorbereitungen getroffen zu haben.

Dies bringt mich als nächstes auf die Idee, daß Sehende keine Verwendung für mich haben. Man kann mich nicht unterhalten, nicht auf die Art, die Sehenden als Unterhaltung gilt. Es ist unmöglich, mich in die allgemeine Bewunderung dessen, was man ausgebreitet hat, damit es bewundert wird, miteinzuspannen. Das ist dann bedauerlich.

Wenn ich an einem solchen Ort bin, denke ich nicht unentwegt daran, daß da Dinge sind, die ich nicht sehen kann. Meine Aufmerksamkeit und mein Empfinden sind von dem beansprucht, was auf mich einstürmt.

In diesem Fall waren es die Glocken. Ich hätte lange da stehen und diesen Glocken zuhören können. Die Luft war voller Schwingungen. In meinem Kopf schien es zu läuten. Der Boden schien zu beben, und die Luft war schwer und federte von dem Widerhall. Ich versuchte zu zählen, in wie vielen unterschiedlichen Rhythmen die Glocken läuteten, und herauszufinden, wie viele wohl da oben in dem Turm hingen. Es gelang mir nicht. Ich nahm mir vor, mir über dieses wunderschöne Erlebnis genauer Aufschluß zu verschaffen. Ich versuchte, mir selbst das Wesen des Klangs zu beschreiben, verglich ihn mit dem anderer Glocken, die ich kürzlich gehört hatte. Immer wieder erklang das Läuten, legte sich über das Gemurmel der Unterhaltung, durchschnitt die kühle Herbstluft, erfüllte alles mit einer sonderbaren, feierlichen Erwartung. Ich war ganz durchdrungen von Freude, und mein Herz sagte immer wieder: «Ja, ich höre euch, liebe Glocken, ich höre euch.»

Ich hätte vielleicht nicht so reagiert, wenn ich die Kirche schon gekannt hätte. Wenn ich an einen mir vertrauten Ort zurückkomme, wie zur Kapelle des King's College in Cambridge, erfüllt mich oft ein tiefes Gefühl von Verlust. An einem neuen Ort kümmere ich mich gewöhnlich nicht darum, wie er aussehen mag. Ich schiebe das als unerreichbar fort und konzentriere mich auf die Aspekte, die zu mir durchdringen können. Es stört mich sogar, wenn ich Informationen über das Aussehen eines Orts bekomme, es sei denn, ich bitte ausdrücklich darum. Häufig frage ich, weil ich neugierig bin. Vielleicht möchte ich bestimmte Einzelheiten wissen. Unwissenheit hat keinen Wert. Manchmal erkundige ich mich bei solchen Gelegenheiten bei einem sehenden Freund nach irgendeiner Einzelheit. Die Initiative muß jedoch von mir ausgehen.

Ich weiß nicht, ob die Glocken den Sehenden überhaupt aufgefallen sind. Bestenfalls waren sie, als sich die Hochzeitsgesellschaft versammelte, neben den Herbstblättern und dem normannischen Turm noch das I-Tüpfelchen der allgemeinen Atmosphäre. Für mich hatte sogar die Luft, die ich atmete, die Gestalt einer Glocke.

### *Hitze* — *15. November 1985*

Als ich neulich am Wohnzimmertisch saß, bemerkte ich, daß mir Hitze auf das Gesicht strahlte. Ich spürte ihr nach, indem ich das Gesicht und die Hände hin und her bewegte und lokalisierte die Quelle schließlich in der Glühlampe, die über mir von der Decke herabhing. Ich kann mich nicht erinnern, jemals zuvor ein solches Erlebnis gehabt zu haben. Seitdem achte ich darauf, und ich beobachte, daß ich häufig schon weiß, ob das Licht in einem Zimmer an ist oder nicht, wenn ich mich einfach mit nach oben gewandtem Gesicht unter die Lampe stelle. Ich spüre es jetzt auch viel deutlicher, wenn mir die Sonne ins Gesicht scheint. Meine ganze Haut nimmt offenbar Veränderungen des Luftdrucks und der Temperatur, Wind und Sonne viel feiner wahr.

### *Eine Demütigung?* — *18. November 1985*

Neulich nahm ich an einer Versammlung von ungefähr zwanzig Kollegen teil. Die Tagungsleiterin schien eine besonders warmherzige Person zu sein, sehr feinfühlig für die Bedürfnisse eines Blinden. Sie bezog mich in ihr Gespräch ein, indem sie mir bestimmte Dinge immer ganz genau erklärte. Wenn sie etwas hochhielt, sagte sie dabei: «Sie können das zwar nicht wissen, John, aber so und so und so und so», oder: «John, Sie möchten vielleicht gern wissen, daß dieses farbige so und so . . .», oder: «Extra für Sie, John, habe ich hier ein so und so . . .», oder: «Es betrübt mich mehr, als ich es sagen kann, daß Sie diese schöne Flagge nicht sehen können, John, aber es ist eine so und so und eine so und so.» Zu alledem nickte ich höflich und bemühte mich, intelligent und dankbar auszusehen.

Kein Zweifel, Menschen, die mich schätzen, bedauern es, daß sie mich nicht dazu bringen können, die von ihnen bewunderten Dinge ebenfalls zu bewundern. Dennoch muß man sich den Tatsachen stellen. Da sie mich nicht auf ihre Seite ziehen können, ist es doch sinnlos, auf diese Art, klagend und mit Ausdrücken des Bedauerns, immer wieder darauf hinzuweisen. Heraus kommt dabei nur, daß ich mich als Außenseiter fühle. Wenn ich mich gerade für das Gespräch zu interessieren beginne, kommt immer wieder wie ein Dolchstoß die Ermahnung: Du stehst außerhalb von uns, du bist keiner von uns. Ist das manchmal vielleicht Absicht? Kann es sein, daß sich ein Sehender mit diesen Mitteln gegen die Macht meiner Machtlosigkeit wehrt? Wie kann man einen Blinden demütigen?

## *Vom Zufall zur Bedeutung* *22. Dezember 1985*

Hatte es einen verborgenen Sinn? War es mir bestimmt, blind zu werden? Fragen wie diese werden mir oft gestellt.

Mein Blindwerden war die Folge von Tausenden von kleinen zufälligen Ereignissen. Sie waren kein «Weg», und ich wurde nicht auf ihm in das Blindsein geführt. Wenn ich zurückschaue, sehe ich die Kette der Ereignisse, und sie hat eine gewisse Ähnlichkeit mit einem Weg, aber jede unberührte Wüste ist von Wegspuren durchkreuzt, wenn man sie einmal durchquert hat. Wenn man nach vorn schaut, dann gibt es keinen Weg, sondern nur eine beinahe unendliche Anzahl von Möglichkeiten.

Das Wort ‹Vorsehung› bedeutet ‹nach vorn sehen› und verweist traditionell auf die Idee, daß Gott dich auf einem Weg führt. Ich glaube, daß wir diese Lehre Rücksehung oder Rückschau nennen sollten, denn nur wenn wir zurücksehen, erlangt das Zufällige Bedeutung. Die Bedeutung entsteht nach dem Ereignis. Aus diesem Grunde führt die Frage «Warum ist das passiert?» eher in die Irre. Es passierte, weil ich zufällig im zwanzigsten Jahrhundert geboren wurde und nicht im neunzehnten. Wäre ich vor einhundert Jahren geboren worden, dann wäre ich sicher schon viel früher blind geworden; wenn ich ein Jahrhundert später geboren worden wäre, hätte mein Augenlicht vermutlich gerettet werden können. Mit anderen Worten, ich könnte eintausend kleine Wenns und Abers anführen, mit denen ich erklären könnte, wie es dazu kam, daß das im Leben dieses Menschen passierte. Aber wenn man mit «warum» nach dem alles umfassenden Zweck fragt, so als sei das Blindsein mein Schicksal, dann glaube ich nicht daran.

Jedes einzelne der Ereignisse, das dem großen Ereignis voranging, war ein Zufall, und durch ihre Aufeinanderfolge wurde insgesamt keine größere Wahrscheinlichkeit akkumuliert als mit jedem neuen zufälligen Ereignis, das, deutlicher oder weniger deutlich, den Weg zum nächsten wies.

Glauben ist eine schöpferische Handlung. Durch den Glauben verwandeln wir die zufälligen Ereignisse unseres Lebens in Symbole unserer Bestimmung. Glück ist ein Zufallsprodukt, aber Bedeutung entsteht, wenn das zufällige Geschick durch eine symbolische Wiedergeburt verklärt wird.

Das ist jedoch keine Leistung oder wird zumindest nicht als Ergebnis bewußter Anstrengung erlebt. Symbole haben ihre eigene Energie, und ein Leben wird als bedeutsam erfahren, wenn diese Symbole den zufälligen Inhalt des Lebens neu ordnen. Das Wichtigste im Leben ist nicht Glück, sondern Bedeutung. Glück ist das Produkt einer Kette von Zufällen, die auf unser Wohlergehen zusteuern. Das Blindsein macht mich nicht glücklich. Ich habe es nicht gewählt, und es wurde mir auch nicht auferlegt. Als zufälliges Ereignis konnte es aber trotzdem Bedeutung erlangen. Die Rücksehung ist eine visionäre Gabe des Heiligen Geists.

# 11
# DAS GESCHENK
## Winter 1985/Frühjahr 1986

*«Warum hilft dir Gott nicht?»* *28. Dezember 1985*

Vergangenen Freitagabend fing Thomas, als ich ihn zu Bett brachte, ein langes und ausführliches Gespräch über mein Blindsein an. «Wirst du immer blind sein?» war sein Eröffnungsgedanke.

«Ja, immer.»

«Auch am Jüngsten Tag?»

«Ja.»

«Wann ist es passiert? War es, als ich noch ein kleiner Junge war oder ein Baby?»

«Nein, es war, bevor du geboren warst, genau davor.»

«Wie ist es passiert? Hast du ein gutes Auge gehabt, mit dem du sehen konntest, und ein schlechtes Auge, mit dem du nicht sehen konntest, und dann ist dein gutes Auge schlechter geworden? Oder hast du zwei gute Augen gehabt oder was?»

«Ich hab ein gutes Auge gehabt, mit dem ich sehen konnte, aber es ist allmählich schlechter geworden.»

«Konnten die Ärzte nichts dagegen machen?»

«Sie haben es versucht.»

«Was war denn nicht in Ordnung damit? Warum ist es schlechter geworden?»

Ich brachte die Netzhautablösung zur Sprache. Ich erzählte ihm von der Netzhaut des Auges, was sie ist und ein wenig davon, wie sie funktioniert. Ich beschrieb, wie sich die Netzhaut vom Augenhintergrund ablösen oder wie sie losgerissen werden kann und welche Auswirkungen das hat.

«Warum reißt sie los? Warum geht sie ab? Können sie sie nicht wieder dranmachen?»

Ich beschrieb die vielen Operationen, die ich gehabt hatte, und erzählte ihm etwas von den Methoden, mit denen man versucht hatte, die Netzhaut wieder anzubringen und eine weitere Ablösung zu verhindern. Ich beschrieb, wie es allmählich immer schlechter geworden war und wie dann noch andere Komplikationen dazugekommen waren.

«Konnten sie zum Schluß gar nichts mehr machen? Was haben sie gesagt?»

«Weißt du», sagte ich, «sie haben gesagt: ‹Es tut uns sehr leid, Mr. Hull, wir fürchten, wir können nun nicht mehr viel tun.›»

«Das war ein Unglück.»

Ich stimmte ihm zu.

«Warum hilft dir Gott nicht?»

«Gott hilft mir, in sehr vielen Dingen.»

«Wie?»

«Er macht mich stark. Er gibt mir Mut.»

«Aber er hilft dir nicht, deine Augen wiederzukriegen.»

«Nein, aber er hilft mir bei vielen anderen Dingen, und er hat mir schon früher bei vielen anderen Dingen geholfen.»

An diesem Punkt hatte ich das Gefühl, daß er genug zum Nachdenken hatte, und ich ja auch; ich ging weg, um Abendbrot zu essen, und er schlief. Dieses Gespräch muß im Zusammenhang mit Thomas' augenblicklicher Theologie gesehen werden, einer Theologie göttlicher Macht, die auf dem aufbaut, was He-Man und Superman tun können. Gott wird als Vollendung von He-Man und Superman gesehen, die zu einem verschmelzen, der aber stärker als sie beide ist. Im Fernsehen wurde erst am Tag zuvor der Film *Superman* gezeigt, und die Kinder hatten ihn sich mit großem Interesse angeschaut. Superman ist ein Erlöser, ein Retter und ein Befreier, der, wenn es gilt, seinen Freunden und Landsleuten zu helfen, erstaunliche Kräfte und einen großen Einfallsreichtum entwickelt. Im Gegensatz dazu ist man enttäuscht, wenn man merkt, daß man Gott als seinen Verbündeten hat.

Ich glaube, daß Thomas Zeit braucht, so wie ich selber auch, um auf seine eigene Weise zu Gott zu kommen. Die Symbole, durch die das Göttliche zu ihm spricht, sind nicht völlig ungeeignet, und sie können Staunen und Ehrfurcht wecken. Für einen fünfjährigen Jungen sind sie eine angemessene Ausdrucksform des Heiligen. Am Ende aber muß sich eine Theologie der Stärke auch mit einer Theologie der Schwäche und des Kreuzes auseinandersetzen. Macht kann man sich gut bildlich vorstellen, bei der Machtlosigkeit ist das viel schwieriger. Um eine Theologie der Schwäche zu haben, muß man sehr stark sein, aber man darf nicht erwarten, daß ein kleines Kind das versteht. Ich bin nicht sicher, ob ich selbst es verstehe.

Die Art seines Fragens, das Interesse auch an den Einzelheiten der Chirurgie und der Ophthalmologie und wie es mir dabei erging, haben mich beeindruckt. Sein eigentümlich erwachsener Kommentar, daß das ein Unglück gewesen sei, hat mich verblüfft.

## *Liebe Dinge* — *29. Dezember 1985*

Weihnachten ist schwierig, weil es eine Zeit lieber Dinge ist. Für einen Blinden ist es nicht leicht, sich an diesem Auspacken, diesem Enthüllen lieber Dinge zu beteiligen. Ein Blinder braucht auch länger, bis er Gegenstände lieben lernt.

Was sind die mir liebgewordenen Dinge? Ich habe einmal Bücher geliebt. Ich liebte es, mich mit meiner kleinen Sammlung von Büchern aus dem achtzehnten Jahrhundert zu befassen, die alte Schrift zu betrachten, mir die Holzschnitte oder Kupferstiche anzuschauen und über die alten handschriftlichen Einträge nachzudenken, die man oft auf den Innenseiten findet. Wenn ich heute ein neues Buch habe, macht es mir schon Freude, es in der Hand zu halten. Daraus beziehe ich eine bestimmte Menge von Informationen und werde dieses bestimmte Buch, wenn es mir das nächste Mal auf meinen Regalen in die Hand fällt, wahrscheinlich wiedererkennen können. Wie ein neues Buch beim Durchblättern der Seiten riecht, gefällt mir jedes Mal. Ich glaube aber nicht, daß ich guten Gewissens sagen kann, daß das Buch ein mir lieber Gegenstand werden wird.

Ist die Liebe zu Büchern auf die Liebe zu Tonbändern übergegangen? Wohl kaum! Niemand liebt Kassetten so, wie man Bücher liebt. Bei Kassetten fehlt die Individualität und die Unmittelbarkeit. Die Kassette hat, bevor man sie einlegt, nur wenig oder keine Persönlichkeit. Erst danach spricht sie zu dir, aber ein neues Buch spricht schon zu dir, wenn du es in die Hand nimmst. Die Liebe zu einem Buch ist nicht von einer maschinellen Vermittlung abhängig.

Ich habe einmal Schallplattenhüllen sehr gemocht. Ich bewunderte die künstlerische Gestaltung, wie raffiniert oft schon die Illustration auf dem Umschlag auf die Atmosphäre der Musik hinwies. Heute ist der Umschlag in der Hauptsache ein Futteral, er ist in der Hauptsache ein Schutz für die Platte und ein Träger, auf dem man das Brailleetikett anbringen kann. Abgesehen von den Etiketten unterscheiden sich die Plattenhüllen nicht voneinander.

Und wie ist es mit Menschen? Werden nicht sogar die Menschen ununterscheidbar? Hab ich mich nicht gefragt, ob Lizzie auf meinen Knien sitzt? War es nicht so, daß ich nicht einmal Marilyn erkannte, als sie mich neulich auf der Straße rief? Welchen Status hat ein Mensch als liebgewordener Gegenstand nun in meinem Leben? Vielleicht ist das eine Ursache der Langeweile des Blinden oder zumindest dieses einen Blinden. Sollte ich mich aktiver darum bemühen, mein Leben mit Gegenständen auszufüllen, die ich liebgewinnen kann, Gegenständen, denen ich Liebe entgegenbringe, wenn ich sie berühre?

In vieler Hinsicht lebt ein Blinder in einer merkwürdig dinglosen Welt. Ein Sehender, der durch ein Stadtzentrum geht, verläßt es mit Hunderten von Eindrücken von Gegenständen, die in Schaufenstern ausgelegt sind, um Sehnsüchte zu wecken. Ein Blinder geht die gleiche Strecke und hat nur eine geringe oder gar keine Vorstellung von diesen anziehenden Gegenständen. Nur wenige Dinge locken ihn aus sich selbst heraus, ins Leben hinein.

## *Durch den Sturm fahren* — *3. März 1986*

Heute morgen bin ich ganz erfrischt aufgewacht, denn ich hatte eine schöne, traumerfüllte Nacht. Eine lange Serie von sehr aufregenden Abenteuergeschichten, alle in Technicolor, wurde gezeigt, und als ich aufwachte, hatte ich ein sonderbares Gefühl der Reinheit. Mein Denken war erneuert worden, hatte Ferien gemacht, war in offene Räume gereist und hatte das freie und aufregende Leben in der visuellen Welt kennengelernt.

Der Traum, der mir am deutlichsten im Gedächtnis geblieben ist, verlief wie eine Filmserie. Es war eines jener ungewöhnlichen Erlebnisse, bei denen man mehrere Male aufwacht, während sich der Traum in einer Abfolge von Episoden über mehrere Schlafphasen verteilt fortzusetzen scheint. Es war ein Traum vom Meer, und im Hauptteil, im einzigen Abschnitt, an den ich mich noch deutlich erinnere, war unsere Mannschaft zu sehen, wie sie ein Schiff durch einen wilden Ozean steuerte. Wir standen auf der Brücke, die überglast war. Die schwere See brach sich an diesem Glasdach. Die Wasser schlugen über einer Art Dachfenster zusammen. Wir fürchteten, daß das Schiff mit Wasser vollaufen würde, falls dieses Dachfenster bräche. Es bebte und klapperte, wenn die großen Wassermassen darauf einhämmerten. Einige von uns streckten die Arme hoch, um den Rahmen halten zu können, falls die Kraft des Wassers das Fenster nach innen eindrücken würde. Es hielt, und wir kamen glücklich durch den Sturm und in den Hafen. Ich erwachte mit dem erhebenden Gefühl, Kraft geschöpft zu haben, war glücklich, daß ich alle diese wunderbaren Erlebnisse gehabt hatte.

Sehende Menschen leben in der Welt. Der blinde Mensch lebt im Bewußtsein. Aus diesem Bewußtsein gibt es kein Entrinnen, oder ein Entrinnen ist nur gelegentlich in Träumen gestattet. Ein solches Entrinnen ist paradiesisch.

## *«Ein Lächeln zwischen dir und mir»* *21. März 1986*

Gestern morgen kniete ich auf dem Boden und half Lizzie beim Anziehen. Als sie fertig war, stellte ich sie vor mich hin und sagte: «Fertig! Wollen wir dich mal anschauen.» Ich hielt ihr Gesicht leicht zwischen den Händen und lächelte sie groß an.

So blieben wir einen Augenblick stehen, und dann sagte sie: «Daddy, wie kannst du trotzdem zwischen dir und mir lächeln, wenn ich lächle und wenn du lächelst und du blind bist?»

Ich lachte und sagte: «Wie meinst du das, Liebling? Wie kann ich was?»

Mit großem Zögern und Zaudern bei jedem Wort sagte sie: «Wie kannst du lächeln – nein – wie kann ich zwischen dir und mir lächeln – nein – zwischen dir und mir ein Lächeln, wenn du blind bist?»

«Du meinst, woher ich weiß, daß ich dich anlächeln soll?»

«Ja», sagte sie, «wenn du blind bist.»

«Es stimmt, Liebling», sagte ich, «daß Blinde oft nicht wissen, wenn sie jemanden anlächeln sollen, und oft weiß ich es auch nicht, daß ich dich anlächeln soll, stimmt's?»

Sie bestätigte es.

«Aber heute wußte ich, daß du lächelst, Liebling, denn du bist da gestanden, und ich habe dich angelächelt, und ich habe gedacht, wahrscheinlich lächelst du mich an. Hast du?»

«Ja!» antwortete sie fröhlich.

Dieses kleine Kind, das gerade seinen vierten Geburtstag gehabt hat, ist also imstande, die vom Blindsein verursachten Störungen in der Sprache des Lächelns zu artikulieren. Ihre feine Unterscheidung zwischen jemand anlächeln und dem zwischen Menschen stattfindenden Lächeln ist mir nicht entgangen. Ich finde keine Worte dafür, mit welchen Gefühlen ich darüber nachdachte, daß sie mich so oft angelächelt hatte, aber daß das zwischen zwei Menschen stattfindende Lächeln für sie und mich nicht nur eine große Seltenheit, sondern sogar ein Rätsel war. Ich hatte einen schrecklichen Verlust erlitten und dabei gleichzeitig etwas Wundervolles gewonnen.

### *«Es ist, als ob man immer weiter runterfällt»* — *20. April 1986*

Thomas und Lizzie saßen auf meinen Knien. Ich erzählte ihnen eine Geschichte. Thomas fing an, mein rechtes Auge mit den Finger anzustupsen. «Wenn ich so und so mache, kannst du dann wieder sehen?»

«Nein», sagte ich, «ich werde nie wieder sehen können.»

«Nie mehr?» sagte er. «Wenn du stirbst, kannst du dann sehen? Macht Gott, daß du wieder sehen kannst?»

«Na ja», spekulierte ich, «auf eine Art vielleicht, denn wenn ich ganz bei Gott bin, weiß ich doch alles, oder?»

Lizzie platzte mit einem Ausruf dazwischen. «Es ist gar nicht schön!» Sie sagte das noch einmal sehr nachdrücklich. «Es ist gar nicht schön!»

«Was?» fragte ich.

«Blind sein!» schie sie. «Immer!»

Ich sagte, ja, es sei gar nicht schön, aber es gäbe Schlimmeres.

«Aber es ist gar nicht schön!» betonte sie noch einmal zornig.

Ich äußerte noch einmal die Überlegung, daß es Schlimmeres gäbe, aber sie schien mich nicht zu hören.

Nun brach es aus ihr heraus: «Es ist, als ob man immer weiter und immer weiter und immer weiter und immer weiter runterfällt bis auf den Grund eines ganz ganz ganz ganz ganz ganz ganz tiefen Brunnens, aus dem man nie wieder rauskommt, wie in dem Schloß.» Sie meinte damit einen Ausflug, den wir kürzlich gemacht hatten, zu den Ruinen von Ludlow Castle, wo sie die dunklen Tiefen des Brunnens stark beeindruckt hatten. Wir hatten Steine hinabgeworfen und gehört, wie sie aufschlugen. Lizzie war vom Brunnenrand zurückgeschreckt. Nun sagte sie, und ein Schaudern durchfuhr sie: «Mir hat das Schloß gar nicht gefallen. Mit gefällt es da überhaupt nicht. Ich mag diese Verliese nicht und dieses Runterfallen immer weiter und immer weiter in den Brunnen. Ich möchte nie mehr zu einem Schloß wie dem da gehen.»

Inzwischen hatte sie wahrscheinlich mehr oder weniger schon vergessen, was sie an das Schloß erinnert hatte, aber ich war sehr beeindruckt davon, wie gut sie sich in die Situation eines Blinden einfühlen konnte und wie sie instinktiv das Grauen des immer schwächer werdenden Lichts, des immer tieferen Untergehens und des Abscheus und Protests erfaßte, den man fühlte, wenn man mit einem unwiederbringlichen Verlust und dem Empfinden, dort für immer eingesperrt zu sein, konfrontiert war.

### *Ist das Blindsein ein Geschenk?* *21. April 1986*

Im Verlauf der letzten Wochen ist mir immer wieder der Gedanke gekommen, daß das Blindsein ein Geschenk sein könnte. Ich weiß nicht recht, woher ich diese Idee habe. Vielleicht durch eine Radiosendung über Meditation, die ich gehört habe und in der der Ausdruck «das Geschenk der Stille» vorgekommen war.

Der Gedanke widerstrebt mir, denn wenn das Blindsein ein Geschenk ist, müßte ich es annehmen. Ich habe mir zwar gesagt, daß ich lernen würde, mit dem Blindsein zu leben, aber akzeptieren würde ich es niemals.

Trotzdem stelle ich fest, daß sich dieser Gedanke mir immer wieder aufdrängt und meine Neugier weckt. Könnte es auf eine seltsame Weise doch so sein, daß das Blindsein ein dunkles, paradoxes Geschenk ist? Bietet es eine Lebensmöglichkeit, Läuterung, eine göttliche Weltordnung? Ist es wirklich wie ein schmerzhafter, läuternder Tod? Soll ich davon ausgehen, daß ich dank dieses Geschenks in eine neue, konzentriertere Phase meines Lebens eintrete?

Der Philosoph Brentano schuf viele seiner schöpferischen Werke, nachdem er blind geworden war, und er schrieb das seinem Blindsein zu. Soll ich beginnen, mich selbst nicht mehr als einen durch ein Gebrechen behinderten, sondern als einen mit einer Gabe ausgestatteten Menschen zu sehen?

Wenn das Blindsein ein Geschenk ist, dann ist es keines, das ich jedem wünsche. Es ist kein Geschenk, das ich erhalten möchte. Es ist eins, das ich viel lieber zurückgeben möchte, aber trotzdem nur entgegennehmen kann. Ein Geschenk, zu dessen Entgegennahme es keine Alternative gibt, ist ein sonderbares Geschenk. Ich nehme an, daß ich nicht zur Dankbarkeit verpflichtet bin, wenn ich etwas bekomme, das ich nicht ablehnen kann.

Am Sonntag, dem 27. April, ging ich mit Michael in die Kathedrale von Notre Dame in Montreal zur Messe. Der Gottesdienst fand ausschließlich auf Französisch statt, fesselte aber doch meine Aufmerksamkeit. Obwohl ich kaum ein Wort verstand, hörte ich den ganzen Gottesdienst hindurch gespannt zu.

Die Orgel gehört zu den berühmtesten in Nordamerika, und ihr Klang war wirklich kraftvoll und schön. Ich merkte, daß ich wieder über das Blindsein als Geschenk nachdachte. Als der Gottesdienst weiterging und als der gesamte Ort und mein Geist von dieser wunderbaren Musik erfüllt waren, hörte ich mich sagen: «Ich nehme das Geschenk an. Ich nehme das Geschenk an.» Ich war von tiefer Ehrfurcht erfüllt. Ich hatte das Gefühl, in Gottes Gegenwart zu sein, daß der Schenker dieser Gabe dicht neben mich getreten war, um sein Werk zu begutachten. Er war neben mich getreten wie jemand, der es kaum wagt, das Ergebnis seiner Arbeit anzuschauen. So wie ich es kaum gewagt hatte, mich ihm zu nähern, so hatte er es kaum gewagt, sich mir zu nähern. Ich wußte, daß er unendlich groß ist, von einer geheimnisvollen Schönheit, die mein Fassungsvermögen übersteigt. Ich spürte, daß er für einen Augenblick innegehalten hatte und daß er nun bald wieder in Welten, die außerhalb meines Vorstellungsbereichs liegen, seine eigene seltsame Arbeit tun würde. Er hatte gleichsam aus der Ferne seinen Mantel der Finsternis um mich geworfen, war nun aber neben mich getreten, um von mir bestätigt zu bekommen, daß alles in Ordnung war, daß er die Situation nicht falsch eingeschätzt hatte, daß er nicht bleiben mußte. «Es ist alles in Ordnung», sagte ich zu ihm. «Du brauchst nicht zu warten. Geh nur, du kannst gehen, alles ist gut.»

Wir gingen nach vorn und empfingen das Brot. Das ist auch ein sonderbares Geschenk, dachte ich. Ist diese kleine Hostie nicht ebenso sonderbar wie dieses andere sonderbare Geschenk? Sie wird ebenfalls gebrochen, und sie zerbricht die, die sie essen. Solange ich sein Brot in mir und seinen Mantel um mich habe, werde ich in ihm leben und er in mir.

Am Samstagabend nach unserem Besuch in der Kathedrale von Notre Dame sahen Michael und ich eine Inszenierung des Musicals *Karussell* von Rogers und Hammerstein, die von den älteren Schülern einer unabhängigen katholischen High School in Edmonton, Alberta, aufgeführt wurde. In der Pause las Michael mir ein Plakat vor, das an einem Anschlagbrett hing. Der Text lautete ungefähr so: «Vielleicht können wir vom Christentum nur das eine lernen: daß wir für dieses Geschenk nichts zurückgeben müssen.»

Ich fand diesen Gedanken eigenartig. Das Motto sprach Menschen an, die der Meinung waren, sie müßten, weil sie ein Geschenk erhalten hatten, nun ihrerseits etwas zurückzahlen. Es wollte ihnen sagen, daß dies nicht notwendig sei. Gerade weil es ein Geschenk ist, kann es nicht um ein Zurückzahlen gehen.

Auf mich wirkte es genau entgegengesetzt. Mir wäre es nie eingefallen, daß ich, wenn ich das Geschenk annahm, auch etwas zurückgeben müßte. Für mich war es selbstverständlich, daß kein Gegengeschenk von mir erwartet wurde. Das Plakat erweckte in mir Zweifel, daß diese Annahme gerechtfertigt war. Natürlich erfordert ein Geschenk keine Bezahlung, aber durch das Empfangen eines Geschenks tritt man in eine Beziehung zu dem Schenkenden ein, in der der Austausch von Geschenken höflich und angemessen ist.

Aber welches Geschenk könnte eine passende Gegengabe für das Geschenk des Blindsein sein? Was konnte ich geben, welches Geschenk, das ich machen wollte, kam der numinösen Finsternis und der strahlenden Vernichtung durch das Blindsein gleich?

Heute morgen besuchte ich mit meinem Freund Ric Laplante die Messe in der Kirche seines Heimatdorfs. Für die Lesung aus dem Evangelium war eine Stelle aus den Abschiedsreden Jesu an seine Jünger, wie sie im Johannesevangelium aufgezeichnet sind, ausgewählt worden. Dort steht der Satz: «Meine Gabe ist der Frieden, den ich euch lasse.» In der «autorisierten Fassung» lauten die Worte: «Meinen Frieden gebe ich euch.»

Diese Worte drängten sich mir besonders stark auf. Wenn ich denke, daß das Blindsein das Geschenk ist, stimmt das vielleicht nicht ganz genau. Das Blindsein ist das Geschenkpapier oder das Medium. Das Geschenk liegt tiefer, auf der anderen Seite des Blindseins.

### *Alles und nichts* *10. Mai 1986*

Wenn das Blindsein ein Geschenk ist, dann ist der Tod ein Geschenk. Was sollen wir als Gegengabe für unseren Tod schenken? Was immer wir auch schenken können, es muß vorher geschehen, denn wenn wir dieses letzte Geschenk erhalten, haben wir nichts mehr zum Verschenken übrig.

Aber wenn das Blindsein ein Geschenk ist und wenn der Tod ein Geschenk ist, was haben wir dann zu fürchten? Wenn das Leben der Tod ist, dann ist der Tod das Leben. Wenn die Finsternis das Licht ist, dann ist das Licht die Finsternis. Das bewußte und das unbewußte Leben sind eins. Wir haben nichts, und doch haben wir alles. Die Welt, Leben oder Tod, Gegenwärtiges oder Zukünftiges, alles ist unser, und wir sind Christi, und Christus ist Gottes (siehe 1. Kor. 3.22 f.).

## 12
## DEN FELS BERÜHREN
## Sommer 1986

*«Dann mußt du eben zu Gott beten!»* *14. Mai 1986*

Gestern morgen fragte Lizzie während des Frühstücks unvermittelt: «Du hast Augen, warum kannst du dann nicht sehen?»

«Meine Augen funktionieren nicht.»

«Dann mußt du eben zu Gott beten!»

«Vielleicht», erwiderte ich zögernd, «hat Gott eine eigene Meinung dazu. Er ist nicht nur dazu da, um auf uns aufzupassen, weißt du. Gott hat seine eigenen Probleme.»

«Jawohl», wiederholte Thomas, «Gott hat seine eigenen Probleme.»

«Wir sind auch hier, um ihm zu helfen, er ist nicht nur dazu da, uns zu helfen», fügte ich noch hinzu.

Heute morgen kuschelte sie sich im Bett ganz eng an mich und fragte flüsternd: «Kannst du nur ein ganz kleines bißchen sehen?»

«Nein», sagte ich, «nicht mal ein ganz kleines bißchen.»

«Ach», sagte sie.

*Lizzie das Lesen beibringen* *17. Juni 1986*

Mir wird jetzt klar, daß man nicht unbedingt sehen können muß, wenn man einem Kind das Lesen beibringen will. In den ersten Jahren meines Blindseins, als Thomas noch klein war, hatte mir dieses Problem viel Kummer gemacht.

Vor ungefähr einer Woche habe ich damit angefangen, Lizzie vor dem Frühstück in mein Arbeitszimmer mitzunehmen. Sie hat mehrere Sätze Leselernkarten, mit denen sie jetzt übt, und viele Bücher, die sie lesen können wird, wenn sie alle Karten wiedererkennt. Sie sitzt auf meinen Knien, während ich ihr die Karten, eine nach der anderen, reiche. Wenn sie mir sagen kann, was es ist, lege ich die Karte auf dem Tisch ab. Wenn sie sich nicht ganz sicher ist, bitte ich sie, das Wort zu buchstabieren. Sehr oft kann sie das schon, oder sie kann mir wenigstens sagen, wie viele Buchstaben das Wort hat. In der Regel kann sie mir soviel sagen, daß ich das Wort erkenne. Wenn trotzdem noch ein Rest von Zweifel bleibt oder wenn wir nicht weiterkommen, kann ich die Holzbuchstaben holen und das Alphabet so lange mit ihr durchgehen, bis sie den Anfangsbuchstaben des Worts wiedererkennt. Oft ist es einfacher für sie, wenn sie hinausläuft und ein älteres Familienmitglied nach dem Wort fragt. Wir stellen die Worte in unterschiedlicher Reihenfolge zusammen und bilden ulkige Sätze. Das hat sie gern, und wir lachen viel dabei. Ich bitte sie, meinen Finger zu nehmen und damit auf jedes einzelne auf dem Tisch ausgelegte Wort zu zeigen und es dann noch einmal vorzulesen, wenn ich die Buchstaben wieder in die Schachtel lege. Jeden Tag lege ich die Wörter, mit denen sie noch Schwierigkeiten hat, auf ein Extrahäufchen. Mit jedem Tag müssen wir weniger häufig jemand anders fragen. Am Ende kommt das Buch auf den Tisch, und mit großer Aufregung fangen wir an. Ein Vorteil bei diesem Vorgehen ist, daß das Kind denken, die Gedächtnisarbeit leisten muß. Sie muß mir helfen, und meine Rolle als wissender Erwachsener ist auf ein Minimum reduziert. Stattdessen werde ich zum freundlichen, ermutigenden Gefährten, zu dem, mit dem sie spielt.

## *Zwei Töchter* — *22. Juni 1986*

Ich hatte zwei Träume nacheinander. In jedem kam die Wiederherstellung der Sehkraft vor, und in jedem auch eine Tochter.

Ich träumte, daß ich mich in meinem Büro befinde. Imogen half mir. Sie schrieb an einem an der Seite stehenden Tisch Schreibmaschine. Allmählich wurde mir bewußt, daß ich Licht sah. Das Licht wurde stärker, verwandelte sich in einen glühenden Nebel, in verschwommene und dann immer schärfer hervortretende Umrisse. Allmählich tauchten Farben auf. Ich konnte sehen. Ich konnte Imogens Gesicht auf der anderen Seite des Zimmers sehen, als sie an der Schreibmaschine arbeitete. Ich war verblüfft und saß einige Zeit da, ohne ein Wort zu sagen oder mich zu rühren. Dann stand ich auf und erzählte ihr, was passiert war. Sie war nicht überrascht, sondern arbeitete weiter und sagte, das sei ja schön. Ich ging in ein Nebenzimmer, öffnete ein paar Aktenschränke und nahm ein paar Zeitschriften heraus und schaute mir die Bilder an, um mich zu vergewissern, daß ich wirklich sehen konnte. Es war erstaunlich. Ich konnte es wirklich. Damit endete der Traum.

Der zweite Traum folgte unmittelbar danach. Ich spielte mit Lizzie, die auf meinen Knien saß. Plötzlich stellte ich voller Staunen fest, daß ich die Umrisse ihres Kopfes erkannte, dann ihr Gesicht, und dann konnte ich sie ganz sehen. Zuerst fielen mir ihre Augen auf. Sie waren braun und ungeheuerlich. Sie schaute mich nicht an, sondern ihr Blick wanderte umher. Ich stellte ganz verwundert fest, wie viele kleine Bewegungen man ständig mit den Augen macht. Es kam mir unglaublich vor. Dann bemerkte ich, daß das nur bei einem ihrer Augen so war. Das zweite Auge war unbeweglich. In diesem Moment wurde sie auf mich aufmerksam. Ich sah, wie ihr gutes Auge vor Überraschung größer wurde, als sie merkte, daß ich sie anschaute. Wir fielen uns in die Arme. Dann sagte ich zu ihr: «Was ist mit deinem anderen Auge passiert, Lizzie?»

«Mit dem Auge kann ich nicht sehen, Daddy», erwiderte sie.

«Das hab ich nicht gewußt. Wie lange denn schon? Wann ist das passiert? Das ist mir völlig neu. Warum hast du es mir denn nicht gesagt?»

Sie sagte: «Mami hat es gewußt. Mami weiß es. Mami wird es dir sagen.»

Ich ging zu Marilyn hinüber. «Was ist denn mit Lizzies zweitem Auge passiert? fragte ich.

«Ach», sagte sie, «das ist schon lange her.»

In dem Traum war ich von tiefer Sorge um Lizzies zweites Auge erfüllt. So bin ich aufgewacht.

Ich wachte ganz langsam auf und brauchte eine Weile, bis

ich begriff, daß es ein Traum gewesen war, und dann erinnerte ich mich, daß ich, noch weiter zurück, einen zweiten Traum gehabt hatte, den über Imogen.

## *Guten Tag, auf Wiedersehen* — *4. Juli 1986*

Während einer Konferenz, die vor kurzem stattgefunden hatte, wartete ich im Foyer, um den Gastredner und seine Frau zu begrüßen. Autoreifen knirschten auf dem Kiesweg, als die Begleitwagen eintrafen, und ein geflüsterter Hinweis teilte mir mit, daß das offizielle Auto als letztes kam. Zwei oder drei von uns stellten sich zu einem Begrüßungskomitee auf, und einen Augenblick später schüttelte unser Gast mir schon die Hand. «Und das ist Mrs. –», sprach der Gastgeber weiter. Ich streckte wieder die Hand aus und traf dieses Mal auf etwas ziemlich Stachliges. Das Lachen der Runde überdeckte die Peinlichkeit, während ich erfuhr, daß ich unseren Redner aufs Kinn geschlagen hatte. Er hatte sich hinuntergebeugt, ich nahm an, um seiner Frau zu helfen. Sie schien ein ganzes Stück kleiner zu sein. Völlig verwirrt versuchte ich es noch einmal. «Nein», sagte eine warme, freundliche Stimme. «Ich bin hier unten.» Mitten in meiner Bewegung änderte ich den Kurs, und da war sie endlich. Sie saß in einem Rollstuhl. Die Verabschiedung gelang kaum besser. Vor Verwirrung wußte ich nicht mehr, wer wo war. Im Glauben, ihm die Hand zu schütteln, dankte ich unserem Gast für sein Kommen, nur um festzustellen, daß ich in Wirklichkeit einem meiner unmittelbaren Kollegen auf Wiedersehen sagte, der meine Hand nur genommen hatte, um mich zu unserem Besucher zu führen. Wir schieden voneinander, wie wir uns kennengelernt hatten, unter wechselseitiger Belustigung und mit Mißverständnissen.

## *Das Rathaus* — *26. Juli 1986*

Vergangene Nacht träumte ich, daß ich auf einer großen Konferenz in einem Rathaus sprach. Eine Zeitlang stand ich auf der Bühne. Viele meiner Kollegen waren anwesend. Das

Auditorium sah ich in lebhaften, deutlichen Bildern. In den breiten Gängen waren Tische für die einzelnen Diskussionsgruppen aufgestellt worden. Einige Zeit saß ich unter den Konferenzteilnehmern im Saal und einige Zeit oben am Rednerpodium. Ich mußte sehr genau achtgeben, wenn ich die Treppe hinauf- und hinunterging und wenn ich meinen Stuhl suchte. Als ich von einer Stelle im Saal zu einer anderen ging, halfen mir einige Kollegen, und ich hatte anscheinend keinen weißen Stock bei mir.

Wenn ich überlege, wie umfassend ich mich in diesen Träumen aus der letzten Zeit selbst als Blinden wahrnehme, muß ich zwischen der Deutlichkeit der Traumpräsentation und meiner Darstellung im Traum unterscheiden. Der Traum sieht ja mich, und was der Traum (in unterschiedlich vielen Deutungsmöglichkeiten) sieht, bin ich als Blinder.

Daraus, daß ich vom Traum gesehen werde und daß der gesamte Traum überdies vom Träumer gesehen wird, folgt nicht, daß ich, als Element des Trauminhalts, nicht wahrnehme, daß ich blind bin. Nicht ich sehe das Auditorium, sondern der Träumer. Ich werde gesehen, wenn ich Schwierigkeiten habe, die Stufen hinauf- und hinabzugehen. Ich sehe die Stufen nicht, aber der Traum sieht sie, und er sieht, daß ich sie nicht sehe. Der schlafende Träumer, der sehen kann, gibt zu, daß die wache Person, von der der Traum handelt, blind ist. Das bedeutet nicht, daß mein Unterbewußtes sich weigert, mein Blindsein anzuerkennen, denn man träumt ja nur von dem, was man weiß, was man spürt, sich vorstellt. Die Blickrichtung des Traums unterscheidet sich von der der bewußten Person, weil der Traum sein Wissen in symbolischen oder bildhaften Eindrücken und Bruchstücken der Erinnerung mitteilt. Wenn ich im wirklichen Leben auf dem Rednerpodium stehe, weiß ich, daß da unten Stuhlreihen, Gänge und Leute sind. Dieses Wissen ist abstrakt, in dem Sinne, daß diese Gedanken in Form von Sätzen präsent sind. Ich stelle es mir nicht ausdrücklich vor, es sei denn, jemand macht mich plötzlich darauf aufmerksam, daß zum Beispiel schwere rote Vorhänge an den Seitenwänden hängen; in diesem Falle taucht zwangsläufig ein Bild im Bewußtsein auf. Im Traum jedoch ist die Abfolge der Sätze, die rollende Flut der in Sprache mitgeteilten Gedanken, die die wache Zeit mehr oder weniger ganz ausfüllt, in eine Reihe von Bildern, Ereignissen und Gefühlen eingebettet, in denen das, was man weiß, unmittelbar erlebt wird, nicht vermittelt durch die Abstraktionen der Sprache. Man könnte sich ein Video über eine Konferenz blinder Menschen anschauen, aber wüßte man, allein aus der Betrachtung des Films, ob der Kameramann auch blind war?

Ich kann nicht einsehen, daß der Träumer aufhören müßte zu sehen, es sei denn, der Träumer hört auf zu wissen. Vielleicht ist es von Belang, daß ich mich nicht daran erinnern kann, wann ich das letzte Mal von menschlichen Gesichtern geträumt habe.

In dem Traum über die Konferenz im Rathaus habe ich die anderen Leute wahrgenommen, die Farben ihrer Anzüge und Kleider. Ich hatte insgesamt den Eindruck, daß sie anwesend waren, in ihren Körpern, sichtbar, aber ohne Gesichter, obwohl ich wußte, wer sie waren. Woher wußte der Träumer, wer diese Leute waren? In dem Traum wurde nicht besonders viel gesprochen, also war das Erkennen nicht von den Stimmen abhängig. Der Träumer kann Menschen auch dann erkennen, wenn er nicht weiß, wie ihre Gesichter aussehen. Wird der Tag kommen, an dem der Träumer entdeckt, daß er auch weiß, daß die Menschen überall im Raum verstreut sind, hier und dort, ohne sie in körperlicher Gestalt sehen zu müssen, nur als Klümpchen farbiger Anwesenheit?

### *Das schreckliche Geschenk* — *27. Juli 1986*

Seit April wälze ich den Gedanken hin und her, daß das Blindsein als ein seltsames Geschenk betrachtet werden sollte. Seitdem sind mir viele Beispiele für diesen Gedanken in Legenden, der Folklore und der Religion begegnet.

Die Amrit-Zeremonie ist der Ritus, mit dem man in den Sikh Khalsa, die geweihte Bruderschaft der Sikhs, aufgenommen wird. Die Amrit-Schüssel ist mit süßem Wasser gefüllt. Der Initiierte trinkt einen Teil davon, ein Teil wird ihm aufs Haar und auf den Bart gespritzt, und es wird ihm das Gesicht benetzt. Fünf Mitglieder des Khalsa, jeder, wie es die Zeremonie fordert, mit einem langen Schwert bewaffnet, beobachten die Feier. Mit dem Ritus wird des Jahres 1699 gedacht, als der Khalsa gegründet wurde. Die ersten fünf treuen Jünger stellten sich zur Verfügung, um von Guru Gobind Singh getötet zu werden, nur um durch diese schreckliche Prüfung in die Süße des Amrit einzugehen.

Die Verknüpfung von Schwert und Süße in einer Zeremonie ist ein charakteristisches Merkmal für die Idee des schrecklichen Geschenks. Viele Religionen drücken diese Vorstellung aus, und auf viele unterschiedliche Weisen. Kürzlich bin ich auf das Buch *A Severe Mercy* von C. S. Lewis gestoßen. Es ist eine weitere Variante des gleichen Themas.

## *Das Iona Kloster* — *22. August 1986*

Zuerst fand ich die Gebäude des Klosters sehr verwirrend. Ich war so entmutigt von den Labyrinthen (wie ich sie mir vorstellte) aus Korridoren und Treppen, Pfeilern und Portalen, daß ich kaum den Willen aufbringen konnte, den Schlafraum zu verlassen. Es war mir unmöglich, mir die Anlage des Orts einzuprägen, denn jedesmal, wenn ich den Fuß vor die Tür unseres Zimmers setzte, gaben mir so viele gutherzige Menschen so viele Hinweise, daß ich mir nichts davon merken konnte.

Nach zwei oder drei so verbrachten Tagen änderte ich meine Taktik und wagte mich spätabends hinaus, wenn alle anderen schliefen, oder zu einer ruhigen Stunde des Tages, wenn alle fortgegangen waren. Dann machte ich meine Streifzüge.

Ich lernte die Wege zum Speisesaal und zur Bibliothek auswendig. Jedesmal, wenn ich hinausging, trug ich neue Orte in die Karte ein, die ich im Geiste zeichnete. Eines Nachts entdeckte ich eine sehr große Holztür. Beim Öffnen wurde mir sofort klar, daß ich mich in einem hohen Raum befand. Es war zu still, um im Freien zu sein, aber die Kühle und die Bewegung der Luft deuteten auf eine riesige Ausdehnung hin. Ich durfte mich nicht verlaufen. Ich stand am oberen Ende einer Steintreppe. Immer wenn ich ein paar Stufen hinunterging, ging ich gleich darauf wieder hinauf zur Tür und vergewisserte mich, daß ich wieder hinauskonnte. Die Treppe schien kein Ende zu nehmen, obwohl sie in Wirklichkeit vermutlich nicht mehr als zwanzig oder dreißig Stufen hatte. Das untere Ende führte in einen großen Raum mit einem Steinboden. Für eine Nacht genügte das. Ich hatte die eigentliche Abtei entdeckt.

Jede Nacht kam ich wieder, um ein wenig mehr zu erkunden. Von Säule zu Säule arbeitete ich mich voran, zählte die Schritte, prägte mir die Biegungen ein, kehrte immer wieder zum Fuß der Treppe zurück.

Nach mehreren Nächten entdeckte ich den Hauptaltar. Ich hatte davon gehört und erkannte ihn nach der Beschreibung. Er bestand aus einem einzigen Marmorblock. Als ich eine Ecke fand, fuhr ich mit dem Finger an der Kante entlang, nur um festzustellen, daß ich nicht bis zum anderen Ende reichen konnte. Ich arbeitete mich an der Vorderseite entlang und war über die Ausmaße des Steins erstaunt. In die Vorderseite waren harte, kalte Buchstaben eingeschnitten. Sie waren deutlich spürbar, aber ich machte mir nicht die Mühe, sie zu lesen. Die Oberseite war glatt wie Seide, aber wie weit reichte sie nach hinten? Ich streckte die Arme darüber hinweg, konnte aber das Ende nicht fassen. Das war unglaublich. Der Block mußte doch eine Rückseite haben. Als ich mich hochzog, meine Füße hingen an der Vorderseite herunter, konnte ich das Ende greifen. Ich tat das immer wieder, maß den Stein mit meinem Körper aus, bis ich schließlich eine Vorstellung von seinen Ausmaßen bekam. Er war größer als ich und viel älter. An mehreren Stellen der polierten Oberseite bemerkte ich lange, unregelmäßige Vertiefungen, keine Risse, sondern Unebenheiten. War er vielleicht einmal fallengelassen worden? Die Spuren fühlten sich an, als wären sie eine Folge äußerer Einwirkung. Der Gegensatz zwischen den rauhen Vertiefungen und den gewaltigen polierten Flächen war außerordentlich. Dies war das Werk von Menschen, die dieses Ding geschliffen hatten, es geglättet hatten, bis es eine beinahe schmierige, leicht staubige Oberfläche hatte, die schlüpfrig wurde, als ich sie ableckte. Hier war das Geformte, etwas noch Ursprünglicheres, das nackte Herz des Felsens.

# POSTSKRIPTUM

Ich habe versucht, wahrheitsgemäß über das zu sprechen, was für jeden Menschen eine bemerkenswerte Erfahrung bleiben muß. Bin ich einem Verständnis des Blindseins nähergekommen? Noch immer ist da so vieles, das ich nicht weiß, aber meine Überzeugung hat sich vertieft, daß die Blindheit eine paradoxe Welt ist, weil sie unabhängig und abhängig zugleich ist. Unabhängig ist sie insofern, als sie eine authentische und autonome Welt, ein Ort aus eigenem Recht ist. Ich betrachte mich zunehmend weniger als Blinden, denn das würde mich unter Bezugnahme auf Sehende definieren, verglichen mit denen mir etwas fehlte. Ich betrachte mich als einen Menschen, der mit dem ganzen Körper sieht. Ein Blinder ist ganz einfach jemand, bei dem die spezialisierte Funktion des Sehens nun auf den ganzen Körper übergegangen ist und sich nicht mehr auf ein bestimmtes Sinnesorgan beschränkt. Ein Mensch zu sein, der mit dem ganzen Körper sieht, heißt, die condition humaine an einer herausragenden Stelle zu erleben. Es ist eine Seinsweise, wie jung sein oder alt sein, ein Mann sein oder eine Frau sein, es ist eine Existenzform des Menschen. Aufgrund des Kastendenkens und der Engstirnigkeit des Menschen fällt es uns schwer, über die Grenzen der verschiedenen Seinsweisen hinweg Kontakte zu knüpfen. Der einen Ordnung des Menschen fällt es schwer, die andere zu verstehen. Die Ordnungen unterteilen sich in Hierarchien der Macht und des Prestiges, einige sind oben, andere sind unten, einige sind drin, andere sind ausgeschlossen. Dieses Buch hat versucht, die Erfahrung eines Menschen zu beschreiben, der die Grenze überschritten hat, aber in Gemeinschaft bleiben will.

Blindsein ist auch Abhängigkeit. Irgendwo am Weg, am Ende der Straße steht jemand mit Augen. Ob es einem gefällt oder nicht, Blinde sind schwach. Blindsein ist eine kleine Welt, authentisch und in sich selbst ein organisches Ganzes, und ist doch von einer größeren Welt, von der Welt der Sehenden, umgeben und in ihr enthalten. Wie können die Kleinen die Großen verstehen, ohne eifersüchtig zu sein, und wie können die Großen die Kleinen verstehen, ohne mitleidig zu sein?

Jeder Blinde, der auf gegenseitiger Achtung und Vertrautheit gründende Beziehungen zu Sehenden eingeht, wird diese Probleme auf seine Weise lösen. Jedem, der dieses Buch gelesen hat, ist klar, daß mein eigener Weg am Ende der religiöse ist. Trotz aller auch hier auftretender Schwierigkeiten glaube ich nach wie vor, daß es keine bessere Möglichkeit gibt, davon zu sprechen. Es gibt viele Welten und viele Seinsweisen, aber Gott ist eine trans-weltliche Realität.

Gott ist der Gott aller Welten und der Herr aller Seinsweisen. Gott ist viele und doch nur einer, und in Gott sind viele Welten und doch nur eine.

Gott löscht die Finsternis nicht aus; Gott ist der Herr des Lichts und der Finsternis.

Wenn wir in Gottes Licht das Licht erkennen, dann erkennen wir in Gottes Finsternis die Finsternis.

Wenn eine Reise ins Licht eine Reise zu Gott ist, dann ist eine Reise in die Finsternis eine Reise zu Gott.

Darum reise ich weiter, nicht hindurch, sondern hinein.

# Buchanzeigen

## *Lebenszeugnisse bei C.H.Beck*

*Wolfgang Benz (Hrsg.)*
**Das Exil der kleinen Leute**
Alltagserfahrungen deutscher Juden in der Emigration
1991. 344 Seiten. Leinen

*Wolfgang Helbich/Walter D. Kampfhoefner*
*Ulrike Sommer (Hrsg.)*
**Briefe aus Amerika**
Deutsche Auswanderer schreiben aus der Neuen Welt 1830–1930
1988. 597 Seiten, 29 Abbildungen. Leinen

*Alexander von Humboldt*
**Aus meinem Leben**
Autobiographische Bekenntnisse
Übersetzt, zusammengestellt und erläutert von Kurt-R. Biermann.
2. Auflage. 1989. 228 Seiten, 50 Abbildungen, davon 16 in Farbe.
Leinen

*Iris Origo*
**Toskanisches Tagebuch 1943/1944**
Kriegsjahre im Val d'Orcia
1991. 274 Seiten, 12 Abbildungen und 1 Karte. Gebunden

*Betty Scholem/Gershom Scholem*
**Betty Scholem – Gershom Scholem**
Mutter und Sohn im Briefwechsel 1917–1946
Herausgegeben von Itta Shedletzky in Verbindung
mit Thomas Sparr.
1989. 579 Seiten, 13 Abbildungen, 6 Faksimiles. Leinen

*Albert Schweitzer*
**Aus meiner Kindheit und Jugendzeit**
152.–159. Tausend. 1991. 91 Seiten, 13 Abbildungen.
Beck'sche Reihe Band 439

*Verlag C.H. Beck München*

*Günther Anders bei C. H. Beck*

*Günther Anders*
**Die molussische Katakombe**
Roman
1992. 331 Seiten. Leinen

*Günther Anders*
**Die Antiquiertheit des Menschen**
Band 1: Über die Seele im Zeitalter der zweiten industriellen Revolution
Nachdruck der 7. Auflage. 1992. IX, 353 Seiten. Paperback.
Beck'sche Reihe Band 319

*Günther Anders*
**Die Antiquiertheit des Menschen**
Band 2: Über die Zerstörung des Lebens im Zeitalter der dritten industriellen Revolution
Nachdruck der 4. Auflage. 1992. 465 Seiten. Paperback.
Beck'sche Reihe Band 320

*Günther Anders*
**Ketzereien**
Durch ein Register ergänzte Auflage. 1991. 348 Seiten. Broschiert

*Günther Anders*
**Der Blick vom Turm**
Fabeln
Mit 12 Abbildungen nach Lithographien von A. Paul Weber
3. Auflage. 1988. 104 Seiten. Gebunden

*Günther Anders*
**Hiroshima ist überall**
Herausgegeben und eingeleitet von Robert Jungk:
Die Toten, Rede über die drei Weltkriege
1982. XXXVI, 394 Seiten, 3 Abbildungen. Broschiert

*Verlag C. H. Beck München*